U0093976

秋也愁，秋也悄，一斗流光敲窗笑。

他山遠，佳人俏，待得清風飛九峭。

序

開始動筆寫的時候，是 2012 年。

那年我在香港科技大學唸藝術史碩士，夜裡在圖書館讀罷無以聊賴便寫了些生話、讀書、遊歷的瑣事，記清水灣和灣外的一種新近的經歷和發現。這些都先以 blog 的形式發表，但沒有引起太大的反響，除了談酒說吃的二三事。

雖說是二三事，我在旅途尋吃時，不同的地方、不同的人情風景都使我的觸覺敏銳起來。小吃如上海的酥炸家雀、蟹粉小籠，揚州的黃金燒餅、蝦籽餛飩，南京的鴨脖子、炒鴨雜，北京的蒙古烤羊串、冰糖葫蘆，不祇添我旅途滋味，也讓我多領略各地的風土人情，甚至歷史的嬗變。

至於主吃如上海的吉士鹹雞、蓴菜三絲羹，揚州的揚州炒飯、紅燒獅子頭，南京的白汁長江鮰魚、醬爆鴨心，北京的荷葉蒸雞、紅燒牛肉，三藩市的蒜蟹、清酒銀鱈魚以至香港清水灣的白灼小烏賊、Pasta Aglio e Olio，雖然吃著有好有壞，卻令我更明白到世界實在地大人多，良莠更易不齊，旅遊覓吃尋蹤，更要用功、用神。

關於旅吃，我的經驗是，除了上館子，若能有緣就地取材在當地弄一兩頓菜自嚐或是饗友，好吃與否都不重要，重要的是風味與人情。我在加州酒鄉 St. Helena 和香港清水灣都有過這樣的經歷；說是「經歷」當然就是不一般、不易忘懷。至於弄吃，當然少不了我的廚中之寶即食麵、茴香和我的四位廚中女神。

除了尋吃，我在旅途上也找到時間實地觀察、感受和思考，

我的人文歷史視野也因緣擴闊了。可以說，這就此啟動了我多寫遊歷機遇和作為一個若近若遠的中國人，以至世界公民的鄉關情懷，甚至再認識。

在科大研學期間，我申請到學院的資助，得訪北京和上海，得以面訪請教學者和近距離看名家原畫原作，在學術方面，這是一種大開眼界的智性探求。所以我在書中特別試驗不同的句理和章法，期以試驗不同的敘事手法捕捉某種特定時空的觸動。然而，於我的探索，北京和上海還祇是開始。

至於南京，除了訪師尋吃，我最大的目的還是想多點尋找、細味城市各自的性格和風韻。進南京前順道訪揚州，雖然祇得 24 小時，其人文風景所挑動我的思考，比美吃還堪細味。

如是，我感受到了上海的開揚、南京的沉鬱、北京的蒼茫、揚州的文靜、三藩市的自信、酒鄉的深邃。至於香港，我這麼多年來的棲息，那份熟悉感總是似遠若近，甚至可以說是似有若無。我嘗試去做的，就是捕捉一點陌生感，因為我始終認為，習慣最易使我們觸覺遲鈍，祇有重新認識才會再 sharpen 我們的觸覺，沒有這種 sensitivity，我們不易享受生命的常新。

於是，書中我還加上幾篇絮語，雖然也跟酒食相關。然而酒肉穿腸，有意義的始終是酒食蘊積了的人與泥土的交結，缺此人祇會是酒囊飯袋，因此我寫酒食，其實是寫人的鄉關情誼。

旅行路上我最感神奇，亦最難忘的始終還是「人」，所以在異鄉，我很著意他們給我的觸動，給我機會重新發現鬧市的傲然、灣上的馨柔、鄉間的寫意，因此我也可以寫下人在旅途和日常遇上的新鮮感。

在筆耕本書的過程中，我終要承認，寫書的過程中最重要的，

還是讀書。

至於書，最幸運的是，我在大學裡可以進出外間少有的圖書館，除了寫作環境的清幽，還有外邊難找得到的書刊，如《廿四史》、《揚州畫舫錄》、《揚州十日記》、《中華民國國父實錄》、《革命軍》、《高郵州志》、《歲時鄉夢錄》、《民國上海縣志》、《海上墨林》……每當夜深讀罷寫罷離開圖書館時，我都感歎書海的無盡和逆旅之奇妙。沒有這樣的書庫，這本書根本就不可能面世。

整理書稿的過程中，我不得不相信冥冥中確有「緣」這回事。若然沒有，我便經歷不到、寫不出清水灣的清幽，也錯過了酒鄉的濃淡，更談不上中國人千年的頤和與悃然……

此書原稿十年前本已寫就，卻待我 2022 年博士畢業後才有時間——或者我應該說感召——整理、修改、出版，然後得你讀著。若這不是緣，那是甚麼？

徐世傑

2022 年
冬
清水灣
香港

目錄

CONTENTS

第一篇

上海

第二篇

揚州

第五篇

三藩市 Napa Valley

CONTENTS

第一篇

上海

老城廂的燈火亮起來，
排排小燈掛在翻新過了的舊式樓房，
像一棵棵肥壯的聖誕樹，
12 月的天氣裏，有點沉重。

1. 來去上海灘

我第一次到上海，是參加老弟的婚宴。那天，星期六早上我還要上班，中午下了班便趕往乘飛機，到上海時已是向晚。坐上老弟派來接行的車子，窗外點點華燈，辨不了東西南北，一心祇為老弟高興，我沒留意上海的模樣。由於當時妻子剛巧公務外遊，孩子都寄住在外家，在上海的第一個早晨，匆匆吃了早點，我便趕返香港，那是 1998 年的事了。

2003 年，我從新加坡飛往上海探訪從香港遷居過去的舊同事小黃。

小黃是會計師，乘著上海的新興，已立足了一年有多，公司是世界四大會計師行之一。他辦公的地方就在「上海新天地」對面。等他下班的時候，我在新天地一間意大利館子喝了兩杯葡萄酒，到結賬時才留意到它的總店開在香港的「蘭桂坊」，名字一樣，格局卻更高檔，自然酒價不比香港便宜。

那幾天，我寄住在小黃住的新式高樓洋房，百多米平方，眺望黃浦江邊的燈火，上海還不比香港的璀璨。小黃說，單位是公司租給他的，一個人住有點空虛，好在他忙，全國都有業務，屋子祇是暫時，待事業穩定下來，便會接妻女到上海長住。「上海就是未來！」他肯定地說。

上海的未來，我早已在新加坡看到。2001 年，我的秘書結婚，丈夫從事 I.T.，一年多之後便生了孩子，不到半年，丈夫便被派往上海，一個月才回家一次。我以前在當地電視台工作，很多同事都是從台灣來，他們不久便嫌新加坡市場小，多跑到上海；香港來的，由於普通話說得不及新加坡人好，沒新加坡人那麼熱衷到上海。

上海位處長江三角洲，濱臨東海，土地肥沃，物產豐腴，自元

代建縣以來，早是外國人不斷搶佔的灘頭。明嘉靖三十二年（1553年），日本倭寇便已頻頻侵擾，逼得上海建起城牆抗賊。

1842 年，清政府打輸了第一次鴉片戰爭，簽了《南京條約》，上海便隨著廣州、福州、廈門、寧波——所謂「五口通關」——開放給外國人做生意、傳教、行醫、辦教育……不知是否因電視劇的關係，上海故事，總是像戲。

黃浦江在上海市北端與長江匯流的寶山區，以前有處吳淞鎮，英國人早就垂涎，《民國上海縣志》有記：「英人垂涎上海之始，嗣於道光十五年，有英商船名『夏荷米』駛入吳淞停泊，至秋間而去，此為英人垂涎上海之始。英人垂涎上海，既於開埠前一再窺伺，及鴉片戰事終結前，清廷以耆英為全權大臣於道光二十二年七月二十四日，締結中英條約於南京，而上海為五口之一，開埠之局以定。」

1842 年 7 月，英國人就是由廣東沿海一路打來，於長江口攻破了吳淞，直逼南京，逼使道光皇帝議和，一個月後便簽訂《南京條約》，從此改變了上海。吳淞，在英國人眼裡自是必爭之地，早期租界建立後，一直都企圖用誘用騙意欲將吳淞併入租界，可幸清廷還有幾個清醒的腦袋，始終不予。

直至 1876 年，英國人又想了道辦法，借口擴建交通以補江運的不足，半遮半掩的從吳淞修建了一條載客鐵路，走至現今靜安區的塘沽路口，全長 15 公里，是為「淞滬鐵路」，神州土地上的第一條鐵路。

2008 年我到上海是要探望兒子在此工作的姨媽，特意帶 15 歲的兒子坐火車，是要讓他看看火車沿途的田野景色，也感受一下距離感。兒子歲半時我們一家到倫敦居住，坐飛機怕他耐不住，可幸的是他在機上一直睡。此後我們去旅行多是坐飛機的，一下子就到，他不是在飛機上看電影便是打機（玩遊戲機）、睡覺。由香港

到上海，火車要跑十八個多小時，兒子也多是玩 PSP 和聽 iPod。還好他愛攝影，對窗外的景色還有興趣。

1985 年我流浪歐洲，為了省旅店錢，坐的多是長途火車。之前一次是唸大學時上廣州，坐硬座，時值盛暑，四個小時的路程，沒有空調，實有點難受，還是窗外的田野景色沒弄差祖國鄉淳的印象，那時中國還未改革開放。

LV 的廣告說 Life is a journey，這話雖然 cliché（老生常談），但我們又不得不認同。我告訴兒子，說上海是 destination，我們的上海旅程，由九龍火車站開始，全程 18 小時，聽後他祇點了下頭。

車票也不算便宜，單程，四人臥廂，每人八百多元。車上當然有餐卡，限時營業，我怕了排隊，雖然肚子不餓，仍然帶兒子早吃晚飯，點了清炒蝦仁、灼菜和炒飯，算是進上海前的開胃菜。可能是車廂光線不好，菜端來時，色澤黯淡，份量頗少。吃著軟糯的蝦肉和半暖的炒飯，我和兒子相視苦笑一下。「回程時，還是吃杯麵好了。」兒子說。

說的也是，車上倒有充足的熱水供應，服務員還算殷勤，床單也很爽潔。四人臥廂，祇得我和兒子，我倆倒比平時多了談話，也比平常早睡。我想我們有點運氣，車廂少了兩個不相識的乘客，沒有半點侷促。

夜幕裡，車外不知是農田還是山嶺。我聽著 iPod 的音樂入睡。

來時我還怕小兒沒有耐性，在車廂發悶，壞了旅程。火車向北，晨光早來，兒子有點雀躍，從高架床鋪跳了下來，拿著相機便拍起照，窗外的金黃灑落少年臉上，一張無憂的面容。

個把小時後，火車進入上海市郊，兒子打開車窗感受窗外的氣溫，然後說比香港冷很多，臉上卻滿是驚喜。兒子在新加坡長大，自少嚮往秋涼。而我卻對愈來愈密、愈來愈高的大樓感到有點不安，怕在上海找不到一點 difference。Alain de Botton 說旅行常富

吸引力，是尋找那份不熟悉感。我上一次來時，住小黃家裡，18樓，感覺似香港。

說是特意帶兒子坐火車，讓他感受點 difference；想來，還是為自己多一點。自己剛辭去一份要命的工作，著實有時間和心情去消磨，困在車廂間，也可跟兒子談多點溝通。快到上海火車站時我才想到這也可能是為了滿足多年前大學時代那份「我的祖國」的鄉土情懷。當火車進站時，沒有氣流的跌盪，沒有安全帶，沒有警示燈，祇是隆隆的路軌聲，緩緩地……

1865年，世界上第一條鐵路建成於英國的四十年後，英國人在北京紫禁城宣武門架起一小段鐵路，給京城老爺子們示範最新科技，隆隆車聲，卻嚇得老爺子們魂不附體，以為妖怪襲來，他們遂以破壞風水、擾亂民生為理由，把「賽先生」拒於門外。

1876年，清政府被英國人連騙帶哄築了「淞滬鐵路」，皇土地上短短的15公里，狠狠的一條「傷痕」。清政府便決意將鐵路買下拆毀，可是當時缺錢，要分三期繳付，最後，總共付了二十八萬五千兩白銀（大約等如今天五億六千萬人民幣），中國歷史上的第一條鐵路，如此祇活了18個月。

築淞滬鐵路的資金、工程師都是舶來，到中國人靠自己的錢、自己的工程師築起的第一條鐵路，還是「京張鐵路」，建成於1909年8月。總工程師是曾於美國耶魯大學求學，生於廣東的詹天佑。

1871年（同治十年），經曾國藩、李鴻章的積極上奏，朝廷最終批准保送國人赴美留學的計劃，於上海設置「幼童出洋肄業局」，全國選取12至14歲之間的少年，每年30名，駐洋學習15年。翌年，詹天佑給選上了第一批，才11歲。

詹天佑在上海「留美預備學堂」受訓約一個月便飄洋過海去會「賽先生」了。九年後，因著美國西部排華的浪潮，學童又被召回

中國。20 歲的詹天佑回到上海，卻遇上了出奇的冷待，正如魯迅說過：「那時的留學生沒有現在這麼闊氣，社會上大抵以為西洋人祇會做機器——尤其是自鳴鐘——留學生祇會講鬼子話，所以算不了『士人』的。」歷史給詹天佑的機會，還要等差不多十年，那已是後話了。

乘著 19 世紀的歷史洪流，洋人除了帶來羞辱和掠奪，在上海，怎說還有通往 modernity 的機遇。

18 個小時的火車旅程，在「上海站」緩緩休止下來，月台灰暗暗，破落的牆壁還滲著上個世紀的氣息。跟高大的兒子隨著人群擠湧出了海關，面對車站大堂的含糊交通指示，我才發現車站正進行更新工程，兩年後，便會全現代化，趕得及「世博」。上海，甚麼時候都在趕。

其實，兩年前，「上海南站」已經趕在前頭，成為上海第一個現代化車站。

原「上海站」——上海現存最古老的車站——光緒三十三年（1907 年）開始營運，一直都在舊有的基礎上打轉，舊的味道仍有點發酸，沒有看頭；反而是新建的南站，推倒重來，生意盎然。站內最吸引我的赫然是「光」。透光設計，跟中國傳統的建築觀念追求那份神秘感很不同，亦使它更接近西方現代建築。

南站是透明圓頂設計，自然光是它的主體，大堂環迴著它，給往返各地的旅客提供一個中心點——這裡是上海——所有旅程的中心點。「光」是指示，也是歸宿。網上說，它的設計意念來自中國傳統的亭子，我卻認為它較接近 Vatican（梵蒂岡）的 St. Peter's（聖彼得大教堂）。

坦白說，跟歐洲現代大城市的火車站設計相比，上海南站在概念上沒有很大的分別。車站像大教堂，人們到那裡都是為了要往下一站，直至到了天國。人在俗世所知的有限，所以要靠「光」的引

路。在這個層面看，「光」沒有東／西之別，除了照明，它還是生命的起點，如火車站——如果我們都同意——生命是一段又一段的旅程。

南站顯赫的地方，當然是它的大，對我來說，最有趣的地方還是它的光，卻不是它屋頂透進的自然光，或室內炫目的燈光，而是我迷失於它的 vastness 時（中國傳統建築是缺乏方向感，像個陣，是要你迷路的），驀然卻發現出口處就掛著膠幕。厚厚的膠幕，不用說，都是為了擋風，取材顯然是中國西、北方民間建築的風擋。膠幕閃現趕路的人一出一入的模糊剪影，跟整體建築強調玻璃幕牆的透明感那麼不協調，那麼不「現代」，真可算是中國特色：實用至上，那管甚麼的建築美學。

候車大堂橫七豎八的民眾，或蹲或臥，初看怎也不舒服；然而，看著他們蹲躺舒服得像歸了家，車站大圓頂仿如傘子，遮風擋雨。我方才明白，在現代中國，甚麼都要講辯證，「正」「反」對立過後便是「合」。車站候車客的隨意蹲躺，可說是一種無意識的行為藝術，在美侖美奐的現代建築裡，突顯民族的根性，傳統的繼承的生命力。

2. 解放上海

　　兒子的姨媽在上海工作，僱主是新加坡發展銀行，福利蠻不錯，一個人住上千多呎的新加坡式的高級服務式公寓，我和兒子到上海，不用住酒店。到埗時一頭栽進她位於浦東新發展區的家，比酒店還自在，好像回到了新加坡，感覺空間很大，比新加坡的還大。

　　單位在 12 樓，視野無阻，我給編配的房子向北，不遠處立著一座宏大建築物，還以為是兩年後世博的會館，暗想一定要到此一遊，後來到了才知道那是座體育館，座落「世紀公園」，上海內環最大的生態公園，佔地 140 公頃，約七個香港「維多利亞公園」。

　　浦東近年的發展快得令人側目，現代建築是個明證，新機場和它的磁浮列車先不說，黃浦江灣邊陸家咀的「上海現代化建設的縮影」的「东方明珠电视塔」就夠醒目，一柱擎天地睥睨對岸的外灘，雄姿英發，似在宣佈：「十年河西，十年河东，新世纪的上海，在黃浦江东。」

　　十里洋場，百年滄桑。上海外灘的第一座洋大樓是舊英國領事館，建於 1849 年，英國新古典風格，此後風氣一開，外商競相建樓，櫛次鱗比，外灘的特有的華洋夾雜風貌便建立起來。然而，上海即是上海，顧的祇是生意，哪管得城市規劃。

　　美國記者 Edgar Snow（埃德加‧斯諾）1928 年首次來到中國，先在上海登岸，很快便看得出「居住在那裏的西方商人，其言行舉止顯得租界好像是不動產，會垂諸永久。」Snow 的眼光確是銳利，洋人建起了巍峨的洋樓，生意紛來，哪肯罷休。

　　若果我們細心觀賞，就會發現外灘簇擁的洋樓，充斥著西方不同時期的風格，從（仿）古希臘羅馬，到 14 世紀哥德式、15 世紀文藝復興古典主義，從西方的巴洛克，到東方的拜占庭也有，甚至

近代的 Art Deco（裝飾藝術）、摩天大廈……外灘 100 年，網羅
了西方千多年的建築文化，雖曾被譽為「20 世紀的萬國建築博覽
會」，說穿了，在洋人眼底下，那時上海人甚麼主義都沒有，祇有
「拿來」。

　　細想，這種現象顯示了靠著特權迅速致富的外商一方面以樹
立宏偉的洋樓顯示其氣派，也在另一層面上顯示其在上海的長遠發
展，建築物是個印記，也是個枷鎖。這種建築的急促移植，也發生
在住宅區。隨便一數，便有徐匯、盧灣區的英式洋房，法租界的法
式以至西班牙式的住宅，林林立立，仿似置身異界。

　　Edgar Snow 在上海時的上司 John Benjamin Powell（鮑威爾）
比他早十一年便到了上海，協助當時的美國商人 Millard（密勒）
創辦 *The China Weekly Review*《密勒氏評論報》。1917 年的上海，
「已躋身於世界上第一流的海港城市」，Powell 在他的《對華回憶
錄》說：「但從現代都市發展的眼光看，卻與一個美國鄉村城鎮差
不多。」那時，上海人口已有一百五十多萬，Powell 卻「找不到一
條好好鋪過的馬路」。租界的歐美高樓，在他的報導中，掩蓋不了
惡劣的衛生狀況，「還沒有污水處理系統，連現代化的抽水馬桶都
沒有！」蚊蠅的威脅，租界內外沒有分別，是當時整個上海的問題，
傷寒、霍亂、痢疾更是流行泛濫。然而，Powell 仍然對租界的「國
際化」市政管理模式也感到匪夷所思。

　　租界的發展和管理都由當時稱為「工部局」主理，儼如現代的
市政府。最高權力在董事會，有董事 14 人，其中 5 名華人，5 名
英國人，美、日各佔 2 人，總董（即是主席）互選。可以想像，
那是個利益分配的機構。外灘，在他們的會議桌上，是塊肥厚的
肉，任人宰割。自然，每方都盡量想方設法將外灘建設成家鄉的
Liverpool、New York，懶理黃浦江的秀氣。

　　工部局於 1854 年成立，首屆美籍總董是 Edward Cunningham

（金能亨），專業航運。他於 1869 年末完成了兩年總董任期之後便退休到日本考察，到橫濱時才得悉他的繼任人準備在董事會通過將黃浦江建設成航運港。不知是否良心發現抑或是真心愛護黃浦江，金能亨連夜寫信給工部局：「……外灘是上海唯一的風景點。由於那些業主在使用他們的產權時貪婪成性，將房子建造至沿街，連一寸土地空隙都不留，這樣，外灘的腹地便變成了糟糕的地方。外灘是居民在黃昏漫步時能從黃浦江中吸取清新空氣的唯一場所，亦是租界具有開闊景色的地方。」

金能亨在信裡用了那麼多「唯一」，未免有點看扁上海。然而，他卻說服了工部局，黃浦江應該保持自己的風貌，不用學做 Liverpool、New York。外灘的「保育」，竟是由殖民者擔當，真是歷史的諷刺。

更諷刺的是，因緣際會，租界還「保育」了反清革命的根苗。

光緒二十八至二十九年（1902 ～ 03 年），官辦的上海「南洋公學」無理壓制學生，蔡元培、吳稚暉、章太炎憤然成立「中國教育會」和「愛國學社」，教授民主革命思想。不用說，蔡元培、章太炎等很快便上了清政府的黑名單。1903 年 5 月，上海兵備道袁樹勛受命通緝蔡元培、章太炎等六人，由於愛國學社位於公共租界，屬工部局管轄，袁樹勛不得直接捉人，他唯有向英國領事交涉，要求交人，竟然獲得當時的英領事古納簽字應准，旋即遭工部局以不合租界章程為由，要求古納收回簽字。之後，工部局先後六次傳訊蔡等人，要求學社祇是辦學，不藏軍器，那便會受到保護。

那時的章太炎已是上海一份激進刊物《蘇報》的主筆，不斷發表文章鼓吹革命，自號「革命軍中馬前卒」的鄒容剛從日本求學回滬，獲章太炎賞識，發表其《革命軍》於上海，引起很大迴響，後來更不斷轉載國內外。清政府當然也不會放過《蘇報》，要求租界查封，更要求緝捕章、鄒等六人，租界自是不允。

　　自壓制愛國學社碰了一鼻子灰後，清政府旋即精明起來，求計於英籍法律顧問，顧問建議向租界「會審公廨」正式控告章、鄒等眾。租界巡捕房不得已之下，拘捕了眾人。（鄒容原本早已聞風藏於日租界，後來因感不能任章太炎一人頂罪，便赫然自首。）

　　「會審公廨」（或作「會審公堂」），是租界「治外法權」下的產物。簡單地說，洋人無論在租界內外犯事而不涉及中國人，租界便可自行按本國法律處理，清政府無權過問。（若然華人在租界內犯事，自然也是由租界根據本國法律處理。）然而，「會審公廨」的設立是以解決華洋商業糾紛，以至一般民事訴訟，審訊由租界和中方各派官員主理，由租界領事作最後裁決。不知是有意或無意，或是清宦的無知，循著英籍法律顧問的建議，《蘇報》案便成了民事訴訟，就算罪成判罰也不會太重，遑論殺頭。審訊期間，清政府多次要求引渡章、鄒二人到中國的衙門審理不成，便要求公廨判兩人「永遠監禁」。最後，章、鄒分別被判苦工監三、二年，餘人具結保釋。年多以後，鄒容病死（一說被毒死）獄中，年僅 20 歲。

　　《蘇報》案的審理過程，清政府雖醜態百出，理據全無，英方亦畏於其欲殺二人的蠻橫，最後任二人在租界獄中飽受虐待，也不能說公正仁義。蔡元培等的「幸運」還是可能因為「中國教育會」和「愛國學社」的反對沙俄主張。英國人，到底還是精於政治計算。

　　美國傳教士，上海聖約翰大學校長 F. L. Hawkes Pott（舫濟）在其 *A Short History of Shanghai*《上海租界略史》揭示過，公共租界成立之初「工部局感於責任之重事頗有改租界為自由市之意，換言之，即以上海租界為一獨立共和國也。」後因英領事認為此議有違原本條約，怕清政府反對，更怕其於租界四周設立關卡孤立租界而作罷。如今回想，若當年真的成事，如今上海會有甚麼奇景？

　　1911 年 10 月武昌起義，上海亦於 11 月 3 日反清，槍聲方響，上海道台（上海的行政長官）劉燕翼立即逃入租界，得以倖免。租

界百年，多少蒼生？

19 世紀的上海，侵擾不絕，除了洋人的，還有中國人自己的，有兩次幾乎城破。

1853 年 9 月，「小刀會」在上海城廂（舊城）起義，佔領城廂達 17 個月，之前更攻克過嘉定、上海、寶山、南匯、川沙、青浦五縣一廳，呼應南京攻來的太平軍。於此危急關頭，清軍束手無策，最後還是靠英法聯軍的炮火堵圍小刀會於舊城至兵盡糧絕。1855 年 2 月，清兵始入城放火，肆意屠殺，英法聯軍袖手旁觀。

小刀會主要是由上海通商後貧富不均而受壓逼的「賤民」組成，孤軍一支，對清廷的威脅還少。清兵的噩夢，還是太平軍。

1851 年，洪秀全於廣西率眾起義，1853 年攻下南京建太平天國。1860 年，忠王李秀成率兵東征，先攻下江蘇、杭州。1862 年 1 月，李秀成率六萬大軍，兵臨上海。之前，1860 年 1 月，李曾經率兵小試上海，卻出乎意料之外被租界華人富商僱用的美國洋槍隊擊退。今趟忠王有備而來，上海危在旦夕，租界富人唯有重施故技，再出重金僱用洋槍隊，更以保護外商為理由，逼使原本中立的英法政府出兵支援。兩軍對峙了五個多月，互有勝負，最後於 6 月 17 日議和，太平軍不攻上海市區，英法聯軍不出城攻太平軍，停火線三十里。

翌日，李秀成突然下令撤軍，有說因為南京告急，忠王回兵救駕，有說信上帝的李最先因感洋人都是主內兄弟，不忍相殘，最後卻因英法兩國背棄中立聲明，心灰意冷，黯然退兵。對照下，上海的幸運，又一個歷史的諷刺。

七十年後，日本人對付上海，就沒有那麼客氣了。

1937 年 7 月 7 日，蘆溝橋事變，日本不再掩飾其侵佔中國的野心，蔣介石受了內外壓力，第一次主動出擊日本軍，在上海，有說雙方總共集結了一百萬兵力。那時，整個上海，才三百多萬人口。

　　8月13日爆發了「八‧一三保衛戰」，史稱「淞滬會戰」。打了三個月，蔣介石損失了33萬兵力，全國三分之一，日本軍死傷41,481人（日本防衛廳的數字）。中國兵退走後，日本兵開始在上海燒殺、搶掠、擄姦……有幸的或可逃到租界避難。

　　那時，日本還未向英美宣戰，雖然已佔領了一段公共租界作軍事部署，日本兵還不敢擅闖剩下的租界。租界儼然成了「上海孤島」，諷刺的是，孤島的生活資源供應穩定，經濟還好起來，也成了反日文藝、宣傳基地。「八‧一三」之後，至上海完全淪陷期間，總共有七十多萬人湧入租界。最後，烽火還是避不了。

　　1941年12月8日，日本偷襲珍珠港，「太平洋戰事」爆發，日本向英美宣戰，上海的洋人（除了法國人——法國早在1940年淪於納粹德國，成立了Vichy政權），都進了日本人的集中營。

　　日本人在當時外灘最宏偉觸目的滙豐銀行（正式名稱應是「香港上海銀行」，滙豐此名源由無從稽考）大樓天頂豎起日本國旗，正式佔領全上海。

　　1949年5月27日，中國共產黨「解放」上海。蔣介石的20萬大軍，跑的跑，搶的搶。解放軍進駐上海市，不進民居，不吃民糧，倦了便相互靠背著睡覺。那時，有一位留學英國，以優異成績畢業回國的建築師看了這情景，哭了起來，暗裡把當天飛往台灣的機票撕掉。不久，他去了北京，決心建設祖國，後來還支持梁思成致力保護北京舊城牆，他的名字是陳占祥，「梁陳方案」是他協助梁思成提出保育北京舊城的建議。後來，北京舊城大部分還是拆了，陳占祥在文革中被批鬥，成了牛鬼蛇神，此是後話。

3. 老飯店

舊上海，原本也是有城牆的，明朝嘉靖期間（16世紀中葉）為了抵抗倭寇而開始建造。經歷康、雍、乾百餘年的不斷鞏固，城牆內便成了上海的政經中心，最盛壯的時候，城牆九里，十道城門，城壕深一丈七，闊六丈。

清末時期，乘著租界的興起，老城外圍工商百業已很活躍，人口驟增，當時已有拆牆的倡議，以解決交通、衛生等問題。直至1912年，國民政府才一聲令下，拆牆築路，祇剩下原城南一小段，在今大境路（南門），變成「上海老城廂」的著名旅遊景點。現今若果從黃浦江外灘的「十六鋪旅遊中心」向西越過中山東二路，找到了人民路然後沿路順或反時針方向走，接著中華路一段便可以回到人民路，途經大、小東門、老北門、小北門、老西門、小南門，便算是繞了老城一圈。當然，現今城門都已湮沒了，留下來的祇是地方名稱，沒甚麼看頭，我想，保留名稱作為紀念也好。

現今的旅客，問路或坐的士時說要往老城廂可能有人不懂，說「上海老街」或者「城隍廟」必懂。今趟在上海尋吃，我就是這樣走過來，後來醒悟到，現今上海街頭本地人不多，可能問也沒用。

「上海老城廂」，原來我五年前匆匆來過一趟，那時早在上海工作的小黃特意請我到這裡的「上海老飯店」吃晚飯洗塵，那時夜色昏暗，車子走過老街牌樓，燈光才猛然燦爛，我以為進了外國的唐人街，有點迷離，忘了問身在何方。

十年前在香港，跟小黃共事於香港島的北角區，附近的「上海老飯店」聽說是正宗從上海來的，開在電氣道上一家中小型酒店的地庫（地下室），店面不大，卻很雅緻。乘著工作方便，一有時間，我便相約小黃在此飽餐，以解公務繁累。前幾年我在一家美國公司

工作，招待洋同事，到老飯店準也沒錯，這裡的餛飩雞，他們吃著總說「very creamy！」後來尖沙咀也開了分店，我小女兒滿月時，請舊同事吃飯，也選在這裡，結賬時才發覺漲了價，心想在遊客區，吃實惠好菜真的不易，此後也就少去了。

　　上海的老店比香港的輝煌得多，我和小黃在二樓迴廊走過，見樓下大堂桌子擺得整齊闊落，比香港的多了氣派，卻又好像沒有甚麼「家族印記」，暗想也許可以在菜餚中找得到。剛坐下，小黃便說要點清炒蝦仁，記得是我的至愛，還有餛飩雞。當然，他也點了自己最喜歡的紅燒元蹄，還問我要不要點小籠包。我說兩個人吃不下，最後祇是加了青菜。清爽的蝦仁，比香港的細小，卻味鮮得多，我想必然是材料的關係。聽說香港多用急凍貨，且因為香港人愛大蝦，原來用的河蝦，來貨少，便多用急凍海蝦代替。反而，元蹄卻比香港吃過的大，而且油光閃閃，醬汁也濃厚得多，小黃說上海賣的都是這樣，笑香港人怕胖。我嚐了一口，肉質柔細，以香港人口味卻又覺過甜，小黃笑說他初來時也有同感，愈吃愈覺好吃，看著他隆起的肚子，我完全明白。

　　吃著濃味，酒意便興，小黃不好酒，我迄自要了瓶啤酒，喝時總不明白為何內地多不賣冰在 10℃ 以下的啤酒。半暖的酒突顯了菜的油膩，肚子有點翻滾，想來也許是自己的錯，上海人喝的多是紹興酒，相配得無縫，啤酒重氣泡，菜隔肚皮，怎說都不配對。

　　上海史家唐振常說「中國人酒食相偕」，以滬菜來說，用紹興酒（花雕）來配，又似乎很合適，主要是紹興酒是以米釀的，且有甜味，配濃油赤醬的上海菜，相得益彰。反之，配講求勁度的中式白酒卻嫌有喧賓奪主之勢。出生於紹興的周作人，一生有四十年都住在北京，家鄉沒有甚麼值得他懷念，除了一口醇黃的紹興酒。困居北京寫《紅樓夢》的曹雪芹也曾對朋友開玩笑說過：「若有人欲快讀我書不難，唯以南酒燒鴨饗我，我即為之作書。」曹說的南酒，

即是紹興酒。陳詔《紅樓夢的飲食文化》亦斷言《紅樓夢》的「賈府平時主要喝的是紹興酒。」出生於蘇州的陸文夫在他的《美食家》說得最明白：「中午的一頓飯他們是以品味為主，用他們的術語來講叫『吃點味道』。所以在吃的時候最多只喝幾杯花雕，白酒點滴不沾，他們認為喝了白酒之後嘴辣舌麻，味道遲鈍，就品不出那滋味之中千分之幾的差別。」至於晚飯，陸文夫沒有說應該喝甚麼酒，反正都要「開懷暢飲，一醉之後可以呼呼大睡。」

袁枚《隨園食單》有謂：「余常稱紹興酒為名仕，燒酒為光棍。」話雖如此，飲酒吃飯，還是個人口味。有一點，我反不怎麼堅持的就是吃大閘蟹時要喝黃酒。上海人（以至香港人）吃大閘蟹時要喝紹興酒是因為黃酒屬熱，可解蟹的寒毒云云。醫學根據如何不去考究，我卻多以白葡萄酒配之。今夜的清炒蝦仁，以我在香港的習慣，當以智利出的 Chardonnay 配之（這是我在香港的北京樓發現的），因為它比法國的 Chablis 不但便宜，更是清爽。可是，和故人吃飯喝酒，最重要還是話興。

問主人上海生活如何，他說都是吃喝應酬，獨個兒在上海，晚飯若果沒有公務，回家煮個「康師傅」即食麵便算。

餛飩雞跟元蹄一同上桌，到吃時已涼了半截。以往在香港，點菜時館子經理多會問明雞湯何時上桌，上海經理沒問，我反就忘了。涼了的湯突顯了火腿的鹹味，喝了一口，喉嚨有點刺激，必是味精的關係，我想香港人的肚子真的給寵壞了，受不了味精。

其它的味道，如今都忘了，除了結賬時那份驚愕，香港，快給上海趕過頭了⋯⋯

2008 年，我再訪上海，站在老飯店門前，想吃蝦仁，卻暗忖在堂皇的百年老店，若果祇吃一味清炒蝦仁，伴冰在 10℃ 以下的啤酒，會否遭人白眼？苦苦思量片刻，也就罷了。

2006 年過世的台灣大學教授逯耀東是個出名老饕，有次從蘇

州到上海，也曾和友人專程上「老飯店」，準備吃的名菜多不在單子上，便點了：「蝦子大烏參、清炒蝦仁、椒鹽排骨、炒刀豆、紅燒大桂花魚、蓴菜三絲湯（羹）。小女師傅又建議了一味清瓜子蝦。子蝦，是帶子（籽）的淡水蝦。上海黃啤酒兩支，人各飯二兩。兩樣名菜椒鹽排骨和蝦子大烏參，都不見奇。大桂花冰後也不鮮。」

上海濱臨江海交界，自是吃水上鮮的天堂，單看《民國上海縣志》所記其地所出的魚種，便教人垂涎不已。「鱸魚、鱖魚、鯔魚、鯉魚、青魚、白魚、鯽魚、鯊魚、黑魚、比目魚、鮰魚、黃顙魚、鮎魚、白鰷魚、銀魚、玉筋魚、鱔魚、鰻鱺、鰽魚、鯧魚、鯡魚、黃魚、勒魚、河豚、朱魚、赤魚、泥鰍、金鯉、鯇魚、馬頭魚、鮳魚、塘裏魚、鯿魚……」掛第二名的鱖魚，即桂花魚，不但產量多，而且活脫，怎還要冰？上海菜裡的上品魚，真要冰藏的應該是鮰魚。長江流域出了名多好吃河鮮，其中鰣魚、刀魚、鮰魚有「長江三鮮」之譽。鰣魚、刀魚多骨少脂，鮰魚卻體厚多脂，不宜網捕，祇可用滾鉤，捕後若不即時冰鮮，便容易腐壞。

上海人可以吃得到的水上鮮，品錄繁多，真教人垂涎。台灣老饕唐魯孫稱鰣魚、大白魚、鱸魚、鱖魚為「四大雋品」，卻仍要說：「能吃幾頓膘足脂潤，腴不膩人的春筍鮰魚，也算是人生一大快事。」據唐的記憶，鮰魚體積頗大，一般都重二、三十斤，生活於長江深水處，肉緊多脂，所以不宜清蒸，斬件紅燒，反是恰好。在上海有百多年歷史的「德興館」，賣有一道名菜，便是紅燒鮰魚。逯耀東在他的〈去來德興館〉也有提及其傳統製法和食味：「表皮肥糯滋潤，肉質軟嫩無刺。」可惜的是，文章中卻沒說過當今盛世，還可吃否？

上海老飯店沒賣鮰魚，我還未上過德興館，便祇好垂涎引頸。

4. 老神新貌

逯耀東說過：「到上海，城隍廟是不能不逛的。」然而，他在這裡的老字號，「南翔小籠包」、「濱湖點心鋪」、「上海老飯店」都吃得不甚稱意，那應該是廿多年前的事了。

上海老城廂原有三十多處名勝古蹟，用現代說法即是景點，「豫園」、「城隍廟」是其中兩處，亦是最著名的旺區，互相毗連，且兩者都是吃的重地，所以人流也是最旺盛的。1991年，上海政府銳意發展老城廂旅遊產業，將豫園和城隍廟合併為「豫園旅遊商業城」。這個做法最顯著的效果，便是兩處古蹟都得到維修重整，兼且將此地定性為「旅遊商業區」，而不假惺惺地披上「保育」的外衣，賺的是遊客的錢（像香港尖沙咀的「1881」），旗幟鮮明，毫不彆扭，很「上海」。

有「奇秀甲江南」之稱的「豫園」始建於明嘉靖三十八年（1559年），為典型明代園林建築，明代書畫大家董其昌曾以詩詠之：「白水朱樓相掩映／中池方廣成天鏡／刷羽鳧鷺迎向人／饞嚼游魚波不定⋯⋯蹬道周遮洞壑深／游人往往迷幽討／飛樑百尺互長虹／別有林扉接水窮⋯⋯」（《五岳翩翩縱所如》）明代興起了商賈經濟，造就了一層有閒有錢階級，對生活享受的追求，改變了過往的朝代祇集中於達官貴人，其中的民間的園林設置、景觀堆砌更為講究，從董詩我們可以看出，明代園林都追求一種景觀的瞬間變幻，從而使園中遊人可以幻想處於山水幽壑之中，汲其靈氣。所以，在遊客蜂擁的年代以前，「豫園」吸引最多的就是書畫家。

民國早期出版的《海上墨林》記有宋代至清末，上海一地共有過七百多名從各地而來，叫得起名字的書畫家。由於上海商業發展得早，清末時期，上海可說是名家雲集，大名鼎鼎的計有任伯年、

吳昌碩、黃賓虹、錢慧安、王一亭等等。這些書畫家多聚於「豫園」，或飲宴，或作畫，其中任伯年曾寓於園中的「飛丹閣」，吳昌碩更長期於此作畫。19世紀中期以後，多個「畫會」團體先後成立，其中最具規模、影響力最大的，便是吳昌碩主持的「豫園書畫善會」。

善會成立於宣統元年（1909年），用現代言語來說，「豫園書畫善會」主要是個「書畫家合作社」，代理書畫家作品的銷售和接洽顧客的索墨、訂單，過程中善會收取費用作慈善用途。善會活動前後四十多年，最高峰時期，會員多達二百人。當時很多新進書畫家從各地湧來上海，善會為他們提供了「市場推廣」和「行銷代理」服務，可以說是現代畫廊的楷模，亦反映了上海的商業文化和上海人的生意頭腦。

豫園最著名的茶食館子當是「湖心亭」，此處早已是清代商賈聚首賞茶的勝地，今天遊客想找個位子，非要輪候半天不可。其實，在亭外的九曲橋走走，順著橋子的迂迴看不同風景，細心欣賞一下四周的明代建築，紅漆金字，曜亮的富貴，也不失為樂事，祇是人聲鼎沸之下，恐怕難以細聽「刷羽」、「饞嚼」了。

在豫園佔得最密集的倒不是小吃鋪子，最顯眼的除了賣古玩、手工藝紀念品的，便是玉石金飾店鋪了。其中有幾家更佔了整層樓閣，金碧輝煌，怕再見不到董其昌說的「名花異藥不知數／經年瑤圃留春風。」廿多年前，逯耀東還可吃到「『滄浪亭』的蘇式糕糰，『喬家柵』的生煎饅頭、擂沙圓，『王家沙』的鮮肉酥餅、肉絲兩面黃，『五芳齋』的糖芋芳、糖藕，『美味齋』的四喜飯，『鮮得來』的排骨年糕，『小紹興』的雞粥等。」今天，不要說此等老店還在不在（廿多年前，逯耀東已經慨嘆說他們已散落各處，不再聚在城隍廟），滋味還可保持與否也實在難說。我就在湖心亭進口處對面的一家說是老店的小吃檔要了份「酥炸家雀」，以為必滿是鄉土

風味，祇見廚子抓了六隻煮過的小雀拋進油鍋，不消兩分鐘便舀起端上，我看著小雀暗啞的皮，便心知不妙。沒味的雀肉，像浸了油的橡膠。店子還有賣「酥炸花蟹」，我突然醒覺到，現代的小吃，多是炸的，好省功夫。後來我再到上海，跟做玉石生意的朋友談起城隍廟，他冷然的告訴我，現在湧到城隍廟的人都不是為了吃，而是在那裡多如繁星的玉石、古玩鋪子淘寶，所以此地愈夜愈熱鬧，多為了等鋪子關門前一刻容易打折。

今天，城隍廟前庭已不是逯耀東喜見的周圍都是小吃檔子，我想這一是產業化後強調管理的後果（看香港的大排檔日漸式微便知），一就是經營模式的改變，小吃檔要「升級」到「鋪子」，便難於再提供以往的價廉物美的街頭小吃。所以，現在的城隍廟小吃街佈滿了麥當勞、肯德基式的連鎖店，抑就是日本小丸子的新潮快餐小吃。我想，這也跟新一代對小吃的要求有關，像逯耀東般背著深厚的歷史感來找小吃的人祇會愈來愈少；相反地，但求新鮮感不計味美的也祇會愈來愈多。

關於中國小吃面對的困境，唐振常在他的〈上海小吃〉便說過：「中國飲食不能按公式製作，原料雖同，變化之妙，則存乎一心。」唐此說是針對西方文化入侵中國所引起的憂慮而發的，所以他認為，「都按公式幾錢幾兩，照配即成，就無所謂大師了。」中國的小吃文化，雖然不算甚麼的大師風範，總也可以說各有風味，而且顧客不用傾盡慳囊，街頭巷尾都有，祇要吃時花點心神、體會，美味總會在不意間驚鴻一現，然後一生難忘。我在「豫園商場」蹓躂不過一句鐘，便發覺現在的城隍廟的主調是 shopping，不是 savouring。

進「城隍廟」是要付費的，10 塊。廟內倒是多善男信女，年輕的較年長的多，看他們祈過福後又爽快的添香油錢，廟角的道士打扮的廟祝懶洋洋地伏在桌子打哈欠，當他察覺到我在攝影時，便

忙不迭用報紙遮起半邊臉。廟的主殿後還有化解太歲服務，當然是要收費的。

「城隍」兩個字，前者是「城牆」，後者是「護城河」。城隍廟在中國幾乎每一個老鎮都有，鎮廟的都是活過的英雄，讓他們在陰間繼續保護陽間的草民。傳統上，城隍廟是陰曹在地上的最高衙門，用現代言語說，城隍廟是陰間國度設於陽間國度的「領事館」。

上海城隍廟奉著三位古時英雄，最早的是西漢的霍光，跟著是明代的秦裕伯和清代的陳化成。霍光是山西人，跟上海的關係有點牽強。秦裕伯是上海人，朱元璋開國時怕上海不靖，邀秦進京當官，秦進京後「祇做事不做官」，到死不肯為虎作倀，死後被朱元璋封為「上海邑城隍」。陳化成本為福建人，鴉片戰爭中吳淞一役，英軍兵臨城下，主帥牛鑑逃走，陳化成是副帥，抗戰到底，最終以身殉國，上海卒陷。《清史稿・陳化成》：「越數日，敵艦銜尾進，化成麾旗發礮，燬敵艦三，殲斃甚眾。鑑聞師得力，親至校場督戰，敵以桅礮注擊，毀演武廳，鑑遽退。敵攻壞土塘，由小沙背登岸，徐州兵先奔，東臺亦潰，萃攻西臺，部將守備韋印福，千總錢金玉、許攀桂，外委徐大華等皆戰死。尸積於前，化死猶掬子藥親發礮，俄中彈，噴血而殞。礮臺既失，寶山、上海相繼陷。」陳化成死後陳屍八日，始得鄉民尋得其遺體，葬於嘉定。

陳化成死後，道光皇帝「震哀，特詔優葬」，於陳殉難地點及其原籍（福建同安）建祠紀念。上海的「陳公祠」，卻於 1937 年，「八・一三」戰亂日本侵滬中被毀，路人見陳化成像棄置街頭，遂將陳公移送城隍廟，「一廟三城隍」自始而起。

至於牛鑑，鴉片戰議和後，「尋以貽誤封疆罪，褫職逮問，」差點便以死罪問，卻於兩年後復職，在咸豐年間更累升至河南按察使，加二品頂戴。咸豐五年牛鑑以養病為由，辭官歸里，三年後卒。《清史稿》論「牛鑑以循吏處危疆，身敗名裂。」其實有點不公平，

上海一役之後，牛鑑差點論死，後來在河南、河北都有討殲捻軍的功績，深得河南民心。

可能有了三個城隍爺的「三重保護」，「豫園商場」，據當地人說，「愈夜愈精彩。」可惜的是，我還有地方要去。趕忙間不辨方向，不意地擠進了一條舊式小街，正碰上黃昏市集，見有不同生、熟食小檔，頗為熱鬧。不同的小吃檔賣有煎餃、酥餅、鹵豬頭肉、油爆蝦、椒鹽排條都誘人非常，心裡正掙扎是否晚飯前還要填肚子，我的注意力卻給一檔賣鮮魚的吸引了過去。檔子前擺著十多個水盆，大小不一，浮游著不同形色的魚，很多我都不認識，熟悉的祇有黃鱔魚、桂魚和鱸魚。桂魚跟香港的沒分別，鱔魚卻肥大得多，也非常活躍。鱸魚比香港買得到的大一倍有多，樣子很粗壯，在香港從未見過，問檔主是不是長江來的，他說是「太湖」，說時他指向另一水盆中幾尾深棕色、咀角長有觸鬚，身長有二呎多的魚，然後笑著告訴我：「那才是長江來的，叫鮰魚。」頓時，我心裡噗通了一下，不知可以再說甚麼便往前走，背後感覺檔主在笑，很詭異。

5. 新天地

上海老城廂的燈火亮起來，排排小燈掛在翻新過了的舊式樓房，像一棵棵肥壯的聖誕樹燈，12月的天氣裏，有點沉重。

上海不是第一個接觸天主教（或者，廣義的基督教）的中國城市。先不說唐代時期的景教，16世紀後期，明萬曆年間利馬竇來華時，便是先從肇慶、韶州、南昌、南京，多番轉折，才到了北京，最後埋土京城，跟上海扯上邊的，還是他在宣揚教義時結交了上海來的翰林學士徐光啟。

現今位於徐匯區的徐光啟墓附近的天主堂就是因著他而興建的，它卻又不是上海最早的天主堂。《民國上海縣志》有記：「天主教之入境，始自徐文定公光啟。明萬曆三十六年，光啟丁憂回籍，過南京，請意人郭居靜至上海開教，始寓南門內喬家濱側，是為上海有天主教始。明萬曆三十七年，徐光啟在宅旁建第一座天主堂。崇禎十年，西士潘國光另建堂於安仁里，今名老天主堂。」

一般人看見「老天主堂」便以為那是上海第一座教堂是歷史的偏差。根據上文，徐光啟於萬曆三十七年（1609年）建的才是第一座。後因其毀壞較早，無跡可尋，後來徐光啟的孫女偕洋傳教士潘國光於崇禎十年（1637年）在安仁里（今安仁街）重建，即旅遊書上說的老天主堂。徐家匯的天主堂是後來19世紀中至20世紀初五十多年間分兩期建立的，新堂正式於宣統二年（1910年）開光。至於上海另一座位於董家渡，建於道光二十五年（1847年）的天主堂，則與徐無關。它反而是1950年以前上海天主教區總堂，文革中關閉改建，1980年復修，2000年復堂。徐家匯的教堂是因為中國人信了教而建的，董家渡的卻是中國人給洋人打敗了而被逼（因為《南京條約》）讓其建立。上帝，你站在哪一邊？

今天到上海觀光，無論站在哪一邊，對比著兩所建築的不同風格，徐家匯的歌德式的高聳肅穆，董家渡的早期巴洛克端莊秀麗，都可以說明上海面對外來文化，自古以來都是開放的。

我的兒子對舊城樓沒有興趣，獨個兒跑去上海新天地看潮流。早上出門前，多番研究，最終約了姨媽晚飯於「新天地」的「新吉士」吃「新派上海菜」。「新吉士」大名鼎鼎，打電話訂座說祇能遲到 15 分鐘，在異地時光易逝，出門前我千叮萬囑兒子要守時。

新天地在盧灣區，東接黃浦，在城隍廟外問途人，說向西走半句鐘便到。本來我真的想漫步街頭，看尋常巷陌，最終還是怕誤了點錯過好菜，便隨手招了的士。到新天地時，的士站有人管理，車子排得整齊。

雖然以前我也曾到過新天地，今次重臨，看暮色中亮起點點黃光的街頭，心頭還是格外的舒暢，可能是對「新吉士」的期待。館子周圍，多模仿香港的「蘭桂坊」，可是這裡樓房最高祇有三層，空間也曠，屋頂倚著暮色，藍寶石的晶瑩，街上的燈影便顯得比較溫柔，不像香港的那麼耀眼，也不那麼 flat。新天地都是翻修的舊房子，卻也不竭力地戴上「現代」的面紗，我就是喜歡這一點，雨後新裳的自得。

逯耀東在中國從城隍廟吃到夫子廟時，遑論「新吉士」，連「舊吉士」也還未曾開業。此夜我們點菜沒有教授的建議，唯有靠自己的口味了。兒子愛吃雞，我愛吃蝦仁，便點了說是獨家的吉士鹹雞和清炒蝦仁，還聽經理推介紅燒肉，本想點時才醒起姨媽怕膩，便改點了炒黃鱔，再加炒清菜。

雞最先上桌，色澤光潤可喜，不肥不瘦，雞肉層次分明，鮮嫩細緻。兒子在新加坡長大時最迷海南雞飯，我卻不甚喜。問兒子吃得如何，答是很好，「新加坡的沒這麼嫩。」我想也是當然，新加坡用的雞祇有冰鮮貨，海南雞飯的做法是雞剛浸熟便立刻鎮冰水，

追求的是雞肉的爽，而不是嫩。兒子聽我分析，邊嚼邊點頭。

清炒蝦仁份量也不吝惜，滿滿一碟，蝦尾還帶節鮮紅，香港很少看得見。兒子吃了兩口，便笑問我回港之後，還會不會再吃清炒蝦仁？這一問，我便嚐到了蝦除了鮮，還有點甜，頓時明白到，這便是河蝦的特點。望著滿臉得意的兒子，我回憶起少年時候跟住在新界元朗的同學往山澗捉活蝦吃的情景，捕得的蝦蝦身雖小，但其鮮甜無比，至今難忘，此後好像也沒吃過甚麼蝦仁可以媲美。這種純天然的美味，在今天的污染世界，怕兒子以後會愈來愈少機會享受得到。

想著，那便使我真的想喝點酒。店子的酒單，沒有智利來的Chardonnay，多是法國貨，價錢比香港的還貴，也就罷了。館子的茶要收 45 元，三個人便要 135 大元，我們「茶癮」不高，祇是喝白開水，這下也不錯，食味沒有「襯託」，簡單直接。

肉香飄過，鄰桌正吃著紅燒肉，興高采烈得連嘴角的油光也懶得去抹，聽著他們高亢的廣東話，我發覺原來香港的上海菜實在太「健康」了。香港人吃到上海，像解放了味蕾，看他們肉還未吃完，一盤大閘蟹炒年糕又端上了他們滿滿的桌子上。

到我們吃黃鱔片時，又應了香港人的詛咒，總是覺得過甜。鱔片的爽脆，卻很合口味，油感適度（香港吃到的多是過乾過瘦）。事實上，在香港我從來未吃過一頓滿意的炒鱔糊。可能上海菜的甜，是少不了的。

梁實秋是認為（他的）現今市面炒鱔糊中的伴菜過於喧賓奪主，而且鱔片不是生炒的。他本身最懷念的是生炒鱔絲。新吉士的鱔片的煮法，倒像他在《雅舍談吃》裡談到的江浙爆鱔，鱔片炸過，用醬油燜，「加相當多的糖」。

最後上桌的青菜是豆苗，濃油底下，特顯翠綠，味道雖鮮，卻淡了少許，我笑說可能上海菜多依靠赤醬，忘記了鹽巴。最後，我

們還點了蔥油伴麵，又是兒子在新加坡時的至愛，麵軟蔥香，確是佳品。

一餐下來，六百多元，兒子問貴不貴，我說在這個地方，意料中事。

菜單上介紹說館子賣的是「上海本幫菜」。據逯耀東的考據，上海本幫菜源自街頭的攤子、弄堂的家常菜，簡單而味濃（因而好下飯），價廉實惠。上海開埠之後，由於多了外鄉，本幫菜揉合外幫菜，如蘇浙菜的特點，加強了濃油赤醬，又減了蘇浙菜的甜，便更為大眾所接受，小攤子隨後變身成了小館子，成就了主流。其實，這亦反映出上海人性格的多樣性和適應能力，也是上海歷史的縮影。

舊「吉士」於 1995 年在上海徐匯區天平路開業，取洋名 Jesse，店子不大，賣的是歐式小鎮懷舊 feel，有點造作，但相信菜做得不錯，不然吃得刁鑽的香港名人哪會口耳相傳。2002 年新天地開了「新吉士」，天平路的舊店便是像傳說般的「昇華」為「老吉士」，更像老師傅。現今，「新吉士」分店遍佈兩岸三地，一百年後，會是何許模樣？

從「新吉士」走出來，夜色正濃，我呼了口氣，很寫意。姨媽問兒子菜吃得怎樣，他笑得滿滿，說是個好經驗，自己還年少，以後還要多吃才可作準。姨媽便笑說，中國地大，「有排吃」。我說還想到附近的 C.J.W. 聽音樂，任他倆別處再逛新天地。

C.J.W. 是我在上海時上網找 Jazz club 時看到的，反正都在新天地，Jazz 講即興，好歹我也要去一趟。C.J.W. 即是 Cigar, Jazz, Wine。進了門，飄飄的雪茄味，洋人的 connoisseurship 的迴盪，國人還在學習中。但是我就是不明白，雪茄不是應該在冬寒裡伴著暖火靜靜地呷著干邑（我的選擇是威士忌），在煙縷中，細味逝水無情的嗎？ C.J.W. 的顧客著實吵了點。

　　既來之則安之，我隨便點了瓶低價紅酒，澳洲來的，雪茄比酒還貴，也就罷了。Jazz Band 相信是從澳洲來，奏的都是大路子R&B，雖然沒有甚麼驚喜，但技術還是很好，足以令我完成一瓶紅酒，還拍了幾張照，沒有悔意。我留意到館子滿是客人，卻各自三五的高聲交談、吃喝、吸煙，鼓掌聲很短很疏落。

　　香港有位從事電影的朋友聽我說要到上海，推薦我到靜安區愚園路的「百樂門舞廳」，說還可重味昔時大上海歌舞昇平的氣氛。在網上找，原來現今的「百樂門舞廳」就是 1932 年開業，1954 年倒閉的原作。它的外貌，看過關於舊上海的中外電影的人都不會陌生，百樂門正正代表了舊上海的風情，十里洋場的浮華。

　　我感到奇怪的是，舞廳竟然可以在解放後五年才倒閉，不知是主席愛跳舞，還是上海商人的韌力。2002 年舞廳大樓重新裝修，可以再次營業，肯定是政府的寬容，也是上海商人的韌力。舞廳入場費 200 元，附點心飲料，若果沒有舞伴，可以僱「舞蹈老師」，男的一晚 400 元，女的 200 元一小時，都穿旗袍的。我到時先看門上的照片，大樓燈火熒熒，倒有點兒風韻，然而在現代高樓的包圍下，卻像個近晚徐娘，瑟縮於新潮伙子腳跟間，靦腆地賣弄脫了色的風情。

　　在繁華的舊上海，「百樂門」式的娛樂固然是洋人和有錢人的消遣熱選，硬繃繃的舶來；不為人意的竟是「娛樂大眾化」亦隨著消費洪流湧至上海灘，傳統的京戲更是首當其衝。20 世紀初，上海泛起了戲曲改良風潮，要求以往守舊艱澀的京戲接近普羅大眾。戲樓便由傳統的茶園改為西方式的劇場設計，取消舊式的方桌、茶座，改以長排連椅，以增觀眾席位。表演舞台亦由舊式三面敞開改為鏡框式，再引入佈景設計、燈光效果，不但增強觀眾的注意力，更豐富了戲劇效果，由此，無論對演員、編劇、場景編排的要求都有所提高。建於光緒三十年（1908 年）的「新舞台」便是此中的

重要標誌。

新舞台原址在南市十六鋪華界，開業後賣座鼎盛，各方效尤，一時成為風尚。新舞台後遷九畝地（今露香園路人民路一帶），1927 年失火遭毀，後雖重建不久亦因時局動盪關閉，現已拆卸改建平房。其以海派的生意作風，以新的營運摸式，提供一種新異的觀看模式，進而改變傳統的表演形式，開啟了海派京戲的新面貌。這點歷史地位，相信比百樂門舞廳更為顯著。

1918 年第一次從北京南遷至上海的梅蘭芳，很快便觸覺到這股潮流，繼而吸收其精粹，不斷改良、創作，開啟了京戲的新局面。其間他自編的《天女散花》，以新式化粧突出天女的形象，更加強舞姿的節奏感。最花心思的是天女散花時的綢舞，在舞台燈光配合下，營造出前所未有的若真若幻的視覺效果，迷人得連徐悲鴻也為此繪了幅《天女散花圖》，並且題詩：「花落紛紛下／人凡寧不迷／莊嚴菩薩相／妙麗貌神姿。」此圖梅一直保留身邊直至死後仍掛在「梅華詩屋」（現北京西城區護國寺一號，九號為「梅蘭芳紀念館」），後經歷文革，不知去向。

梅蘭芳，原名瀾，字畹華，江蘇泰州人，生於光緒二十年（1894年），時值甲午戰爭爆發。梅自 7 歲起學戲，9 歲第一次登台，至辛亥革命期間，於北京梨園開始走紅。兩年後，梅第一次到上海演出，得前輩相讓，以《穆柯寨》壓台，風靡一時。當時里巷間已有「討老婆要像梅蘭芳，生兒子要像周信芳」的俗話。梅後來說過：「這短短的五十幾天在上海的逗留，對我後來的舞台生活，是起了極大的作用的。」

第一次上海演出後，梅不僅大膽吸收了海派京戲富於表情、戲劇性的特點，舞台燈光效果，更融合了崑戲的「歌舞合一、唱做並重」的特色，大大增潤了本身的技藝。之後，梅蘭芳幾次進出上海，一次比一次轟動。

　　梅蘭芳 28 歲時便組了自己的班子，人稱「梅老闆」。於此，梅蘭芳的事業當然達到顛峰，然而，在中國傳統的眼光裡，他始終是個「戲子」。他的藝術成就，還要等到 1930 年他訪問美國演出期間，分別獲波摩拿學院、南加州大學頒發榮譽博士學位時得到確認，那年梅才 36 歲。在美國的演出，梅蘭芳將京戲提昇為舞台藝術，不再是洋人眼裡的東方「把戲」、京城老爺子的消遣。之後，梅更贏得 Charlie Chaplin、George Bernard Shaw、Sergei Eisenstein 等戲劇、電影巨人的尊敬和友誼。

　　梅於 1932 年第二次南遷定居上海，以至後來 1942 年避居香港，期間一直不肯為滿州國、汪精衛南京政權、日本侵華部隊，以至和平後的蔣介石政府演出，把「戲子」提昇到了「鐵漢」，令很多飽讀之士也要自慚形穢。梅的歷史地位，可以說彰顯著上海一個不凡的年代。

　　夜深，新天地仍然亮著的聖誕燈飾纏著樹梢，近看有種綿綿的動感。我不曾想過，在共產主義無神論的國度裡，聖誕節竟是如許繽紛和可親。

6. 上海的寂寞

1601 年利馬竇得到明神宗在北京接見，往後還獲准在京城住了下來，直到 1610 年埋土。死前，利馬竇祇許在皇城內播道收徒，神宗皇帝卻從來沒有恩准過他（和其它同期的耶穌會士）全國性的自由傳教。利馬竇死後八年（萬曆四十六年），朝廷發諭，「舉國禁耶教」。70 年後，康熙九年，中國天主教徒卻已達二十七萬多。利馬竇死時，才二千五。

上海的天主堂，舉國聞名，證明了上海早有的開放性。西方宗教和文化給上海帶來的衝擊，最顯著的地方，便是婚俗。

利馬竇在中國朝廷影響至深的天主教徒除了徐光啟還有李之藻和楊廷筠，是利氏眼中的「聖教三柱石」。楊廷筠做過御史大夫，秉承中國傳統，因怕無嗣而納妾生子，利馬竇就是不准楊入教，因為十誡中有「嚴邪淫，祇以夫婦為正，毋二色」一律。楊廷筠最後還是要休了妾侍，才得成為天主教徒。

20 世紀初，上海就興起了「文明結婚」，父母之命變了男女同意，鋪張變了省儉。這當然不完全是因為天主教。一夫一妻制得到廣泛認同，女性的地位隨著文明結婚的興起也提高了起來。然而，舊社會的納妾制度，在摩登的上海，雖然還有市場，卻又起了變化。上海的富人，多在家外買不同的住宅，「配給」不同的外妾，每宅自行開支，各自邀幸。辛亥革命後定居於上海的康有為一生就有過六個老婆。

1930 年，國民政府就曾頒過《民法》確認了一夫一妻制，卻又對納妾制度沒有明確的禁止，祇是作為元配申請離婚的理由。即是說，若果元配同意，納妾也就不算犯法。英國人統治下的香港，要到 1971 年才正式廢除納妾制度，可以想像，那時上海的文明結

婚，走得多麼前。

女權意識的突起，有多少宗教養份我沒有作過考究。但我知在上海，中國第一份以女性訴求為主的月刊《中國女報》就於1907年1月出版，其創辦人就是秋瑾。秋瑾是浙江紹興人，17歲便奉父母之命嫁人，1904年私自出國，「衝破封建家庭的束縛」，自費到東京留學，期間加入天地會、同盟會，鼓吹革命。1906年她回上海，積極參與革命，後於家鄉紹興起義失敗被殺，才30歲。

可能是電視劇的影響，我們多記得鑒湖女俠秋瑾的革命英烈，少談她在女權覺醒的戮力。耶魯大學中國近代史教授Jonathan Spence（史景遷）在其《知識分子與中國革命》中說：「她（秋瑾）回到中國之後，就為兩件不同的事奔走忙碌，一件是溫和的逐漸改進婦女的觀念，提高婦女的權益。另一件事則是激烈的反滿革命。」《中國女報》能夠出版，說來有點諷刺，秋瑾還是要回夫家半哄半騙，拿了婆婆的三千兩銀子才辦得成。最後，《中國女報》祇出了兩期，第三期行將付梓，1907年7月，秋瑾便從容就義了。女俠在上海待了短短的幾個月，卻走得比誰都前。

秋瑾就義的地點是紹興古軒亭口的丁字街。辛亥之後六、七年，魯迅便用這個地方作為背景寫了《藥》這篇小說來紀念她。同是紹興人的魯迅，於日本留學期間早已認識秋瑾。秋瑾就義前一年，魯迅給母親喚了回鄉，跟一位他不認識的朱安女士結婚。婚事全是母親的安排，魯迅祇說：「這是母親給我的一件禮物，我只能好好地供養它，愛情是我所不知道的。」成親時才25歲的魯迅，完全靠著父母之命，媒妁之言，還對新娘子抱有點希望。朱安比魯迅大三歲，「極為矮小，頗有發育不全的樣子。」（周作人語）。大失所望的魯迅拜過了堂，很快便獨自返回日本，在他以後的日記中，提過朱安的祇有1914年11月26日的短短三句：「下午得婦來書，二十二日從丁家弄朱宅發，頗謬。」兩人的關係，字裡行間，

不言可喻。

　　秋瑾死後二十年，魯迅住進了上海，同居的還有原北京女子高等師範學校魯迅的學生許廣平。許廣平少魯迅十七歲，求學於五四運動期間，是個學運領袖，因為反對當時北京女子高等師範學校的守舊校風，與同學搞了場運動，魯迅是兼職教授，站在學生的那一邊。後來兩人輾轉於1927年初到廣州，便開始同居起來。「我有時自己慚愧，怕不配愛那一個人；但看看他們的言行思想，便覺得我也並不算壞人，我可以愛。」魯迅把這番話，連同他們兩人的書信編成《兩地書》隨後出版，師生戀，再沒有牽絆。兩人的愛情在廣州開了花，不及一年，魯迅「在二七年被血嚇得目瞪口呆，離開廣東」，兩人祇好到上海結果了。

　　魯迅和許廣平在上海一住差不多十年，直至魯迅病逝於1936年10月，兩人渡過了上海最動盪多事的日子。上海時期便是魯迅不再教書、當公職，專心寫作的分水嶺。魯迅選擇上海，多有點無奈，他給朋友的書信中，每提及上海時言語間總帶點忿然。「我先到上海，無非想尋一點飯吃，但政、教兩界，我不想涉足，因為實在外行，莫名其妙。也許翻譯一點東西賣賣吧。」（1927年9月19日〈致翟永坤信〉）。在上海時期，魯迅常寫信給日本女性友人山本初枝，多有提到「上海的寂寞」。

　　魯迅的寂寞上海，畫家徐悲鴻應該比他還早感觸得到。十年前的上海，蔣碧薇棄婚跟剛戀上的徐悲鴻私奔到東京看畫，歸國不久徐獲公費保送法國學畫，可是，徐蔣從未正式註冊。期間，徐悲鴻醉心畫藝，靠公費支撐生活，餘錢都花在畫事上，兩口子生活艱難，常為頭寸瑣事吵鬧。1927年，兩口子回到上海，徐悲鴻卻難以覓得一職，很快兩口子便逕往南京，之後，徐的事業急促發展，兩口子的感情卻淡得同樣的快。

　　1927年，徐悲鴻的詩人朋友徐志摩和新婚妻子陸小曼也是住

在上海。不久前,他們剛在北京結婚,由於陸小曼才剛離婚,而徐志摩本身亦於四年前與原配張幼儀分手,徐陸婚事一直受到徐父和老師梁啟超的質疑。陸小曼的揮霍生活作風,最後亦逼使徐父中斷給徐志摩的經濟援助。徐志摩便要身兼三處教職,頻密往返北京、南京和上海,最後於 1931 年葬身空難。在上海,徐陸住的是三層洋房,家僕眾多,夫人最愛打牌、跳舞、票戲,甚是上海的浮華。

於上海期間,徐志摩的詩作顯然少了點以往的率性天真,他的「浪漫主義」似乎走到了一種迷離境界,造句遣辭偏向生澀,正面地說,詩人可能要尋找一點詩藝的突破。他寫於死前兩年的〈我等候你〉,彷彿預示了詩人最終的沉默:「……戶外的昏黃已然／凝聚成夜的烏黑／樹枝上掛著冰雪／鳥雀們典去了它們的啁啾／沉默是這一致穿孝的宇宙……」 我就認為,此時他開始告別浪漫主義而走進現代主義,準備面對和 question 無情的現實了。可惜的是,時間不在他一方。

至於婚事,那時的上海,倒還真的熱鬧。就在魯迅和許廣平住進上海的那一年,蔣介石的北伐軍也打進了上海,總司令坐軍艦由蕪湖進上海,威風得一時無兩。不到一個月,蔣便宣佈上海戒嚴,並進行「清黨」,追捕國民黨內的共產黨員,上海知識份子界腥風血雨。「四・一二」事件後,共產黨創黨領袖陳獨秀下台,國共第一次合作霍然終結。從此,共產黨便走上武裝革命的不歸路。到 7月,蔣介石剛打過了長江便給張宗昌和孫傳芳打回頭,時值國民黨內鬥,蔣被逼下台,回老家奉化溪口韜光養晦,籌謀東山再起。

此時,蔣便向望族宋家的三小姐宋美齡求婚。宋母堅決反對,理由倒不是蔣比宋小姐年長 15 歲,而是蔣在溪口家鄉早有妻小,兼且他不是基督徒。蔣便登了離婚聲明,接受了宋母所贈的一部《聖經》,含糊地同意成為天主教徒後,先舉行教式婚禮,再行世俗婚禮。兩場婚禮,盛況空前,在上海大華酒店的一場世俗婚禮,

觀禮嘉賓足有千三人，十六國領事，花費百萬。蔣夫人的白色婚紗，瞬即成為上海時髦。之後，「宋式婚紗」風行全國。

其實，西式禮服和婚紗在蔣宋婚禮前廿多年早已風靡上風，白色婚紗代表著清純貞潔，突顯了婚姻在西方文化裡的莊嚴性。上海吸收得快，而且富有創意，文明結婚不單祇是兩個人的儀式，「集團結婚」也在上海同時興起，幾十甚至百多對新人一起行禮，蔚為其觀，在當時的知識分子中，代表「新生活運動」的節儉、互相尊重的精神。

Jonathan Fenby 在他的 *Generalissimo Chiang Kai-shek and the China He Lost* 裡指出蔣介石其實是利用這段婚姻來確立其作為孫逸仙的繼承人的正統地位。蔣透過了宋家，同時鞏固了美國對他的支持，這段婚姻，時稱「中美合作」。婚後不到半年，蔣便回到南京，集黨政軍大權於一身，比婚前更風光。宋慶齡於 1937 年一次給 Edgar Snow 的訪問中亦說過：「他需要她（指宋美齡）幫助建立王朝。」怪不得，王安憶說：「愛這個詞於上海是不適合的。」

宋家三小姐穿起婚紗的十二年前，她的二姐宋慶齡在日本東京跟較她年長二十五年的孫逸仙結婚，新娘子穿的祇是普通西服。前一年，宋慶齡瞞過家人，偷偷跟孫跑到東京，當起正在流亡的孫逸仙的秘書，「出於對英雄的景仰。」

1936 年，日本兵臨城下，Edgar Snow 在上海法租界第一次訪問宋慶齡。宋坦白的告訴美國來的記者：「我當時並不是愛上他，而是出於對英雄的景仰。我偷偷跑出去協助他工作，是出於少女的羅曼蒂克的念頭……在我到達東京之前，我不知道他離過婚，也不知道他打算和我結婚。他向我解釋說，要不這樣辦，他擔心人們會把我說成是他的情婦，而流言蜚語將對革命有害。我同意了，而且從未後悔過。」

1911 年 10 月，辛亥革命爆發時，孫逸仙人在美國，然後再到

英國倫敦，敦促英國政府改變對華政策，放棄清政府。1911 年 12 月 25 日，孫逸仙才回到上海，於翌年元旦日再逕往南京宣誓就任民國臨時大總統。十三天後，孫辭去大總統一職，讓位袁世凱，滿以為革命已然成功，再於 4 月 1 日正式解卸後即回上海。1913 年 3 月 15 日，國民黨黨魁宋教仁在上海火車站被刺，證據都指向袁世凱，孫才看清楚袁的真面目，「袁世凱不是個東西」，緊急發動「第二次革命」討袁，未幾失敗流亡日本。1916 年 5 月，孫逸仙再回到上海，帶著宋慶齡。

Snow 第一次訪問宋慶齡時，留意到居所的清簡，心想「在革命事業中孫中山經手的錢財何止百萬，可是他兩袖清風地離開人世，遺留給宋慶齡的僅僅是一批珍藏的中西文圖書而已。」這次面談之後，兩人就成了朋友，當時上海炮火連綿，Snow 常為宋慶齡安危操心。1938 年，宋慶齡避戰離開上海前，派人送了一瓶拿破崙白蘭地酒給他，附有便條寫著：「這差不多是我父親酒窖的最後一瓶了，別讓它給日本人喝掉才好。」

宋慶齡祖籍廣東，1893 年出生於上海，1981 年歿於北京，埋土上海長寧區，墓前有其白玉雕像。北京和上海都保留她生前的寓所，上海的座落徐匯區淮海中路，從轉角的復興中路向東北走 40 分鐘到香山路便到「孫中山故居紀念館」，孫宋兩人從 1918 年開始在上海安居。孫逸仙於 1925 年辭世後，宋慶齡一直住到 1938 年才離開上海。Snow 給她做的訪問，就在那裡進行，祇看到「一批珍藏的中西文圖書而已」。

這間位於原法租界莫里哀路的歐式小屋，是由四位旅居加拿大華僑買下給孫的。之前他們來到上海，本是要搞個化妝品廠的，拜會孫時驚訝於前大總統的清貧，「世界上祇有孫中山是好人，哪裏有做過驚天動地大事業的人連住的房子也沒有呢，我們要替他置辦一所。」1916 年，孫逸仙剛滿 50 歲，才算有個屬於自己的家。

上海美食，對孫先生似乎沒有甚麼吸引力。新加坡華僑張永福
撰的〈孫先生起居注〉裡的孫先生，吃得倒似個清貧學生：「先生
慎飲食，餐用筷箸，不用刀叉。食頗摘味，饌喜菜疏，稍喜魚肉，
不喜辛酸苦辣香料異味。用糖以清淡，不宜太甜。煙酒及捲煙等絕
不沾唇，不好糕餅食，獨嗜生果，最嗜者為香蕉與菠蘿（南洋稱鳳
梨）兩種……先生有不時不食之義，無小食零碎食之習。」我曾
經讀過本教人吃素的書，作者引孫先生為素食名人，雖然有點含
糊，卻也有點根據。任臨時大總統期間，有一次孫教廚子弄點「草
頭」吃，廚子誤聽以為「糟頭」，便煮了味「糟頭肉」。後來弄清
楚，「草頭」就是一種叫「苜蓿頭」的野菜。苜蓿頭又名金花菜，
上海菜裡便有「干煸草頭」，也是南京人愛吃的野菜。

孫於其《建國方略》裡也說過：「夫素食為延年益壽之妙術，
已為今日科學家、衛生家、生理學家、醫學家所共認矣。而中國人
之素食，尤為適宜。惟豆腐一物，當與肉食同視，不宜過於身體所
需材料之量，則於衛生之道其庶幾矣。」南北議和期間，孫於南京
宴請北方代表伍廷芳、唐紹儀，桌上祇擺了幾道家常小菜，孫便對
客人抱歉地說：「今天是我的吃齋日，不能吃葷，祇可陪食。」

寓於上海新居期間，孫無心美食，專注於《建國方略》的寫作。
方略的首章，不厭其詳的引中國烹調文化之高妙，以證中國文化本
優於西洋文化，「中國不獨食品發明之多，烹調方法之美，為各國
所不及；而中國人之飲食習尚，暗合於科學衛生，尤為各國一般人
所望塵不及也。」孫氏全文倒不是一般的食經，實以此闡揚其「知
難行易」的理論，中國人吃得那麼精，沒有理由科學不會精。

孫逸仙一生飄洋過海，他的故居，除了上海、北京、南京、廣
東中山外，歐洲、美洲、南洋都有。我在新加坡住了七年，其中五
年就住在他在新加坡的故居「晚晴園」的對面，信步即到。1905年，
孫逸仙自歐洲往日本途經新加坡，認識了當地華僑張永福，便寄居

於張的晚晴園，此後八年間，輾轉住過了三年不少的光陰。2004
年間，我的 8 歲小女兒有天在報紙上讀到了晚晴園和孫逸仙的淵
源，著我帶她去看，誰知園子當天不開放，女兒在路邊摘了幾支小
花，放在大門邊。

此後，我總找不到一次湊著進園參觀，平時路過也少見人影。
三年後我們一家遷回香港，有次談起，女兒還有點印象。

7. 上海影像

1927 年蔣宋那場世紀婚禮舉行時，孫逸仙已逝去了兩年，婚禮大堂正中擺放了孫先生的大肖像照片，兩旁分別掛著中華民國國旗和國民黨黨旗。大會的主持是蔡元培，杜月笙管大會的秩序，一場婚禮，在孫總理眼下浩浩蕩蕩，確立正統。蔣介石比誰都明白 photography 的威力。

1924 年，黃埔軍校成立，大元帥孫逸仙兼任軍校總理，蔣是校長，兼是孫的參謀長。開幕典禮之後，孫在門廊上找了張藤椅坐了下來，讓蔣一身軍裝正經八百地站在他身後拍了張照。同一個位置，當天孫還跟何應欽、王柏齡合照過，他背後還是立著畢挺的蔣，反而孫的坐姿隨和得多。兩張照片，拍攝的先後已不可考，然而，最重要的還是孫蔣兩人的一張，它呈現的氣氛嚴肅得多。這張照片是現存僅有的孫蔣的官方合照，拍攝後不到一年，孫便辭世，這次合照，儼如立嫡。此後，蔣也拍了很多官方肖像，1948 年他正名為中華民國總統的那一張正是經典，一身西洋軍服，英俊威武，欠的是偉岸。

鴉片戰事後，攝影技術傳入中國時最先流行於廣東沿海。1846 年在香港的報章廣告上，已有「香港銀版攝影和鋅版印刷公司及中國彩色和黑白圖片出售」。中國人開的第一間照相館也是在香港，咸豐年間（1851～1861 年）開的。當時在上海最有名氣的職業攝影師羅元佑，來自廣東。

上海開埠早期，攝影業全是洋人天下。那時，上海比廣東沿海還留有很深的傳統思想，而且國畫的風氣還盛，水平也很高，對攝影這種逼真影像半信半疑，還有部份人相信它可以勾人魂魄。當時流行的玩意是在過年時到城隍廟拜了神，隨即到附近的照相館拍個

照，讓攝影機勾走過去一年的晦氣，有些人連照片也不回頭拿。上海最早的華人攝影館都開在城隍廟附近，其中以「公泰」最有名，卻也是廣東人開的。到 1918 年，上海已經有 39 家照相館了。

19 世紀末，中國地位最高的職業攝影師可說是香港人梁時泰。梁在上海開過照相館，不多久便北上天津，1885 年他為醇親王奕譞拍過照，此後便成了宮廷御用攝影師，拍了很多奕譞的官照。梁時泰的第一張醇親王玉照，用了傳統官家肖像畫的風格，親王一身官服嚴肅地站立，旁邊伴了隻小花鹿，以寓吉祥，相片還蓋上「皇七子和碩醇親王渤澥乘風」、「東朝御賜思合符契」兩個刻印，新科技打進了舊皇朝。自此，梁便拍了很多醇親王的官照，1885 年那一幀把他寫進了史冊。

梁時泰聰明的地方，是用傳統風格包裝新技術，這點，他還是向上海的照相館學的。那時的影樓，流行用假山假石做照片背景，試圖做出一點傳統山水畫的風貌，讓市場易於接受，早期上海流行的人物肖像相片，背景多是人造的風景。可是，像真度高的照片，卻又把風景的「假」突顯了出來，跟傳統山水畫的虛縹景緻完全不配合。這種中西合璧的怪胎，很快便消失了。

諷刺的是，上海開埠後早來的一批外國攝影師，反而被平民生活、舊城風貌吸引，攝影機剛巧便是紀實的最好工具。他們當中，美國人 Milton Miller 和英國來的 John Thomson 是這時紀實攝影的表表者，他們的作品在本國發表了後，也幫助其國人多看到當時中國的實貌。

隨著辛亥革命後的多年戰亂，中國的攝影師便多轉向紀實攝影，連在皇朝的梁時泰也不例外。那時，剛巧上海的畫報出版異常蓬勃，紀實照片在社會造成的視覺震撼作用一時無兩。1913 年，宋教仁在上海被刺，上海的《真相畫報》連續三期專題圖文並茂報道，直指袁世凱幕後指使，畫報頭版的宋教仁的停屍照片，在社會

中引起前所未有的震動，袁逼令停刊。

民國以來上海的畫報出版，除了新聞性的，還有更多是消閒、美術性的，大都以圖片作為賣點介紹西方生活、時麾、美術，在在衝激上海的傳統視覺世界。漸漸地，中國的大眾視覺文化便由傳統的「讀字」，走向了「看圖」。攝影技術便為上海帶來了一場視覺啟蒙運動，其中最風靡的便是人體攝影。

1930 年代，上海的人體攝影家最富傳奇性的當是秦泰來。秦是個富家子，拍照祇為興趣，所以就比較開放大膽，除了婀娜的女人體外，他的殺著是用快鏡拍下人不自覺的神情，在那個沒有高 ISO、高快門的年代，可想而知，秦的技術是如何的高超。

因著他的公子哥兒的社交圈，他鏡頭下的美人，多是閃閃的名星，像白光、胡蝶和陳雲裳。雖然譽滿上海灘，秦卻從來沒想過要靠攝影吃飯。

1949 年，中國易主，家道中落的秦泰來攜了比他年輕 18 歲的妻子南下香港，卻留下剛出生的兒子秦一本在上海跟姨媽生活。過往的少爺傲氣，讓他推掉邵氏片場攝影師的工作，卻當起 freelance 攝影師，生活每下愈況。偶然下，秦碰上了上海時期認識的一名不甚出名的女星，免費為她拍了輯肖像，讓她在香港出了名，進了上層社會，最後嫁了位名醫。女明星富裕起來之後，始終對秦的事業多有關照。

秦後來患了眼疾，攝影機從此束之高閣，幾年後，他便鬱鬱死於異鄉，才六十多歲，遺下五子女。大兒子秦一本 10 歲時才從上海到香港與他團聚，少年時候還跟爸爸學過攝影，可能因為父親死前十年多都沒有碰過攝影機，秦一本後來便沒有走上攝影師的路。他中學還未讀完，便要到工廠工作持家，後來做了電器推銷員。1990 年代，上海開放市場，秦一本便回老鄉開辦建築五金公司。

一次偶然下，秦一本在一個舊書市場找到父親在上海時期的作

品，勾起了兒時舊上海生活的雅緻，興起便開辦舊傢俱公司，適值上海近年的懷舊熱潮，秦的公司生意蒸蒸日上。電影《天堂口》、《色・戒》都是從他的店子租借舊上海時期傢俱的。上海傳奇，又是一章。

當今上海，陸家咀的濱江公園伸展開來的 boardwalk，遠眺對岸外灘風景，午後西斜，是個很好的攝影點，路過不難碰上三兩對新人穿得隆重，順著攝影師的指揮，左搖右擺，照個不亦樂乎，連我和兒子這等旁人拍照著他們，他們也懶得理會。看著我倒是想，結婚雖說是兩個人的事，喁喁細語，執子之手，卻又邀來十里洋場百年的滄桑來見證，地久天長，恐也會添點吉氣。

今天的攝影師，真的比百年前的同業幸運，起碼不用搬抬假山假石了。

8. 小籠饅頭

1998年，老弟在上海迎娶上海故娘。女方是上海地道，婚宴卻擺得像在香港，烤乳豬、魚翅、燒雞，都不那麼「外省」；倒是席中半途的清蒸桂魚、無錫肉骨頭，和單尾的生煎饅頭，吃得頗有驚喜。

上海的桂魚比香港吃得到的大很多，在上海吃過才了解為甚麼有人說桂魚是淡水石斑。紅燒醬汁下，鮮味突出，肉質比養斑富有彈性得多。肉骨頭燜得過急，應該是婚宴的關係，肉不軟，骨不酥，吃著可惜。生煎包也顯得乾削，不過肉味頗鮮。我看到老弟訂菜的困難，粵、滬菜的配合，確是個考驗。心裡生了起興趣，道地的上海盛宴，會是張怎樣的單子？

逯耀東的〈從城隍廟吃到夫子廟〉有一張婚宴單子：「每席菜除冷盤外，還有清炒蝦仁、芙蓉鮮貝、宮保雞丁、鴿蛋海參、茄汁蝦、拖黃魚、炒鱔糊、魚香肉絲、松鼠黃魚、香酥鴨、炒蘆菇、清燉雞、清燉蹄膀。點心一道是燒賣，甜湯是冰果。」婚宴擺在一間川揚館子，上海味道卻重。在香港人眼中，不錯是桌盛宴，卻不似是在辦喜事，逯耀東也說它沒有章法。老實說，單子上每道菜都很吸引，卻沒有重點，豐富之餘，卻少了點節奏感，對比之下，粵式喜宴的設計，由前吃，到熱葷，然後湯翅，再上魚、肉，便顯得有心思，鬆緊濃淡，都有程序。

徐珂《清稗類鈔‧宴會》有記：「餚饌以燒烤或譙菜之盛於大碗者為敬，然通例以魚翅為多。碗則八大八小，碟則十六或十二，點心剛兩道或一道。」看來，粵式宴飲，頗有古味，當然亦已化繁作簡了多少。可惜的是，香港人愛玩，又不準時，宴會不但遲開，中途還要加插娛樂，如此便壞了節奏，更敗了胃口。香港人對吃的

不尊重，非婚宴莫屬。近年，香港提倡無翅飲宴，也算是個進步。

宴飲之禮，古代早已有之，然仍限於宮廷、官賈。奢食之風，在平民間流行起來，正如逯耀東指出，當是明清之際，繼之民國，《民社北平指南》中有載：「宴請官長、或初交、或團體，須於大飯館以整桌之席餉之……菜餚先上冷葷，後上熱葷，繼以最貴餚饌。」

逯耀東的那場川揚婚宴，應該吃於 1990 年代早期，一席十四道菜，才 150 元人民幣左右，可能份量不多，淺嚐即止。怎說，以這個價錢，今天的單子，從何說起？

老弟的婚宴，粵滬互襯，也算是個特色，來時我在香港機場免稅店買了支 Chablis Premier Cru 作手信，不用 200 元港幣，在婚宴上開了，熱葷還未過，瓶子便空了，跟著便是拔蘭地，香港人上一輩的至愛。拔蘭地的郁烈，伴著濃油赤醬，倒有點風韻，問老弟的岳人慣不慣，「上海人哪有不慣。」

翌日早上有點宿醉，一連喝了三杯暖茶，雖然肚子不餓，還想吃點熱食。我每回宿醉，總想喝點熱湯，還有澱粉質，和一點肉，洋人書裏說這是 comfort food。在香港，雲吞麵就是我的 comfort food。在上海，我不懂何方找雲吞麵，唯有在酒店附近的小攤子找麵條吃，上海麵我祇懂擔擔麵，卻找不到，找到的是水氣騰騰的小籠包，便在一檔攤子坐下，先要碗熱豆漿，才知是鹹的，暗裏嘆了一聲，「唉，香港人！」我定了口氣，要了一籠小籠包，才發現有六隻小包，比香港常吃的多了兩隻，雖然包子比香港的小，肉汁也沒有香港的多，吃了反覺得喉嚨滋潤了很多，肚子也充實起來，很comfortable。

攤子還賣有餈飯（上海人叫粢飯糰），白玉似的飯粒捲著炸油條，煞是誘人，我以前在香港觀塘舊區拍電視時在街邊的小檔吃過一次，很是回味，可惜香港賣的地方不多，以後便少吃了。思量著，

時間走得快，我要趕往機場返香港，便買了件打包，待到機場時以上海餐飯作午餐，算是得個經驗，誰知在機場候機室近午吃著飯糰，冷了下來如同嚼蠟。如此，我便明白到，吃地道，要在地道吃。

在香港吃小籠包，很少是早上的事宜。香港人的早點，多年西化，已多是咖啡、煎蛋、三文治（近年多改作即食麵），兼且生活節奏急促，遑論包點，連粵式的粥麵，也是少了人光顧。到假期來時，早飯有時間，我最想吃的，還是粵式點心。近年，很多粵式茶樓都賣上海小籠包，聊備一格，沒人深究。倒是我於香港時經常宴客於「上海老飯店」，我和大兒子都因此沾染上了小籠包，啜著包裡的肉汁，他煞是好奇，我便告之小籠包的製法，主要是肉餡連湯汁隔夜涼透，除了入味，也讓湯汁凝固，到吃前蒸過，肉汁便豐盈起來。中國人灶上的絕藝，兒子聽得入神，我倒提醒他，湯汁要凝固，脂肪也高，而且湯汁蒸過會燙，吃包子忌急。

2018 年帶著少年茁茁的兒子到上海，第一趟午飯，自然想到小籠包。姨媽推介遊客常到位於陸家咀「正大廣場」九樓的「小南國」。到了正大廣場，迎來是數不清的升降機，我們找了很久才找到小南國，頓時卻又給門前的四位高挑美女知客的齊聲歡迎嚇了一跳，我心想午飯而已，不用這麼大陣仗嘛？館子經理給領座位，我和兒子都給窗外黃浦江景色吸引，一望無際，煞是好看，「上海可真的很大啊！」兒子沒有應我，祇是忙著照相。坐下時，經理遞過餐單便說今天的蟹粉小籠賣得好，問要不要先來多少，我五年前有過一次吃蟹粉小籠的不快經驗，遂問有沒有淨小籠，經理答也不答，轉頭便走。「上海真的很大啊！」兒子笑說，然後指指鼻子。

五年前吃蟹粉小籠包的不快經驗是在新加坡。店子本是當地著名的「翡翠拉面小籠包」，主店開在中產區的商場，由於價錢合理，包子和拉面水準也不錯，生意蠻好，假日多要等位子。主店祇賣普通小籠包，有蟹粉的是在烏節路的高級商場裡。我有次在那裡吃了

一頓商務午餐，經理極力推薦蟹粉小籠，我看了價錢，比普通的貴上兩倍有多。吃時湯汁很濃，黃澄澄，滿是蟹油味，肉餡的鮮味卻不知所蹤。大學時我湊著熱鬧讀過《紅樓夢》，讀到賈母不愛吃螃蟹做餡的小餃兒，嫌它「油膩膩」，心裡不明白，螃蟹這麼鮮美，為甚麼嫌棄？現在想來，賈母不愛吃蟹粉餃兒，有個道理。

新加坡吃的那趟，最令我不快的還是那籠包子裡的蟹黃有點兒散薄，還帶點腥，破壞了整個包子。我想那必是蟹死了之後，廚子捨不得丟掉，先蒸熟了再拆肉，欺客如此，也沒有話好說。逯耀東也在香港的上海小館吃過死蟹拆的肉，自此便拆起自家的鮮蟹粉。新加坡地處赤道，四季都熱，不要說吃，眼巴巴的看著從洋澄湖坐飛機來的大閘蟹活著受罪，心裡總是不爽，更不曾在彼邦再吃過一頓大閘蟹。

在新加坡，沒有蟹粉的小籠包我倒吃得多。「翡翠」是新加坡有數的飲食集團，股東多是香港人，它的粵菜總店在星期日總是駭人的滿，除了偶爾約會香港來的朋友在此聚吃，一解鄉愁之外，多是吃他們分店的小籠包，一家五口，通常都要兩籠，包子滲著，異鄉的溫暖。不久，台灣的「鼎泰豐」也來開店，我在當地的台籍朋友趨之若鶩。我慕名也去過兩次，店子裝潢較我常去的「翡翠」雅雋得多，價錢也高，包子卻不及「翡翠」的圓碩汁滿。

後來，「翡翠」的小籠包也賣到了香港的鬧市銅鑼灣，我每次經過店子，看著候座的人龍不禁失笑。香港人都怕「執輸」，愛撿便宜，甚麼都要「抵食夾大件」，「翡翠」的老闆們多是香港人，必懂香港食客心理，包子圓碩汁滿，對準香港人的胃口和錢包，比上海人還懂做生意。2006 年，自己先回港工作，一個人，沒有吃小籠的癮頭，況且店子座落香港黃金地段，不信它抵食夾大件。不久，台灣的「鼎泰豐」也進軍香港，開在「翡翠」附近的五星酒店，賣起世界十大食府的頭牌，聽說一定要預訂位子。在香港，小籠包

的熱潮，竟然不是由上海人搞出來，也算是個異數。

在上海陸家咀「小南國」吃的「沒有蟹粉小籠包」，似是個害羞的小姑娘，躲在簾後偷看艷妝濃抹的「蟹粉姐姐」出嫁，慚愧得連家人也不想她登堂。兒子說新加坡的還好吃，起碼湯豐餡厚。經理剛才的臉色，使我想起在香港的酒樓，「若果連蝦餃也做不好，其它的點心也別想了」，食家唯靈如是說，所以每次飲茶，我必點蝦餃，試廚子的道行。那天我在上海的胃口，隨著沒有蟹粉小籠包的羞慚，都倒進黃浦江了。

然而，「小南國」倒有些是可餐的，而且不用錢。窗外的黃浦江兩岸的秀色，一覽無遺，雖然如今兩岸高樓聳立，留心的話，還可看到舊時痕跡，心想要找地道的小籠包吃，還是要「腳踏實地」。今趟旅住在浦東新發展區，街上多是新式西餐廳、酒吧、咖啡店，地道小攤子，小籠包難得一見。直至離滬前兩天，姨媽帶我們到南京路步行街買手信時，驀然在一道小支路看見了間小籠饅頭店子，店外掛著的菜牌，琳琅滿目，豬肉、雞肉、蝦肉甚麼肉餡小籠都有，喉嚨頓時潤了起來。

我們先要在門口買票子，小籠以斤両點買，我們點了豬肉、雞肉、蝦肉餡子各一斤，然後在二樓找了位子，將票子交服務員，不等他回頭，我和兒子迄自清理檯上散亂的籠子和食具。時正午後，店子食客不擠，我看食客衣裝的隨便和桌上散亂的籠子，心裡的期望便高了起來。

店子很亮，兩隻大窗框著街外新起的高樓夾雜著舊式的牆瓦，像幅超現實的畫。兒子問姨媽為甚麼店子叫小籠饅頭，不叫小籠包？姨媽不是老饕，祇說上海人都這般叫，叫包子的多是香港人。

最先端來的是蝦肉餡的，想必是易熟，吃時發覺蝦肉蒸老了，湯汁是肉味，味道有點像香港的雲吞。跟著的雞肉餡，湯汁便鮮了起來，有點個性，姨媽不好紅肉，對雞肉頗有偏好，說雞肉雖是老

了點，卻蠻有雞味。此時，兒子才留意到，饅頭比新加坡賣的細小，反而吃得容易。到豬肉饅頭來時，大家的肚子已滿了一半，稍息了一下，饅頭的湯汁便少了以往吃時洶湧的感覺，反而多加留意饅頭的皮脆口感。

後來回家再讀逯耀東的《肚大能容》才知道小籠包的皮，有「緊發」和「鬆發」兩種搓粉法，「緊發」是少水多搓，蒸起的包子，才會皮脆汁豐。逯沒說「鬆發」如何，我從來也沒吃過不同皮子做法的包子，也就沒有深究。後來有一次在北京胡同小館吃過了一種小籠，皮雪白得很，而且軟綿綿的像棉花，吃著舒服，別有景緻。看著它，怎說也似小饅頭，再次問店子老闆，他肯定地叫「小籠包」。

北京吃的小籠包，舊時不知是否叫「湯包」。本身是北京人的唐魯孫就喜歡「上海五芳齋」的小湯包、南翔饅頭、淮城湯包。唐是舊京城的饞人，相信那時「小籠包」很少人唸。唐魯孫還記得舊時吃湯包，「籠屜一端上來，每人先奉上一塊熱毛巾，擦完手用兩只手抓到碟子裏稍涼，先把包子皮咬破先吸後吃，才能整個包子入肚。如果不會吃，祇能吃了皮，可能包子湯嗆了鼻子燙了舌頭。」

我們在新加坡吃小籠包時，一家人經常都為怎樣吃才是正宗這問題爭論。「翡翠」的圓碩包子，因為店子小，包子端上時還冒著水氣，而且湯汁也甚豐盈，著實有怎樣吃這個煩惱。今趟在上海南京路步行街小店吃著的沒那麼圓碩，一口吃下，倒不用唐魯孫記憶中的一番功夫了。

9. 上海性格

上海跟新加坡的相似，在新加坡長大的兒子很快便留意到。最先當然是姨媽住的摩登大樓，標榜的是「新加坡式服務和管理」。然後，我們去上海博物館，在人民廣場地鐵站走出來，照面而來的是一整列的高級商場大樓。最惹兒子發笑的是「Raffles City」的鉅型招牌。

在新加坡，Raffles 這個名字，相信除了「Lee Kuan Yew」便最為人熟悉。「Raffles City」是新加坡的著名商場，跟當地最歷史性的「Raffles Hotel」祇隔一條街。在上海，Raffles City 的中文名稱是「來福士」，跟新加坡的「萊佛士」不同（文化氣息因此我看也有不同），商場的發展商卻是同一家。Stamford Raffles 是新加坡的奠基者，18 世紀隨英國殖民者來到南洋，開墾拓邦，是 Lee Kuan Yew 之前的 Father of Singapore。

免不了，我和兒子在「來福士」內走了一圈，才發現商場其實還不是那麼「新加坡」。店子小不用說，通道沒新加坡的寬闊，我想應是地產商要把每一寸地方都盡量利潤化吧。最顯著的不同，還是商場的照明比較暗，在新加坡，可能因為天氣熱，商場是避暑勝地，為求賓至如歸，商場照亮得有如室外，令人忘卻身在四壁的冷氣充盈土牆內，如此，在新加坡逛商場，大半天便很容易過，是好是壞，看你對時光的愛恨。「來福士」的暗淡，倒讓玻璃窗外的冬日斜陽任意的流進，咖啡館子的暖意，在杯子中的水氣滲著。單是這個情景，新加坡便給比下去了。

「人民廣場」前身是水田，租界時期一變為跑馬場，《上海租界略史》有說：「嘗聞英人所至之地，必攜其禮拜堂與跑馬場以俱來，驗之上海尤信。先來英僑，亟以籌設禮拜堂及跑馬場為事。」

上海第一個跑馬場建於道光三十年（1850 年），並作為公園之用，後於咸豐四年（1854 年）擴建，抗戰戰利後，因公眾壓力取消了賽馬活動。1951 年改建為人民公園和廣場，周邊廣建博物館、劇院、圖書館、體育館、政府辦公大樓，標示著新政府像陽光一樣的自信和奮發。

文革時，廣場成為審判、批鬥的總部，甚至是刑場，顯然因為它夠寬廣，可以聚集非常多的人，做同一件事，喊同一句口號。到了今天，網上說，上海人民廣場是文化、公務、商業、玩樂中心，是為上海的地標。前天星期日，我帶了兒子跟小黃一家聚舊，吃港式點心，午飯後，小黃說要載我們到附近舊法租界遊覽，途中他的上司來電，要他趕回公司開會，急著祇好在人民廣場讓我們先下車，說廣場交通方便，而且敞大好走。我因此也就錯過一訪租界，算是遺憾。

廣場的敞大，對香港人來說，卻又不甚好走。香港街小樓多，地鐵線網張羅，雨天在市區行走都可以不用張傘。人民廣場，四百多畝的大園，單是橫亙的人民大道也差不多一公里長，香港人來到這裡，徒步走完，足以睥睨。來福士在廣場東邊，越過了繁忙的西藏中路，向西走用香港人的速度，五分鐘便到「上海博物館」。若是有心欣賞四周的草綠，像本地人般享受午後的悠閒，信步於冬日暖陽底下，或看風箏在半空爭艷，那麼便要半句鐘了。若果在博物館前的大噴泉前，想聽聽水湧聲、觀者的欣嘆聲，至少還要多花上半句鐘。

在中國，跑文物、藝術博物館有點冒險。自古文物珍賞、圖畫典籍都是皇家、達官私藏，甚麼的翰林院、石渠閣都沒有草民的份兒，民間雖有私藏，都祇給個人玩賞。且歷朝的更迭，新皇帝多愛燒舊皇帝的東西（除了金銀珠寶和妃嬪）。

戊戌變法失敗之後，康有為逃命國外，在美歐「旅遊考察」16

年不倦，他最感驚嘆的是洋人保存古物的完備，而傷感於「吾國的缺殘」。《康南海先生年譜續編》記下他遊訪羅馬後的悲嘆：「故中國數千年美術精技，一出旋廢，後人或且不能再傳其法，若宋偃師之演劇木人，公輸、墨翟之天上鬥鳶，張衡之地動儀，諸葛之木牛流馬，南齊祖沖之之輪船，隋煬帝之圖書館能開門掩門，開帳垂帳之金人，宇文愷之行城，元順帝之鐘表，皆不能傳於后，至使歐洲今以工藝盛強於地球。」

康有為對歐洲文明近三五百年的崛起和稱霸源由的了解，也許有點浮淺，但他對國人「不知保存古物，則真野蠻人之行」的慨嘆，卻又有點題。無論如何，中國第一座具有現代意義的博物館，是1868年由法國傳教士建立的「自然歷史博物館」，就開在上海的徐家匯，此館後於1930年遷至震旦大學北側，改名「震旦博物院」。1951年大學停辦，博物院便關門了。

中國人自己辦博物館，要等到1905年。由一位名叫張謇的狀元以個人財力，在其家鄉江蘇南通籌建，是為「南通博物苑」，費時十年，到建成時，滿清已亡了四年。國民政府初期，博物館在中國才到處開花，「北京故宮博物館」便於1924年待溥儀被逼離宮後不到一年便成立。到1920年末，全國已有34座各式各樣的博物館。反而，上海市博物館要到1935年才開始籌建，兩年後啟幕，卻又遇上日軍侵華被逼關閉，大部份文物亦遭到竊據劫掠。說在中國建博物館有點冒險，除了「博物館文化」的歷史不夠悠久，千年戰禍，很多文物不是摧毀，便是流失。然而話又要說回來，今天在中國土地上的博物館中可以欣賞得到，除了劫後的倖存，還有有心人百多年的努力。

今天人民廣場上的上海博物館建於1993年，三年後啟用，是座新館，原館建於1952年，座落南京西路原英國人的跑馬總會，建築物富英國新古典主義風格，現為上海美術館所用，立於人民廣

場的人民公園，互相輝映。上海博物館後於 1959 年遷入河南南路舊中匯大樓，大樓原係民國時期上海政經巨頭杜月笙興建和擁有以作商業用，呈美國二、三十年代現代主義建築風挌。新館建築圓頂方體，象徵「天圓地方」的傳統宇宙觀，樓高 29 米半，佔地近四萬平方米，遠看像個壇子，屋頂四面各有圓拱，像是把手，配著深沉結實的外牆，倒似是個遠古的大鼎。

館子外的大鼎身影，預示著館內豐富的青銅器藏品。果如是，館內的青銅器，早自「二里頭文化」時期（公元前 21 至 17 世紀），直至夏商周各個主要地區都有。兒子自小學四年級便在新加坡唸書，古代中國對於他像是宇宙另一端，看著品錄繁多，精工細琢的器物，難以相信四千多年前（甚至更早），中國人已懂得冶煉金屬。然後他問了我一個至今我也解答不了的問題：「上海有那麼久的歷史嗎？」

看館內的資料介紹，除了少數近年考古的發現，大部份的藏品乃先前晚清的幾位江南收藏家的私藏，其中包括吳大澂。吳是個著名書畫家，在光緒朝做過大官，先後任過廣東、湖南巡撫。可以想像，清代的江南文士，不但品味高雅，而且生財有道，連當官的都是。吳大澂於光緒二十八年（1902 年）過世，藏品的流落，引人遐思，卻無可考究了。

江南人士的雅興，當然亦表現於他們收藏的陶瓷。館內的陶瓷展品雖然不及青銅品的耀目，明清的藏品也較宋唐以前的為多。難得的是館內的宋瓷也有不少，因宋瓷傳世得少，所以特別珍貴（和多仿或偽）。宋代汝窯瓷器，因為燒造史祇有廿年左右，有說全世界僅存的不過七十件，上海博物館收有九件。汝窯是宋代五大名窯，其它的是哥、官、鈞、定。各有特色，以釉彩顏色計，簡單地說汝、哥、官主要以青、綠釉為特徵，定、宋則以白釉為主。整體來說，宋瓷多追求簡潔的線條，含蓄的花紋，通透的質感。近代名

畫家林風眠的畫風剔透玲瓏，美而不豔，他說是從宋瓷學的。

我認為瓷器應該是中國第五大發明。雖然阿拉伯人早於唐代已經將中國瓷器傳到歐洲，但歐洲的製陶工匠錯以骨粉、貝殼粉來燒製，燒了五百年也學不成，始終造不出宋瓷的輕薄優美、堅硬耐用。宋元期間，中西貿易愈趨頻密，歐洲大量進口中國瓷器，「china」（瓷器）一字更輾轉成為中國（China）的官方稱號。且看其它四大發明，火藥已不及核能、激光威猛，指南針沒有 GPS 神通廣大，紙張和印刷術遲早給 iPad 淘汰。我相信惟有瓷器還會在世界精品拍賣場中和美食餐桌上耀武揚威下去。

宋代名畫《韓熙載夜宴圖》原本說是五代時期畫家顧閎中畫的。經學者考證過畫中宴飲器具都是宋代瓷器款式，便斷定現今傳世的版本是宋代摹本。近人汪曾祺留意到畫裡的主客人案上的食物都不多，「不過八品，四個高足的淺碗，四個小碟子。有一碗是白色的圓球形的東西，有點像外面滾了米粒的簑衣丸子。有一碗顏色是鮮紅的，很惹眼，用放大鏡細看，不過是幾個帶蒂的柿子！」汪在他的〈宋朝人的吃喝〉以此點出「宋朝人的吃喝好像比較簡單和清淡」。

韓熙載是南唐時期的大官，後主李煜打算指任他為宰相，但卻聽說他生活糜爛，便派畫師顧閎中到韓家暗中察看，然後繪畫出來給後主定奪。後人有一說韓熙載就是不想當宰相，才裝起荒縱。畫中倒見宴中或歌或舞，男女盡歡，確有點縱樂，然而眾人吃喝得還不怎麼顛倒。之後宋朝有個大官叫王安石，他執意推行改革，卻缺乏政治手腕，在朝廷上樹了很多政敵，蘇洵、蘇軾兩父子也反對過他，寫過一些影射文章，其中蘇洵的〈辨姦論〉便諷刺王安石「衣臣虜之衣，食犬彘之食」。清代有人認為〈辨姦論〉是偽作，真實作者是誰現且不去研究，反而文中本要指出王安石缺乏品味，吃得豬狗不如，是個粗人，這卻恰好側面點出，宋朝人不喜奢食。汪曾

祺找遍宋人寫的生活憶錄，都找不到吃海參、魚翅、燕窩的記載，他便深信中國人的奢食風氣是由明代開始，這是後話。

說王安石是個粗人，「囚首喪面而談詩書，此豈其情也哉？」著實有點冤枉。上海博物館就收有他的一匣書法《楞嚴經旨要卷》，是王安石極少傳世的真跡。除了是稀有，此卷跟大部份書法藏品最顯著的不同，就是字多，全卷二千多字，正書間有行書，筆法綿密，清勁有緻，一氣呵氣。中國人說字如其人，《楞嚴經旨要卷》透著書法家的專注和韌力，相比館藏的蘇軾《答謝民師論文書帖》裡的率真豪邁、趙孟頫《十札卷》的圓渾流麗、或是祝允明《草書落花詩卷》的爽朗瀟灑，王安石的《楞嚴經旨要卷》卻不輸氣勢，反更法度嚴謹，可以看得出他是個組織力強，心思細密的人。

《楞嚴經》共有十卷，王安石此卷第六，載觀世音說耳根圓通，以「三十二應」，隨機變化，現身說法，獲得「十四種無畏功德」。我們都不知王安石有沒有將十卷都寫了下來，我想單是此卷也足證王荊公的「無畏」和「善念」。此卷寫成於宋元豐八年（1085年），即王死前一年，改革的功業不成，造就如此的書法，我想也是個大業，連曾於他當政時反對過他的蘇軾也要說：「荊公書得無法之法。」王安石一意孤行的改革，正如林語堂所說，「給北宋晚期的國體留下了沉痾。」王的名句「天命不足畏，祖宗不足法，人言不足恤」，從蘇大學士的角度看，是否用於藝術而非政治上會比較好呢？

宋代的另一位書法大家蔡京的藝術成就其實比王安石更高，《金石萃編》謂其為「一代高手」。後世有稱宋代「蘇（軾）、黃（庭堅）、米（芾）、蔡（襄）」四家，其中蔡家原指蔡京，卻因蔡京位列《宋史·姦臣傳》朝廷「六賊」之首，在中國傳統道德觀中自然過不了「品格審查」而被踢出四家之外，勉強頂上了平庸無奇的蔡襄。蔡京的書法豪健淋暢，「冠絕古今，鮮有儔匹」，可說

是中國書法藝術史上的遺珠。

蔡京曾官至嘉國公，為人陰險、生活奢華，《宋史》稱其「既貴而貪益甚」，家宴每殺鵪子千餘，太學生陳東奏其「惡十四事」：「瀆上帝，罔君父，結奧援，輕爵祿，廣費用，變法度，妄制作、喜導諛，箝臺諫，熾親黨，長奔競，崇釋老，窮土木，矜遠略。」蔡京後來失勢被宋欽宗貶到嶺南，途中餓死於湖南。王安石變法失敗，晚年退居江寧（今南京），潛心佛學，死後得朝廷追贈「太傅」官銜，可算是修得正果了。

看完《楞嚴經旨要卷》，天色已晚，我來不及看館藏的董源、梁楷、王蒙、倪瓚、文徵明、董其昌、徐渭等等的大畫家的墨跡，想明早再來，反正入場免費。

晚飯姨媽請客，在浦東新區的一所光鮮的會所。黑色大理石的迎賓大堂，加上職員的一律黑色西服，感覺像回到香港的六星大酒店，祇是樓頂的吊燈金光燦爛得過了頭，我為姨媽的錢包感到有點擔心。姨媽因事遲來，著我跟兒子先坐下來，說已訂了位子，迎賓的漂亮經理又看圖表又打電話，搞了足有五分鐘才給我們在二樓的一間小房子找到了桌子，待姨媽氣呼呼來到時，我們還笑說她是這裡的 VIP，訂得這麼好的位子。說時，經理又跑回來，抱歉說她搞錯了姨媽是另一位陳小姐，不待我們反應便著另一位經理領我們到樓下大堂側角的桌子。

翌日早起，我再到人民廣場，為的卻又不是看畫。

可能是昨夜在會所裡的穿梭，不覺掉了錢包，到早上整裝時才發現，我便急忙跑回昨夜的會所，雖說是同在浦東新區，坐的士也要十多分鐘。會所剛好啟門，前階站了三兩職員在抽煙。待我說過了原委，他們也從容地讓我進入尋找錢包。晨光掩映，深黑大理石有點閃爍，更亂了我的心情，最後還是一無所獲。剛要離開時，在門口碰到昨夜的「錯搞經理」，她著我留下電話號碼，還問我何時

返港。這一問,更使我緊張起來,回程車票可以再買,沒有證件,明天怎回家?

想起了香港政府駐上海辦事處,在網上google了它的位置,才發現它也在人民廣場的附近,靠東,在來福士附近,遙望座西的上海博物館,真巧。

我急急跑向香港駐上海辦事處(他們有一個更長的官式名稱,不贅),暗裏希望撿到錢包的人看到我的香港證件便送來這裡,要不,也許辦事處可以助我補個快證。接待員首先告訴我錢包沒有人撿來,然後說補證要到上海的「出入境管理局」辦,但她不知道詳細手續和地址,祇開了電腦讓我網上找。

出入境管理局原來在浦東姨媽住處的附近,攪了半天,我由浦西跑回浦東,幸運的是上海的士便宜。

我到了管理局沒有捷徑走,祇好硬著頭皮跟大隊遞表申請緊急出境證,管理局很新淨,有不同的辦理櫃位,很有條理,出入很多人,都有秩序。在詢問處我問好了手續,回說快證也起碼要三個工作天,還要先到派出所報案。回頭才發覺浦東真大,找了第三間派出所才說可以辦,職員還要打一番電話,才攪得清楚手續。

折騰了半天,我發覺自己的普通話流利了。拿著派出所的文件趕回管理局,排了不多久才想起還未拍照,心想還是交了表格才去便是。辦事員當看到了我的名字,抓了抓頭,「徐世傑?你不是剛來過的嗎?」我說沒有,他再抓抓頭,瞪了我一眼,「真是奇怪,我在甚麼地方看過你的名字?」不等我回答,他跑回櫃位後的辦公室,不過半刻,他便拿了張字條給我看:「香港籍中年男子徐世杰,到來申請緊急出境証時,著他到枫林路派出所領回証件。」我的心跳加速了起來,辦事員也有點不相信,說要打電話去問,找了半天也找不到號碼,「他媽的,上海真大!」

隊後的人有點不耐煩,我祇有請辦事員將派出所的名稱寫下給

我，讓我趕去。的士司機告訴我派出所位於徐家匯，我暗忖難道真的是徐家祖先有靈？

最後，錢包找回了，絲毫無損，現金、證件，甚麼都在。派出所的公安告訴我，錢包是昨晚一位在區裡住的計程車司機送來的，沒有留下姓名。昨晚？我在黃埔江的另一邊⋯⋯往來浦東浦西的路，像條曲曲迴迴的命運線。

這次經歷千真萬確，我可以向著上海博物館裡的菩薩像發誓。

王安憶說上海是一個功利場，相信很多人都會同意。上海人懂得計算，做生意，據逯耀東的分析，這是跟上海的弄堂文化有關。上海開埠前，居住條件已不太好，開埠之後，移民湧入，人口急促增加，居住條件變得更差。弄堂便是上海急促發展下趕建的多層小樓，內裡間隔多重房間，可容多個家庭，由於空間狹窄，住在弄堂的多是小家庭，不像北京的四合院，一家幾代都可住在同一圍牆裡，互相支援。住在上海弄堂，缺少了大家庭的支援，小家庭的生活，樣樣都要計算，助長了上海人的生意頭腦。易中天留意到上海人的「實用理性」，那是在日常生活事務的計算操練出來的。他說上海人都講求實惠，所以也講求秩序和效率。這點，我在「出入境管理局」便體會得到。當然，我感覺得到，上海人也真的富起來了。

我以前在香港、新加坡、歐洲也經常掉錢包、手提電話，最幸運的一次在香港，錢包找回，證件還在，現金卻失蹤了。上海這一趟，我告訴自己，在大上海找到了 difference。很大的 difference。

錢包失而復得，幸運得連自己也不敢相信。到派出所領回錢包後，心情既複雜又輕鬆，便在附近的小館子吃了大碗羊肉麵，肉有點羶——是我喜歡的——量卻是可憐的少，麵身也太軟，像是前一位客人嚐了口便不吃而留下的。我想祇是 10 元吧，二話不說，趕快吃光。

派出所位於徐家匯，是我聽說得最多的上海地區，卻從未踏足

過，天還未晚，便順步走走看看。徐家匯著名的是它的天主堂和徐光啟墓，徐是明末的大臣，跟利馬竇習西方天文、科學，應該是中國最早的天文學家（以西方標準來說），也可能是上海第一個天主教徒，他還有個教名，叫 Paul。我想徐家匯必有看頭，倏地裡，卻給一陣烤肉香氣吸引過去。

點了串烤羊肉，讓檔主對我放心，不介意我拍攝，我順便問他羊肉是否新疆來的，他說不知道，自己也是上海出生的。見他侃侃而談，我沒有懷疑。他烤的羊，沒有甚麼特別，可能是我剛吃飽，也可能羊肉不是從新疆來的。最後，檔主還給我擺甫士，著我一定要拍下他的店名「新疆烤羊肉」。我更加肯定，他出生長大於上海。

我的拍攝吸引了鄰間另一烤羊檔檔主的注意，問我哪裡人，我答「香港」，他也好像未曾聽過，可能是我的普通話不靈，但肯定的聽到他說是從蘭州來。對我來說，蘭州是很遠的地方，像個沙漠，名字卻很美。蘭州我沒去過，但我相信蘭州人多清美，看看女檔主便知道。

上海很早接觸西方文化。徐家匯位處兩條濱涇的匯合處，交通方便，想必是外來文化的集中地。近年更成為上海的電腦、電子產品的商業中心，跟北京的中關村齊名。

余秋雨說上海是個「非常特殊的群落」。上海的古蹟不多，卻很早便接觸海外文明，造就了上海人的開通、靈活、隨和、好學，但對傳統也不抗拒，著實有點悖論。若果說這就是上海文明，余秋雨認為其肇始者就是徐光啟。

傳統科舉出身的徐光啟，首先對西洋的宗教生了興趣，四十歲前已經接受了洗禮，後來更嚴肅專注地學習西洋的天文、曆法、數學、軍事、經濟、水利，所有新的知識無所不包。這點開放精神，余秋雨在他的〈上海人〉就說徐是「第一个严格意义上的上海人」。徐光啟聰明的地方是除了不死抱傳統聖人之學，亦沒有拿西學貶抑

傳統經學，也沒有整天嚷著要改革現有制度，祇一心一意地研習西學以增補中國傳統的不足。我想，徐光啟之通融練達，便是易中天所說的上海人的理性。

明神宗萬曆三十四年（1606年），徐光啟已於京師與利馬竇合作翻譯古希臘 Euclid（歐幾里得）的 *Stoicheia*《幾何原本》，將西洋數學原理第一次以中文在中國傳授。兩年後，徐回上海丁父憂，專程到南京邀請意大利藉傳教士 Lazzaro Cattaneo（郭居靜）到上海開教，是為上海天主教之始。徐為何在父親歸土時開教於上海歷史書沒有記載，卻頗值深思。一年後，徐光啟便在老家旁建起上海第一座天主堂。萬曆三十八年（1610年），徐光啟官復京師，這時，利馬竇已不在人間，死前寫信給意大利友人抱怨說效力了中國皇帝大半生，最終還得不到恩准在京師之外傳道。四百年後回想，徐光啟選在上海丁父憂時開教，還等了一年才建教堂，不能說是巧合的了。余秋雨說徐光啟「這個人非常善於處世」，看來真有道理。康有為晚年在上海住了些時候，他有沒有到過徐家匯憑弔一下徐光啟沒人知道。康祖藉廣東南海，推動戊戌變法，想望迅速成效，會不會就是余秋雨眼下廣東人的「拼死苦諫」性格我們不用深究，徐光啟的「上海性格」起碼防止了他像康有為般流落半生。

明熹宗天啟三年（1624年），徐光啟遭宦官魏忠賢進讒罷官，他返回上海後，便將一生所學編纂《農政全書》，期以改善農耕效率。四年後，崇禎帝立，徐光啟奉召回朝，官復原職，不兩年升禮部左侍郎，其間欽天監測日蝕不準，崇禎命徐光啟開局修曆，徐學的西洋曆法便用上了。有趣的是，徐光啟一生沒有甚麼改革理論著述，畢生祇孳孳於引進西法改善中國農耕、水法、曆算。可以說，徐的「先進」思想都深受西洋傳教士的啟發和影響，連自己的宗教信仰也可以改變得如此徹底，卻又不表現得數典忘祖，下場又不像個革命烈士，可說是個異數。清代早期，康熙對西洋傳教士頗有寬

容，到了晚期卻行教禁，驅逐傳教士，不及二百年，英國人已打到了上海吳淞，那已是後話了。

徐光啟一生為官奉儉，崇禎六年（1633 年）病逝於京師，死前官至禮部尚書、太子太保兼文淵閣大學士。《明史·徐光啟傳》說他「蓋棺之日，囊無餘貲」，余秋雨說徐光啟身後事的寒儉反映了他的現實主義人生態度。無論是歷史的巧合，抑或是上海文明發展的必然，徐家匯自始便成了上海傳播西學和宗教的重鎮。上海「交通大學」，中國歷史最悠久大學之一，早於 19 世紀末就開在徐家匯，「復旦大學」最早期也在這裡。若果上海文明有等級之分，余秋雨說，徐家匯文明便是頂級了。怪不得，我在浦東掉失的錢包，翌日便在徐家匯找回，絲毫無損。

徐光啟卒於 1633 年，離明亡祇有 11 年，從大歷史的角度看，當時的中國正面臨生死存亡的關頭中，而徐的戮力和貢獻始終在民生、學術以至宗教方面，更且勢單力薄，如何力挽狂瀾於既倒？至於其後清朝二百多年，科學精神更無從說起。在上海，我感慨的是，歷史給徐光啟——以至中華文明——的機會又是否太少、太晚？

10. 僵死之港

　　雖說上海古蹟不多，地標性的建築物卻不少。Alain de Botton 在他的 *The Architecture of Happiness* 說建築物「會開口說話」，不同的建築風格透露不同時代的生活形態和價值取向。上海的近代建築史，若果我們細意地看，活是部上海的政治社會史。

　　上海外灘聳立著的新古典、現代建築，正好反映租界時期的政治勢力分佈和混雜。民國時期，政府重點建設南京，卻由於上海複雜而敏感的政治、經濟、城市結構問題，遲遲未有總體方案。例外的是 1925 年重建位於外灘的「江海關大樓」。大樓始建於清道光二十六年（1846 年），即上海被逼通關後 4 年所置的「轅門關署」，隨後經歷了三度改建成為今天的新古典與近代建築相合的折衷式大樓。它的高聳鐘樓印證著英國人的足跡──雖然現今的鐘聲再不是倫敦西敏寺的 Big Ben 敲響。新中國時代，鐘樓敲響的已是《東方紅》了。

　　江海關大樓毗鄰的「上海浦東發展銀行」原為「上海滙豐銀行」大樓，也是 1925 年建造的，亦是 18 世紀打後英國人愛用的新古典主義風格，為十里洋場最輝煌的大樓。1955 年，滙豐銀行撤出上海，大樓收歸國有，改為上海市政府大樓。有趣的是，新中國於上海建造的第一座地標，卻是位於靜安區延安西路的「上海展覽中心」，建築風格透露點玄機。

　　新中國成立後一年，政府找來了蘇聯專家指導建設北京和上海，專家的指導思想是將兩個原本的「消費型城市」改建為「生產型城市」。對於本已是中國最大商港的上海，這種改變，順理得多；反而對於六百年古都北京，蘇聯專家的指導，卻挑起了一場大辯論，亦生成了今天舊北京人的無奈，那是後話。

上海展覽中心原名「中蘇友好大廈」，建成於 1955 年，不知是否蘇聯專家當年的主張，它採用了俄羅斯古典主義的建築風格。可能由於資金的短絀，大廈缺少了蘇聯大哥的偉岸，卻遙遙睥睨外灘的市政府大樓，如果建築物真會開口說話，會不會是歷史的瘋話？60 年代，中蘇關係日趨惡劣，大廈屢改名稱，至 1984 年才正式定為「上海展覽中心」，主要是公務開會的地方，看頭不大。然而，大廈除了建築風格的歷史趣味外，還剩有淹沒塵土的一點歷史風光。

在近代中國，上海展覽中心的原址有過一場歷史盛會。1911年 10 月辛亥革命成功後，12 月 25 日孫逸仙從法國經香港乘船進上海，萬人空巷，隨後由同盟會舊友黃宗仰（後來出家改名烏目山僧）領到位於原址的一個叫「愛儷園」的私人花園午宴。

「愛儷園」在舊上海的記憶中，它的別名「哈同花園」最為人熟悉，這當然跟花園主人哈同先生傳奇性的發跡史有關。英籍猶太人 Silas Aaron Hardoon（哈同）26 歲來到上海，先在沙遜洋行當文員，因緣際會，靠著 Sassoon 沙遜的關係在外灘搞房地產，憑著一點膽色和內幕消息，很快便成了上海的地產大亨。1904 年，發了跡的 Hardoon 於現址興建一個三百畝的「仿大觀園」式的私人花園。Hardoon 一生充滿傳奇，除了搞地產，有人說他也販賣鴉片，在一般的記載中，是個壞份子。

到今天，Hardoon 是不是個壞份子也許不用深究，「哈同花園」的歷史性卻值得我們細味。當黃浦江邊爭相聳立西式地標時，Hardoon 竟然將三百畝地，在上海市中心區建造一個中式花園，這雖然反映出他的 flamboyance，亦透露了他的「戀華」情意結。花園雖說是 Hardoon 的私人樂園，園內卻又同時興辦起教育。

首先，Hardoon 邀請當時的國學大師羅振玉在園內整理哈同出巨資收購的古代甲骨，從而訓練了一批甲骨文專家。同時，因著哈

同夫人中法混血的羅迦陵篤信佛教，開辦中國第一所高等佛教學院「華嚴大學」。當時，花園進出很多學術名人，康有為也在其中，華嚴大學康老有份協辦。後華嚴大學撤出哈同花園，羅迦陵再命管家姬覺彌另辦「倉聖明智大學」，除了佛學，大學也授文學、藝術。近代美術巨匠徐悲鴻也曾是這裡的教授。

徐悲鴻是江蘇宜興人，自幼從父習畫，19歲喪父，家境困頓，翌年徒步從宜興走到上海謀生。1915年，徐初到上海，謀事不成，欠旅館錢被逐，潦倒街頭，差點想自殺。勉強捱到年底，偶然之下，徐畫受到上海絲商黃震之的賞識，徐悲鴻便住進黃震之主持的賭場，不到兩個月，卻又因賭場裝修，再搬到黃姓朋友的宿舍。1916年3月，徐應徵哈同花園畫倉頡像被取錄，更獲花園總管姬覺彌賞識，被邀住進哈同花園作畫，後更被聘為園內美術指導兼倉聖明智大學美術教授，其間為Hardoon、羅迦陵、姬覺彌畫像多幅。

住在哈同花園期間，徐悲鴻亦同時於震旦大學修習法文，以備往法國學畫。倉聖明智大學的教職，也讓徐悲鴻受到康有為賞識，收為弟子，更而獲聘為康家「齋館」的圖畫教員。徐悲鴻的畫很西化，寫的卻是舊式中文，我相信主要是受康有為影響的。

1899年「戊戌變法」失敗後，康有為遊歷歐美16年，驚嘆於歐洲美術的宏大、逼真，回國後便竭力批評中國傳統水墨畫。他的《萬木草堂藏畫目‧序言》開首便說：「中國畫學之頹廢，至今已極矣。」徐悲鴻一生倡導以西法改良中國畫，他的主要畫論，開首都是康老這兩句。

徐悲鴻於1919年獲得當時北京大學校長蔡元培推薦公費赴巴黎習畫，徐受賞於蔡元培還是透過康有為的引介。對於徐悲鴻，哈同花園倒仿似是個大觀園。徐赴巴黎前兩年，還得到哈同花園的資助，去過東京觀畫數月。他與第二任夫人蔣碧薇的戀情，也是在哈同花園裡滋長的。

Hardoon 和夫人分別於 1931、41 年埋土於花園內，隨著日軍向英美宣戰入侵租界，哈同花園和大部份哈同產業都給日軍侵佔破壞，到抗戰勝利後，三百畝的園林，祇剩下幾間洋房，上海的建築史，像給撕掉了一章，後來補上的，卻無關宏旨，相同的可能就是上海的華洋混血根性。

不知是不是對這種根性的蔑視，孫逸仙的《建國方略》就說過上海是個「僵死之港」。在孫的計劃裡，現代中國要建設三個「頭等大港」，分別為北方、東方、南方大港。北方大港在現天津港側，南方大港「當然為廣州」，東方大港有兩個方案，一就是將上海增建，一就是杭州灣岸乍浦岬與澉浦岬之內灣填海興建，孫暫稱之為「計劃港」。建造新港，孫預計比發展上海省錢，也不用整治長江的沙泥。孫跟著又說上海有特殊地位，「上海仍可求得一種救濟法也」。其後的發展，已是歷史了。

事實上，1927 年當「上海特別市」建立後，官方曾經提出一個「大上海計劃」，要點是在江灣五角場地區建立一個佔地七千餘畝的新市中心區，用以削弱租界的經濟地位。1930 年，計劃正式動工。到 1937 年，日本全面侵華前夕，新市中心區便建成了市政府大廈、江灣體育場等，可惜的是，戰爭打斷了建設。回頭看，那時的國民政府已經被經久的軍事、政治的跌盪拖累，加上財政的困乏，計劃注定失敗。

抗戰勝利後，國民政府再提出「大上海都市計劃」，由於戰後租界已取消，計劃比照戰前的「大上海計劃」，重點已經大大不同，規模也大很多，其中還兼採了孫逸仙在《建國方略》的建議，例如在乍浦建自由港、開發浦東。計劃經過三次規劃定稿，到第三稿定出來時，上海快「解放」了。

早在 1920 年代，上海總人口才二百多萬，孫逸仙已看到上海要在浦東建造市宅中心，創造新的土地價值，「惟此垂死之港……

可以與計劃港爭勝也。」他還建議在浦東的北端楊樹浦下游，建一泊船塢，另外由黃浦江右岸高橋河合流點開鑿運河，直貫浦東，然後在近吳淞對岸匯進黃浦江，一則分流江船到新的船塢，另則於運河與黃浦江之間打造「新黃浦灘」，於區內廣建馬路，利便商業，這當然不是今天我們看到的浦東。

2008 年我再訪上海時，住在浦東新區「世紀公園」對面，往陸家咀以至黃浦一帶，坐車必經「世紀大道」，由小路拐入大道時便是「世紀廣場」和廣場上排列著的現代雕塑群。車子經過時，繞著陽光，雕塑群在不同角度的光照下掩映得很生動。其中有一個大型鋼造的日晷最是突出，正式名字是《東方之光》，它的意念來自法國建築設計師 Parick Chavannes 夏邦杰和上海著名畫家陳逸飛，雕塑者是生於上海，現年 38 歲的仲松。自 2000 年起，《東方之光》便成為了世紀大道，以至浦東新區的一個地標，可能是上海最著名的「城市景觀」雕塑。它高 20 米，通透的設計，立於車水馬龍的交通大道中，既提醒路過者光陰的流逝，卻又不擋隔著光影的流動，在上海的「大視覺」的景觀中，玲瓏剔透。

陳逸飛無疑是中國近年最紅、最富傳奇性的藝術神話。他出身於上海美術專科學校（簡稱上海美專），1980 年才 34 歲便帶著38 美元赴美國紐約深造。四年後便簽了著名的 Hammer Gallery。1985 年，畫廊主人，石油鉅富 Armand Hammer 訪華，以陳的油畫《故鄉的回憶──雙橋》贈送給鄧小平，給畫家賣了個世界級的廣告。

之後，陳逸飛三個字真正蜚聲中國畫壇的時刻還要等到 1991年，他的《潯陽遺韻》在香港拍賣以一百三十七萬港元破了在世華人的油畫拍賣紀錄。隨後，陳逸飛的油畫拍賣價每創新高，從1991 到 1998 年間，陳逸飛的 33 幅畫的總拍賣價就已是五百多萬美元。

1992 年，陳逸飛在紐約賺到了第一桶金，卻買不到心儀的房子，一氣之下便揣著一百萬美元回到上海搞起「陳逸飛工作室」，以「大美術、大視覺」的概念打造「陳逸飛品牌」，成功拓展時裝、出版、設計、模特經理、電影等市楊……從而創造了「商業家陳逸飛」。

1965 年，陳逸飛還未從上海美專畢業便被聘於上海畫院主理油畫組，期間因政治需要畫了《黃河頌》、《佔領總統府》（與魏景山合畫），除了表現了他的高超寫實技巧外，畫中的人物佈局、場面設計、氣氛的掌握，都確實表現了畫家繪歷史畫時運用了「大視覺」。

成名以後，陳逸飛最賣錢的畫，多是清末江南名仕生活的懷舊感觸，精緻的筆觸刻意地美化末世 decadence 的淒美，畫中賣弄的高超寫實技巧，屬於裝飾、玩樂性一路，完全缺乏探索，遑論自省和批判。同樣地，逸飛品牌下的時裝、電影，也是一個模樣，brand equity 倒管理得很 consistent。除了生意做得大，陳逸飛的「大美術、大視覺」真的不知從何說起。

陳逸飛最初回國時，工作室置在上海新天地一個 10 平方米的小房間，「逸飛品牌」產業化後便成立了「逸飛集團」，搬進了上海延安西路的長峰中心的十八、十九兩層，旗下有八家公司。陳逸飛死於 2005 年，遺下了一套未開拍的電影《理髮師》，和一家未開啟的企業，「浦東張江創業園區」。

如果在舊上海冒險家的樂園是在浦西，那麼新上海的樂園，便應該在浦東了。

11. 大視覺

　　關於「大視覺」，陳逸飛曾經解釋過：美術工作者有一種責任，就是要運用他們對美的悟性，借助各種形式，使城市變得更美好。

　　陳的藝術成就如何，現在要定論還早，然而他的商業觸覺，肯定敏銳。躊躇滿志的陳逸飛回國時，上海的經濟剛要起飛，當人民富了起來時，便要追求「美好的城市」。話出自中國當代最著名的油畫家，自然少人質疑，何況那是多麼顯淺的道理。陳逸飛的聰明處，是他強調「大」。如果你到過浦東，就會明白。

　　陳逸飛回國的那年的 11 月，上海人大常委會通過了《浦東新區總體規劃方案》，上海的「新十里洋場」正在中國茁壯。我說它是洋場，首先是它滿眼的西方現代建築，辦公大廈是西方大企業式的高樓，炫燿式的建築物料和標奇立異的外型，毫不避忌地接續西方的 corporatism——大企業就是經濟主動脈。購物商場也承襲了美式的消費主義模式，客人一進商場便被內裡的七彎九轉弄得方向感失靈，在廣闊但封閉空間中，視覺完全給廣告、指示牌、貨品佔據，腳步祇有一個方向——商店的收銀處。在香港當過大型購物商場的經理朋友曾經告訴我，這種設計就是要讓人迷失方向，多花時間在商場之餘，還要迷失安全感，然後多靠購物補回。

　　第一次我和兒子到陸家咀找名店「小南國」吃小籠包，甫入「正大廣場」便被五光十色弄得目眩神迷，進而迷失了方向，轉了幾個彎才找到升降機，之後又不知要通過幾多度玻璃門才找到，真的花了很多時間，看過不少櫥窗。離開後，在廣場對街大路旁碰上了一坊小吃攤子，香氣襲人，我們不用來回檢看，很快兒子要了魯肉飯，我愛鴨，所以要了鴨血粉絲湯，坐在陽光底下吃，食味如何也懶得去理會，十多塊錢，風味已值，最後我還買了份臭豆腐，邊吃邊跟

廚子拍照，大家都在笑。

不錯，上海很多現代商場都設計得「美好」，讓顧客享受一刻帶不得回家的幸福感，如同陳逸飛畫中的清裝美女，活在暗裡的雅緻，影像真實，感覺卻是割離。若果這是藝術家的責任，「大視覺」就是要城市人看不見城市的真實。

2001 年 9 月 11 日，美國紐約的「世貿中心」給恐怖襲擊而霍然倒下，悲傷驚愕過後，建築界重新思考摩天大樓的安全性和必要性，爭論熱鬧過了一陣，摩天大樓倒還要在新富起來的國家爭相聳立，以示經濟火紅、領導人的英明偉大。李歐梵對此現象卻感到不解，為何摩天大樓一定是國家現代化的標記？他引用一位土耳其學者朋友的名辭「excessive modernity」來形容這種建築亢奮。我相信「世貿中心」的建築師當初沒有將恐怖襲擊列入安全性考量不是疏忽；可是事情沒有發生前，安全與否，都是估計。事情發生了，才是「真實」。

李歐梵說現代高樓愈起愈高，其實是代表人類的高傲心態，他用了 hubris 這字來形容這種心態。Hubris 直譯是傲慢，原是古希臘悲劇中常見的命題，凡人對天神傲慢不馴，早晚會受到天譴。911 事件中二千多名死難者，既是恐怖主義的受害人，也可說是人類要與天比高的犧牲者。悲哀的是，人類是善忘的，摩登上海可能忘記百年前外灘的 hubris。

1930 年代在上海、紐約住過的林語堂在他的《生活的藝術》已經說過人類在摩天大廈包圍中，便祇會愈來愈「自負人類文明的能力，而忘卻人類本是何等渺小的生物。」可是，他最後亦得要承認這個問題沒有可能解決。現今（2012 年）中國的人均 GDP 祇是美國的八分之一，但摩天大樓的數目卻是美國的四倍，不斷聽到中國城市搶著建「世界第一高」，我們整天都說中國地大物博，為甚麼總是要向高空發展？我相信，李歐梵亦會感到同樣的無奈。

今天在浦東新發展區，值得一訪的反倒是那裡沒有高聳建築的公園。

記得來時，剛搬進浦東新區住處，窗外敞大的「世紀公園」便已吸引了我。最吸引我的，是它的「大」將新區的灰黑一律的商業大樓推向視覺的遠處，教它們不用那麼聳動，我想這個設計是經過周詳考慮的，而且很聰明。

最使我感動的，還是在我離開當天的早上。火車午後才啟程返香港，難得有個沒事要趕的早晨，天氣頂好，我便拿起相機到公園蹓躂。由住處到公園，隔著一條人工河，岸邊的咖啡館吸引了我。咖啡比香港的香，我想應該是上海冬晨空氣的飄送，不像香港人工冷氣的滯悶。我隨意在館子上網，才發現浦東新區的綠化覆蓋率是百分之三十五，人均公共綠地面積十多平方米，那是百多平方呎，在香港，很多人的半間屋子。從咖啡館的窗子望向公園，我想這就是「大視覺」吧。

網上我還讀到「世紀公園」的介紹，有甚麼的湖濱區、疏林區、鳥類保育區、異國花園，連高爾夫球場也有，我想三天也走不完，便祇是隨意地順著視覺舒暢處走，聽聽啁啾，看看水影，感受一下本地人生活的舒閒。園內的建置很有條理，當然是規劃出來的，雖然說是綠化帶，我踏著卻多是石屎地面，草坪好像祇是為了「視覺」的，倒是園內的整潔和我過往印象中的上海有點不協調。

規劃公園時，設計師可能祇想到「大」，忘記了「明」。我不是說公園欠光，而是整園無際的陽光，欠缺了柳暗花明的起落和驚喜。用英文來說：It is awesome but not impressive.

公園的湖區旁有處地鐵站出口，走出來的是三五成群的長者，多穿著運動套裝，迎著晨光，笑語盈盈，連我瞄向他們的相機也感受到他們的自在，情景似曾相識呀！原來幾天前在人民廣場也碰上過。回家以後，當我整理他們的照片時，真有點不相信，他們活過

了那麼多的滄桑，還笑得像孩子。

我從公園某個出口走出來，霎時辨不清方向，一輛單車在面前颼過，陽光在對面，我想我還是在新區往東縱深處，腳下原來是單車徑（國內叫機車徑，供單車、機動兩、三輪車專用，寬約十呎）。一輛輛的機車走過，我連忙拍下它們背著晨光的颼颼，才意會到前面應該是住宅區。穿過一排兩層高的房子，門前蹲著三兩婦人在聊天，拐過彎，照面是個小鎮的模樣，樓子不高也不新淨，祇有四、五層，錯落不一，街上有包點、蔬果、衣裝各類鋪子，機車響號此起彼落，街角轉處，有兩中年漢子互相點煙，然後一陣哈笑。我拿相機趕忙起來，不自覺地踏出了車路，給一位旁人扯著，轟然機車響號，我猛猛吐了口氣。

謝過了救命恩人，我看看手表，已是近午時分了。

歸路上，還要跨過一條車路橋子，橋下是條泥河，不寬不湍，河邊有人垂釣，單車靠在草叢，這一片綠，很是動人。

滿心得意回到住處，兒子還沒起床，昨天夜裡姨媽特地領我們到外灘走走，讓小甥兒看看十里洋場的夜色。可惜的是，黃浦灘上的大馬路正在擴建，江上的風光都給遮擋著，姨媽告訴我們，工程是為了「世博」，還有兩年。兒子拍照的興趣頓時減了，我反而留意到一些貌似外地人或是擺攤子，或是躑躅。我趕快的設定好相機，瞄向燈柱旁呆著的小夥子，然後伸手進口袋準備拿錢，等拍完了待他伸手便給他。誰知，閃燈過後，他祇是咆哮了一聲，竟也沒有向我伸手（不要說動手了），他由始至終原地站著，燈影下，乾黃的一張臉，眼裡有點惶恐，我感到有點歉意，立時別過臉，回頭便看到姨媽給一位老先生纏著。

穿得光潔整齊的老先生告訴我們，他是退休教員，和老妻從山西老遠跑來遊玩，剛到埗便掉了行李和錢包，想借姨媽的手機打回家報平安。姨媽一向謹慎，讓他講話時手都緊抓著電話。他的土話

我聽不懂，看他急切的表情，誰也不會起疑。電話掛線後，聽他說還差 100 元買火車票回家，姨媽是基督徒，一生都愛助人，二話不說便拿錢給他。看著老先生跟穿得不相稱的「老妻」一前一後趕快向後街走，我頓時明白，姨媽做了基督教導信徒應做的事。之後，我也沒有問她那通電話花了她多少。後來偶爾在網上看到，上海常住人口有二千萬，流動人口佔二成，每天進出上海境內外的平均有二百萬人。

鴉片戰爭前，上海早已是個移民城市。移民多來自江蘇、浙江、廣東、福建、安徽。由於廣東最早接觸外國商人，早在上海通關前已看準機會登陸上海。《太平軍紀事》說 19 世紀中葉上海有八萬粵人。《太平軍紀事》的作者乃洋教士 Matthew Tyson Yates 晏瑪太，八萬這個數字可能不準。據鄒依仁《舊上海人口變遷的研究》的實際統計數字，1885 年上海公共租界內的粵人有二萬多，佔總移民人數達五分之一。可以說，近年香港人湧往上海謀生、開業，早有前科。

上海開埠後早期的洋行買辦亦多為粵人，當時的四大公司中，永安、先施、新新更是廣東資本，三家公司都附有粵菜酒家。自然地，粵菜不但蓬勃於上海，而且因著商貿需要，開拓了高檔市場。逯耀東指出粵菜館子最大的特色是金碧輝煌的裝潢、菜色奇巧，「凡是背脊朝天的皆可入饌」，而且價錢昂貴，民國時期，一席名貴讌吃已達千元，而其它酒樓「一席酒菜才不過三五十元而已。」可以想像，當時上海果是「四方冠蓋往來無虛日，名流碩彥，接迹來遊。」（王韜《弢園老民自傳》）。

至於平民化粵菜館，要到 1926 年由南海人梁建卿創立，取名「新雅茶室」，引入叉燒鹵味、虾仁炒蛋、炒牛肉等廉價小菜。八十多年過去，茶室現已發展成為飲食集團，總店位於南京路步行街。梁建卿雖為南海人，但畢業於香港皇仁書院，其引入上海的是

港式粵菜，跟遂所說每席千金的廣式粵菜頗有不同，這又牽涉到廣州粵菜傳入香港的話題，於此不贅。

粵菜向來善於吸收、變化、融合外來特色，看來，香港人在上海吃粵菜，應該會耳目一新。這也許就是「飲食大視覺」吧。

12. 被背叛的城市

　　火車緩緩離開上海站向南方進發，兒子昨天給黃浦江的晚風冷病了，今早睡得很重，火車上，仍有點病容，晚餐吃了杯麵精神才振起了一點，我問他對上海有些甚麼回味，他說上海很像新加坡，地方卻大很多，可是小籠包還是新加坡的好吃。

　　去年還在新加坡唸書的兒子，從來沒有機會好好讀過中國歷史。新加坡連自己的歷史還淺，他又怎會啃得下中國的二千年興衰。近年流行遊學團，新加坡也不例外，前年兒子才 13 歲，跟學校老師同學去了西安兩個星期，回來就說中國很有趣，那麼多歷史故事。

　　1898 年，四川有個叫鄒容的 13 歲少年，當聽到北京剛處決了譚嗣同、楊銳、劉光第等「戊戌六君子」便寫了首詩：「赫赫譚君故／湖湘士氣衰／惟冀後來者／繼起志勿灰」。

　　鄒容生於富裕家庭，16 歲時父親便送他到日本求學，東渡日本前，在上海住了八個月學習日語。十里洋場的現代上海，跟落伍的家鄉相比，鄒容強烈感到中國的落伍。看見中國人受著洋人到處的頤指氣使，鄒容下了決心，「繼起志勿灰」。

　　鄒容在日本時，友輩中有陳獨秀、張繼等，其後更結識了當時在日本宣傳革命的孫逸仙和一些革命黨人，滋養其日後的革命思想。1903 年 3 月，鄒容連著陳獨秀等四個同學，趁夜深抓住清廷派來監視留日學生的姚文甫，剪去他的辮子以示警告姚不要刁難和逼害學生。4 月，鄒容為避清廷追緝，返回上海，積極參與蔡元培的「愛國學社」活動，並埋首撰寫他的救國宣言《革命軍》。很快，鄒容便結交了譽滿上海文壇的章太炎，彼此相差 16 歲，兄弟相稱。後來兩人同為《蘇報》事件入獄，而後來鄒容更離奇死於獄中。

　　鄒容死時才 20 歲，他的慘死卻震動了上海，「中國教育會」為他舉辦了追悼會，國內外更爭相發行、翻印、手抄他的《革命軍》。《革命軍》全書祇有二萬餘字，文章寫得激昂，卻條理分明，將革命的須要說得人人易懂，鼓動了很多革命志士。1912 年初，孫逸仙在南京當了臨時大總統後，追贈鄒容「大將軍」榮銜，在追悼會說：「鄒容當國民醉生夢死之時，獨能著書立說，激發人心。」毛澤東後來也說過：「鄒容是青年革命家，他的文章秉筆直書，熱情洋溢，而且用的是淺近通俗的文言文，《革命軍》就是好讀，可惜英年早逝。」據說，1958 至 1963 年間，毛讀過了《革命軍》多次，不知主席是在追悼，還是追悔？

　　鄒容在獄中的時候，清政府不斷逼害其家人，他死時，鄒家已從四川避遷到陝西，鄒容的遺體祇給同鄉偷偷暫放於上海四川北路的「四川義莊」，怕清政府發現，棺上祇草草的寫上「周容」二字。直至一年之後，同盟會會員、上海人劉季平才小心翼翼地將鄒容埋葬在劉的家鄉華涇鎮現華涇路，剛好趕得及鄒容的死忌。一個月後，上海革命友人為他舉行了新墓落成典禮，蔡元培宣讀的悼辭更感動了當時對革命主張仍在猶疑的陳其美（1911 年 11 月上海起義的領導人），友人還於墓前樹了紀念碑。五年後，滿清政府倒台，鄒容若果仍然在生，應該才 26 歲。

　　疾馳的南行火車，比來時人擠，我少了點閒蕩，坐在床上，默想過去的幾天，問自己最難忘的是甚麼，眼前閃過很多張笑臉，15 歲的兒子呼睡聲中，我偷偷地細味，然後感激，一絲沒有離亂的幸福。

　　今次在上海，我祇匆匆的過了一個星期，回程火車上心總有點悵然，好像對不起上海的華美，錯過了甚麼似的。差不多八十年前，George Bernard Shaw（蕭伯納）訪華，行色匆匆，祇是在上海逗留了十多個小時，期間亦祇有在宋慶齡的家裡吃了一頓午飯，座中

還有蔡元培、林語堂、魯迅、楊杏佛等人。Shaw 是素食主義者，弄得宋家的廚子有點慌亂。

Shaw 是 1925 年諾貝爾文學獎得主，在上海當然受到當時的文藝界熱烈追訪，其中少不了「新月派」的代表人物邵洵美。邵後來於 1958 年為反革命罪坐牢時曾對因友說過他曾宴請 Shaw 於「功德林素菜館」一事，好花了他四十六銀元（當時一席魚翅席才十多元）。從 Shaw 的上海日程看，他根本沒有時間一訪上海最著名的素菜館，想那必是文人在獄中無聊下的想像吧。

功德林開鋪於 1920 年代，舊址處於黃河鳳陽路，原址相連幾間佛堂，相當蕭穆。舊店和佛堂於文革中遭拆卸改建成民居，不久便在現今南京路上海美術館對面復業，可是佛堂也就從此消失了。可能是天主教的散佈，上海的佛教氣氛不濃烈，素菜館不多見，除了功德林，比較多人知曉的算是位於金陵東路的「覺林」和城隍廟的「春風松月樓」。

不知怎的，人在旅途，面對太多「肉誘」，我們總少想到吃素。香港的功德林我倒去過幾次，在遊客區銅鑼灣，總覺得價錢偏高，後來因緣認識了店主柳先生，才知道他另外於新界八鄉置有農場，全部有機種植，連豆腐花都是從山上引溪水開的，素菜館的菜多是自家農場供應，餐吃價高也有個道理。後來銅鑼灣的店子關了門，新開到尖沙咀高級商廈裡，裝潢得更似頂級餐廳，聽說是大集團從柳先生買下了店名而將店子升級的，這點我也沒去深究，反正在新店吃了一次也沒有甚麼印象。最稱奇難忘的還是老店的「蒓菜羹」，那種鮮美，想著也會垂涎。西晉文學家張翰是江南吳人，本來在司馬氏朝當個小官，有一天他忽然想念家鄉的「蒓菜鱸魚膾」，嘆世道荒唐，何苦役於名利，便掛冠回鄉。此後，「蒓鱸之思」便成了思鄉的託語。白居易曾作詩詠之：「秋風一箸鱸魚膾／張翰搖頭喚不回」。蒓菜雖是湖面生長的野菜，卻是明代的貢品，與楊梅、櫻

桃，合稱三絕。

　　George Bernard Shaw 是大文豪，他訪問中國時談的卻多是政治。邀請他到上海的是「中國民權保障同盟」，這個組織是於 1927 年蔣介石在上海清黨後由反對他的宋慶齡、蔡元培、楊杏佛等成立。Shaw 本身是個社會主義者，同情左傾人士，他在上海的訪問官方是不歡迎的，所以活動祇限在租界範圍，受左傾的國民黨員歡迎盛況，頗為觸目。魯迅英文不流利，跟他沒有太多的交流，卻也察覺 Shaw 訪華比前後兩次（1923、29 年）的 Tagore（泰戈爾）來時更為熱鬧。

　　1927 年間蔣介石開始清黨，在上海大量搜捕、處決、暗殺左傾人士，舞文弄墨的也不放過，魯迅的很多學生、朋友都一夜之間失了蹤、甚至沒命。之後 1931 年 2 月 7 日深夜，柔石、殷夫、胡也頻、馮鏗、李偉森五位「左聯」作家在上海龍華警備司令部被處決，魯迅聞訊後悲慟起來，便寫了：「慣於長夜過春時／挈婦將雛鬢有絲／夢裡依稀慈母淚／城頭變幻大王旗／忍看朋輩成新鬼／怒向刀叢覓小詩／吟罷低眉無寫處／月光如水照緇衣。」

　　後來，宋慶齡跟美國記者 Edgar Snow 熟絡下來便坦然地說蔣介石背叛了三民主義，所以她就成立「中國民權保障同盟」奔走營救受逼害的民主派人士。Shaw 在上海接受記者訪問時也說「在此地說話，似乎不很安全。」

　　最後，他終於說了，上海是個「被背叛的城市」。

13. 百年老店 (1)

2012年春，我再訪上海，坐的還是火車。

這次，我趁在南京做學術研究時騰出了一天，坐火車到上海探訪舊上司，共他好好在久聞的老店「德興館」吃一頓「正宗」上海菜，順道看一看世博後的上海改變得怎麼樣。來之前還問了老弟他當年在上海擺婚宴的地方，他回覆電郵說：「嘉定南翔，嘉定三屠的嘉定。」

「嘉定三屠」發生於清順治二年（1645年）七月，三個月前江北的揚州已被清豫親王多鐸所破，清軍隨後渡江進南京。《清史稿‧世祖本紀》記：「故明福王朱由崧及大學士馬士英遁走太平，忻城伯趙之龍、大學士王鐸、禮部尚書錢謙益等三十一人以城迎降。興平伯高傑子元照、廣昌伯劉良佐等二十三人率馬步兵二十三萬餘人先後來降。」南明遂亡，大局已定，清廷始申「薙髮令」。

朱子素的《嘉定縣乙酉紀事》記嘉定的「薙髮令」記得如恐怖片：「嘉定人聞之激憤，十多萬人起而反剃髮，更自組鄉兵，得明朝殘兵支援，殺清兵數十，清兵首領李成棟不敵，逕往太倉求援。之後，李成棟回師，轟城數日不果，卻因連日大雨，嘉定城崩，清兵得以入城」，「成棟進兵，屠其城……兵丁遂得肆其殺掠，家至戶到，雖小街僻巷，無不窮搜……每遇一人，輒呼蠻子獻寶……所獻不多輒斫一二刀。至物盡，則殺。故僵屍滿路，皆傷痕遍體……投河死者，亦不下數千百人。」至此，悲劇還未結束。

一屠過後，李林棟離城，嘉定人再次控制縣城，李聞訊派部將領兵鎮壓，再次屠城，「數十里內，草木朱殷。是時，城中無主，血肉狼藉，惟三四僧人，於被焚處，搬敗屋木，聚屍焚之，炊煙斷絕。」此為二屠。一日後，援兵趕至，嘉定又復入鄉人手。惜未及

二日，清兵增援於凌晨趕至，趁居人未起，鄉兵未集，便又一次屠城。「城內外死者無算……每日發兵入村落打糧，淫殺無度……是役也，城內外死者，約凡二萬餘人……侯峒曾以自溺死，黃淳耀以自縊死……」此為三屠。

侯峒曾為南明遺臣，領嘉定義軍英勇抗軍殉難，現嘉定市西有侯黃橋，匯龍潭公園有侯黃紀念碑以記侯黃事蹟。《明史·侯峒曾》記：「侯峒曾，字豫瞻，嘉定縣人……天啟五年成進士……福王時，用為左通政，辭不就。及南京覆，州縣多起兵自保。嘉定士民推峒曾為倡，偕里人黃淳耀、張錫眉、董用圓、馬元調、唐全昌、夏雲蛟等誓死固守。大清兵來攻，峒曾乞師於吳淞總兵官吳志葵。志葵遣遊擊蔡喬以七百人來赴，一戰失利，束甲遁，外援遂絕，城中矢石俱盡。七月三日大雨，城隅崩，架巨木支之。明日雨益甚，城大崩，大清兵入。峒曾拜家廟，挈二子元演、元潔並沈（沉）於池。錫眉、用圓、元調、全昌、雲蛟皆死之。」在《明史》裡，記載嘉定這次的義舉和慘痛，就祇有這一段文字。《清史稿》更不消說了。

從南京到上海，動車（非高鐵火車）要駛三個多小時，我本以為春運過後，乘客會少，心理準備了悠閒地看窗外風光。誰知火車爆滿，連通道也逼滿了站票客，不用說看窗外風景，讀書更不易專心，擠逼間，我瞥見了鄰座正在細讀一篇孟非的雜誌專訪。近年內地男女配對節目《非誠勿擾》收視不凡，其主持人孟非更紅遍大地，他光亮亮的禿頭，更是時髦的象徵。三百多年前的薙髮令，枉死了很多人。

火車停在上海站，四年前我帶兒子來時也是這個車站，時光荏苒，車站整潔明亮多了，指示也很清楚，很快我便登上了出租汽車，不像那年跟兒子在街頭給一部接一部地拒載那麼狼狽。舊地重遊，心裡有點茫然，熟悉感夾雜著無名的失落。

問出租車司機南翔哪家鋪子的小籠包好吃，他想也不想便說：

「古猗園！」不待我回答，車子便逕往高架橋駛去。上海的高樓好像沒完沒了，我張望了半刻才發覺比較起來南京還不算是大都會，上海確有「大視野」。頓時我感覺得很有趣，早上在南京，徒步沿寧謐的玄武湖邊往火車站，看著車站慢慢地由小變大，不逼不趕，此時忽兒在（大）上海，空氣緊湊得多。車子跑了半句鐘才到了嘉定縣的邊圍，滿眼都是新式樓房，以前老弟結婚擺喜宴的小鄉不知所蹤，我感到有點失望。

車子在古猗園大門前停下來，除了幾輛大旅遊巴士，看不到小籠包店。司機看到了我的遲疑，示意我下車後再往旁走，果然很快便看見了「古猗園餐廳」的古式牌匾，金光耀眼，我反而有點抗拒。再往前走到園旁的一條大街，「古猗園路」的路標我沒看到，倒看到多家小籠鋪子，門外蒸氣騰騰，招牌上都說是百年老店，我便放心隨便找家鋪子，肚子空得沒功夫考量。

鋪子內人頭頗為疏落，應該是過了午飯時候，反顯得光亮輕鬆，心想我可以閒著細吃。我先到櫃檯買單，餡料有豬肉、蟹粉、雞肉、鮮蝦，為了「正宗」，便點了豬肉的。點過後我正要回身找位子，掌櫃還問我要不要湯，說來這裡吃小籠都會喝點湯的，我再看菜牌，湯類多是五塊錢，想一試無妨便點了「酸辣湯」。點完順手拿了張宣傳單子，坐下等吃時細看。

宣傳單子上說，百多年前南翔鎮賣的都是大肉餡饅頭，後來有位叫黃明賢的鎮民將其改良為現今的皮薄、餡潤、汁多的特色，賣於古猗園側，自此南翔小籠包便開遍了上海，城隍廟那家更是名店。舊上海名報人曹聚仁曾是常客，來前我讀過他關於「南翔」的來由的考究。相傳千多年前，此地原名槎浦，一日有農人耕種時掘出了一塊大石，忽見白鶴一雙立於石上良久才飛走，石上顯現了「白鶴南翔去不回」七個字，後來，鎮名便改作「南翔」。現古猗園內有「南翔寺」，建於南朝梁武帝時，寺中有「鶴跡石」，就是

傳說中那塊石頭。信耶？

　　過了十多分鐘小籠包才給端上來，立時我已心知不妙。果然，包子皮有點暗淡，餡肉縮了起來，湯汁稀薄，明顯是蒸過了頭，有幾個包子還破了，滲出的不知是湯還是水，淡淡的沒有油光。一大籠二十個，我告訴自己要趕快吃，便放棄細味肉香，反正肉餡已老。吃到一半，便祇是想充饑而已，立時將底線降得更低，祇要 edible 便可。誰知酸辣湯的重重木薯粉味把線壓得更沉，羹的確是稠，卻沒有羹應有的含蘊，不酸不辣，祇是各種味料一起拌在一碗熱水中，再加幾條浸泡起的筍片、菇絲。單子總共 30 元，再加上來回出租車費的 150 元，這頓包子，比新加坡的還貴上很多倍。唯一的安慰是可以告訴新加坡人，他們的肥滿小籠，雖然不是正宗，卻好吃得多！

　　走出了百年老店，感覺如同逯耀東廿多年前吃在城隍廟「南翔小籠店」的失望。我想起了三年半前偕兒子和姨媽在上海步行街旁覓得好吃小籠的驚喜，歲月如梳，都梳不掉那份父子間的默契，異鄉的溫煦。然而，我倒不相信，整街的百年老店都是那麼糟糕，此家小湯包的不如意，可能祇是蒸包子時廚子趕去了廁間、或是女朋友的分手短訊到了……旅行，沒有確定。

　　沒有確定的正如小籠街後的「古猗園」的意外發現，繁花似錦，尤其是牡丹，所謂「穀雨三朝看牡丹」，我立時知道來得正好！中國人所愛的濃艷、富貴的牡丹自是花王中之王。牡丹盛產於唐朝帝都洛陽，有一次，唐明皇與楊貴妃在御花園喝酒賞花得興起，急詔當時供職翰林院的李白來賦詩，李白不用一刻鐘便寫了《清平調》，一寫就是三首。「雲想衣裳花想容／春風拂檻露華濃」、「一枝紅艷露凝香／雲雨巫山枉斷腸」、「名花傾國兩相歡／長得君王帶笑看」，牡丹花帝庭之氣從此奠定，能夠寫花喻人如此，詩仙的才具，誰與爭鋒？

李白後來亦開始厭倦呆作宮廷詩人，「恩准賜金還鄉」，致力經世救國，卻剩得花落無數，哀悲千古。李白詠花，真是歷史的錯配，此是後話了。

牡丹花，香港人當然不會陌生，年宵市場總有它的鋒頭，可是不但價高，而且俗氣得很。牡丹有九十多種，香港的年宵市場當然缺了很多。古猗園內的多得我無暇去細數，花大多是隨地自然而生，不同姿采，不全祇是華麗富貴，有些還散發著本應有的雅氣，傲而不驕，貴氣中有種不隨俗的矜持。我以前在香港買過一盤如此的牡丹送人，之後再難找到，如今，卻重逢於千里之外，不可言語，猶如唐代詩人李建勛《晚春送牡丹》所詠：「攜觴邀客繞朱欄／腸斷殘春送牡丹／風雨數來留不得／離披將謝忍重看／氛氳蘭麝香初減／零落雲霞色漸乾／借問少年能幾許／不須推酒厭杯盤」。

除了牡丹叢，園中有梅花廳，內裡有老梅樹據說已年愈百多，正是「猶有花枝俏」。可惜的是，梅花開在此時冬濃，早春三月便錯過了花期。此外，我看到的還有茶花、玉蘭、桂花、紫薇，默默地各自展姿，「祇把春來報」，相較上海市中心的豫園，古猗園的春意濃得很多，而且靜。

古猗園是明代庭園建築的精粹，優悠有緻，氣度從容，反映出明代雅士追求的 connoisseurship。市中心的城隍廟——或應該說是豫園商場——的庭園還是以它作參照。可幸的是，古猗園雖然祇收 12 元入場費，遊人卻比城隍廟疏落很多。我一向不太熱衷中式庭園，假山假水，總覺其彆扭造作，然而我剛才吃小籠包的鬱氣，遇上古猗園的清麗，瞬間便消散了。

享受明代庭園，要旨在一個「閒」字，遊走於庭廊間不同的景緻，不慌不忙，方才領略得到明代文人雅士所追求的精神境界，物質是其次，自然真趣才是首要。由此亦看得到明代人的雙重性格，一則因為商賈經濟發達，物質條件提高便愈懂享受，卻又因為城市

生活愈趨物質化（明代小說《金瓶梅》中的所描繪的人慾橫流便是一個黑色警號），而要託身於一種人工的園景，追求清靜無塵的擺脫。說得難聽一點，明代園林，始終是明代新興有閒階級的身份象徵，甚至是「精神自慰」。

不過，從建築美學的角度看，古猗園的 authenticity 卻使我認識到中國建築的含蓄雅緻，自覺過往的偏見都可能是拜倫敦唐人街的譁眾牌樓所誤導。百年老店所處的大路有個市立的別名：「Healthy Street」，我本來以為它是要提醒大家少吃大肉饅頭，到過了古猗園，我才給提醒，健康的高點，還是在性靈。正如宋人曾鞏所言，透過園林觀賞，「夫人之所以神明其德，與天地同其變化者，夫豈遠哉，生於心而已矣。」你可以說這是非常的唯心主義，但不能否認，古代士人追求的性靈境界，與今天的腐敗官場相比，是何等的健康和遙遠。

古時，嘉定南翔還有出名的「嘉定雞」，咀、爪、毛一身油黃，是明朝時的貢品，現今卻鮮有其聞，幾年前我在「新吉士」吃得稱心的，是否嘉定南翔所出也不得深究。現今嘉定南翔似乎祇剩下了小籠包，我卻懷疑有多少鎮外人會專程來吃，反正城隍廟的「南翔饅頭店」開得全國都是（網上說總共有 28 家，海外不計）。說來有點奇怪，正如唐魯孫的不解，有餡的應該叫包子，饅頭是沒有餡料的。嘉定經過了慘烈的三次屠殺，會不會有了個文化斷層？

無論怎樣，今天的嘉定全力發展工業，已是全國最大的汽車城，新式大樓聳立周圍，交通方便，從黃浦區乘地鐵來也不用半小時，我相信老弟十多年前於此擺喜酒時也沒想像得到。我乘地鐵到中華路「德興館」應約吃晚飯，於地鐵 9 號線小南門站下車，才發現路線擴充了很多，車廂、通道、車站大堂都整潔光亮得很，原來，三、四年間一個城市可以改變得很多。

我今夜要去的老店「德興館」在上海已有多家分店，單是中華

路就有兩家，近復興東路的是新開的，外貌很平庸，走在路上不留心便容易錯過，顧客相信主要是本地人。德興館老店開在路的另一端，由復興東路交界點步行 5 分鐘便到。若果遊過城隍廟之後直接走來，也不用 15 分鐘。老店外牆粉刷得雖然不是甚麼的金碧輝煌，牆上垂直的「上海德興館」5 個金漆大字，怕有兩層樓子高，在周圍的舊式兩層高的樓房中，真可以說鶴立雞群，著實有點誇張。館子位於董家渡路口，我特意早到個把小時，趁機走走這段有名小街，看看「董家渡天主堂」。

「董家渡天主堂」建於咸豐三年（1853 年），是上海第一座主教座堂，其南歐式的文藝復興建築風格，對照同時期的徐家匯天主堂的歌德式的冷峻，頗發人深思。其富有南歐的溫煦、裝飾性的細節，對照上海外灘的華美繽紛，伴著董家渡路兩旁的破舊樓房（大多數是兩層高）、廢置的巷子、舊式店鋪、不斷的車鳴，確可以讓人幻想得到舊上海的景象。看著，卻真有點似幻像，新世紀的上海，竟還有此等情景，沒有堆土機的角落。

14. 百年老店(2)

　　舊上司 L 從香港遷居上海都五、六年了。

　　十多年前他進香港新成立的網絡公司履新作我的頂頭上司，請了大夥兒同事到銅鑼灣新開的「雪園」分店吃午飯，菜單現今都忘了，祇記得大家都飽吃得不想上班，所以我一直以為他是個老饕。

　　今趟我由南京坐火車到上海探訪 L，還怕他吃膩了上海菜，或是有甚麼地道新發現，使我無緣「德興館」，和它馳名的「紅燒鮰魚」。於是便先約好吃在德興館，還要預先將館子的網上連結、地鐵路線圖電郵給他，他也沒有反建議。一向熱情豪邁的他剛坐下便要了兩瓶青島純生，我特意跟服務員說要「冰」的，我向 L 解釋說我剛從南京來，那裡啤酒少有冰凍的，他便笑說上海賣的很不同，我想這裡香港人多吧。

　　先吃烤麩、薰魚，都比香港吃到的細緻，鹹甜平衡得恰好。薰魚塊頭不大不小，不像以往在香港常吃的大細不整，加烤麩伴酒細嚼，甚是可口，兩下小吃，已見功夫，是好的開始。

　　前幾天我在南京，於南京大學「狀元樓」吃了一頓洗塵午飯，菜叫得蠻多，都是差不多同時上桌，吃得很趕。所以今夜在德興館便決定吃完一菜才再點。前菜之後，我們都想在吃大菜前吃點清淡，讓舌頭鬆弛，便要了「水晶蝦仁」。蝦仁上桌時已沒有熱氣，顏色雪白，卻白得過實，好像是一層顏料。吃時發覺少了「清炒蝦仁」的油香、滑溜，肉質還不夠爽脆。

　　「清炒蝦仁」和「水晶蝦仁」做法差不多，前者炒時多加了京蔥段（有人為了添加青綠，使用青蔥，我也認為京蔥炒來有風味），後者在醃味時加上蛋清和澱粉，以求水晶效果。台灣女作家林文月認為蝦仁炒得好的必呈雪白，晶瑩透亮是騙人的，多是因為蝦肉用

93

了硼酸浸過。她的要訣是將醃過的蝦仁再放冰箱一、兩天，炒前才取出下鑊，炒時油不宜少，亦不可經常翻動，否則蝦肉易損，那晚德興館吃的，應是如此弄壞了，怪不得 L 不多吃。逯耀東在一次江南之旅，十六頓飯中吃了十三次蝦仁，正祇要吃得到好的便是，不計多少。自從三年多前我在上海「新吉士」吃了頗堪回味的蝦仁，我就再找不到更好的了。

十多年前跟 L 共事不過一年多，公司搞新媒體，本來雄圖大計，卻偏偏遇上泡沫爆破，我逕自往新加坡發展，不久，L 也離開了公司，自資創業，幾年下來業務不振，他賠了不少本，後來多番招引投資都不成功，才毅然遷往上海尋找新機會。此後他也間中回港，碰著我也在香港時，便會相約到以前公司附近出名的鮮蝦雲吞麵鋪子飽頓香港地道。我有一次路過看到他以前常作公務宴飲的新式粵菜餐廳經已改作名牌時裝店，滿是說普通話的顧客，此夜席間談起，我們也說不出甚麼話來，惟有苦笑。

以前跟 L 到過泰國曼谷公幹一次，夜裡他請吃當地出名的「泰翅」，所以信他愛濃味菜餚，於是我便建議點名菜「蝦子大烏參」、「紅燒鮰魚」。心想愛吃鮮蝦雲吞麵的他必會喜歡德興館鎮館名菜「蝦子大烏參」。新中國成立後，上海首任市長陳毅宴請鄧小平，單子上的大菜便是這道。當我看價錢時卻有點錯愕，每 300 克索價五百大元，近年人民幣不斷攀升，香港人在國內愈吃愈慌。幾天前我在揚州吃了老店共和春的「蝦子餛飩」，滿滿的料，鮮美的湯，一碗才賣四塊半。烏參本身味薄，祇是因為稀少、有降血脂、膽固醇等養生功效，價錢才抬得那麼高。袁枚《隨園食單》有謂：「雞豬魚鴨，豪傑之士也，各有本味，自成一家。海參燕窩，腐陋之人也，全無性情，寄人籬下。」（這說法我倒不能完全同意，卻提醒了我點菜時要多考慮食物本身的「真正」價值）。我想反正兩個異鄉的肚子，風霜都載過不少，烏參斷也不能以「本味」取勝，況且

價錢也夠嚇人。就此，我們祇點了鎮店的「紅燒鮰魚」。

本以為今次在德興館會是平生第一次吃鮰魚，前幾天卻在南京狀元樓吃了（白汁的），而且回味不已，今夜吃的，想必更要細味，好比較比較。剛巧正是農曆三月，據說此時的鮰魚最為肥美。菜端上來時，紅燒汁樣子不稠不薄，顯露了魚肉的誘人的鮮白。L剛做完白內障手術，還要戴上墨鏡，怕他看不清魚肉的鮮美，還著意拋點書包，說唐魯孫、逯耀東如何讚美此味江南名菜。L聽了除下墨鏡，端詳了一陣子便呼了口氣，說他才頭一趟吃鮰魚，沒想過上海菜出名河鮮，更笑說他來了上海後，想吃魚時便祇想到黃魚，我笑說都是香港上海菜館惹的禍。

才144元，碟上八片魚塊厚薄整一，卻比想像中瘦削，怎看也不是從一尾二、三十斤（唐魯孫語）的大魚切割下來的，吃時卻又啖得出傳說中的肥而不膩，鮮味中亦沒有河魚一般的泥味。老實說，鮰魚比我以往愛吃的海魚更富魚味，魚皮的膠質加強了魚肉的層次，肉緊帶著軟糯，祇可惜，在香港人的口味中，醬味還是過甜，L也有同感。（來前，我在南京吃了白汁燒的最對我的口味。見下文南京篇。）

是時候吃點青菜了，於是要了「生煸草頭」，L說還想喝點湯水（我想他開始思念香港了），便點了「菌菇草頭雞湯」。草頭，又名金花菜，多用來做飼料，前文說孫逸仙當臨時大總統時想吃「草頭」而弄得廚子糊裡糊塗的就是此種金花菜，民間多是家常小菜。上海本幫的做法是取其嫩葉，猛火急炒（煸），再加醬料而成。德興館賣的沒有赤醬，卻加了雞湯，襯托起草頭的野味，好嚼、味強，我告訴L，這才是「菜味」，他說若以驚喜程度論，這是此頓飯的冠軍。「菌菇草頭雞湯」即是文火煨老雞湯底，上桌前再加香港常見的秀珍菇。上海人煨雞湯確有一手，色白而味鮮，可惜秀珍菇本身味薄，菇味不顯。

　　最後，L 還要吃點麵食，便要了籠「德興湯包」，包子比南翔的大，一籠四顆，肉餡頗豐，惜湯汁濃而不鮮。

　　陳毅宴請鄧小平吃的那一頓，除了「蝦子大烏參」，還有青魚禿肺、油爆蝦、竹筍醃鮮。我在今天的菜牌看不到青魚禿肺和竹筍醃鮮，想下次若有緣重訪，必要點油爆蝦，還有逯耀東五次進出德興館所吃過的白切肉、白斬雞、炒蟹黃油、下巴划水、扣三絲、雞骨醬、蔥油芋艿、糟缽頭、冰糖甲魚……

　　舊上司爭著結數，才 347 元，大家異口同聲說在香港這價錢怎吃得來？一頓飯，吃了三個小時，喝了五瓶冰涼的啤酒，談了天南地北。別時，L 還提醒我，有天還要邀我到他上海的家教他弄「海南雞飯」。說來已是此前七、八年前的事了，那趟他突然造訪新加坡找投資夥伴，夜裡我在家弄了頓從當地廚子學到的地道「海南雞飯」，吃得他頻頻稱好。投資的事最後還是談不攏，L 回港後公司也就結束了。今夜在異鄉，不意他還記著南洋小城多年前的一頓粗飯。看他吃得開懷，我便笑說：「倒不如，我和你合作在上海賣雞飯吧！」「好！」他立即答道，卻不知是戲言還是醉語了。

　　晚上 10 時整，火車緩緩地向南京進發，車廂滿得要瀉。我總不明白，這個時候還有那麼多行旅？很多人買的都是站立票，沒有座位，一路站著、蹲著到南京，三個多小時。1912 年 1 月 1 日，孫逸仙就是從上海坐火車進南京就任臨時大總統，想他那時的身心，肯定不會像今夜我們整車子的疲累。

　　上海來往南京的鐵路叫「滬寧鐵路」，全程 307 公里，始建於1905 年，三年後全線通車。1895 年甲午戰爭中敗於日本後，中國朝廷才猛然醒覺要加快建造鐵路，滬寧線是當時（1897 年）兩江總督張之洞首先倡建的，後因財政困難，要待 1902 年盛宣懷向英國商團借款 290 萬英鎊才可以動工，滬寧鐵路可以說是中國人正式籌建的第一條鐵路。之前，太平天國佔據南京時期，李鴻章曾奏請

興建鐵路，由上海運兵到南京，最後還是被拒。

　　兩次鴉片戰後，清廷屬行洋務運動，興工業、造新式兵器，建海軍，於北京、天津、廣東、南京等地興辦水師學堂。1898 年，才 17 歲的魯迅要往南京報讀新辦的「江南水師學堂」，當時還沒有火車，魯迅拿了母親辛苦掙下的 8 元，從家鄉紹興坐船到上海，再轉搭江輪，花了六晝夜才抵達南京。三年後，魯迅以優異成績畢業保送日本學醫，他如何從南京走到上海再乘船往日本也就無從稽考了。洋務運動自咸豐十年（1861 年）開始，至 1895 年甲午戰爭，北洋艦隊遭日本海軍擊潰，歷時三十多年，中國的鐵路還是要等。

　　我的火車票上說是新式空調，我想那已經是廿多年前的「新式」了。車廂像個熱氣球，不斷給小兒哭聲、大人相罵聲、小販叫賣聲點燃，中國實在人多，三個半小時的火車旅程，濃縮了十三億人的焦急與無奈。

　　火車進南京站時，月台上颯過一陣涼風，我深深的吸了口氣。南京，終於下雨了。

第 二 篇

揚 州

據清代官規，
鹽官接受鹽商招待，
餐宴不得超過兩菜。
鹽商攪盡腦汁，
便發明了豪華版的炒飯。

15. 軌上的風采

　　台灣詩人余光中說過，坐火車旅行是最浪漫的旅行方式。

　　不是嗎？火車未發明之前，誰又會想到水蒸氣是如此的有勁，竟然可以拉動這麼多節鋼鐵造的車廂，輾軋長長的路軌，載送千百個遊子，跨山過鎮。若果沒有想像力，沒有夢想，沒有膽色，火車肯定是不會出現的。孫逸仙的《建國方略》裡的興辦鐵路計劃，雄心壯志，顯現了革命家的夢想與追求，可惜的是，終其一生，孫沒有機會實現大計。

　　英國人除了發明火車，還創作了 *Thomas the Tank Engine* 一系列漫畫故事，內裡的每架蒸氣火車頭都有名字、各自的性格，引得小朋友（包括我的孩子）自少便對路軌上的浪漫著迷。余光中少年時候「那麼神往於火車，大概因為它雄偉而修長，軒昂的車頭一聲高嘯，一節節的車廂鏗鏗跟進，那氣派真是儡人。」他的散文〈記憶像路軌一樣長〉我讀了不知多少次，每次讀著都像坐蒸氣火車穿過一個又一個山洞。

　　我的故鄉是廣東深圳，童年時中國還未靠向市場經濟，我每次從城市化了的香港回深圳探親，過了羅湖海關便仿似回到鄉土小說的世界。那時深圳還多有悠悠綠野的農田。火車站最儡孩子的心，就是蒸氣火車的汽笛聲，和它巨大的車輪、隆隆的壓軌聲，那是孩子心目中巨人的吭歌。可惜的是，過了火車站即僱三輪單車便可以回鄉，記憶中，我卻從沒有坐過蒸氣火車。後來成長中的我，正遇上紅衛兵狂潮，哪敢到祖國坐蒸氣火車穿州過省？

　　不知是不是童年時候的遺憾，每趟到中國，我腦子中最先浮起的總是少年時候錯失過的蒸氣火車，這應該是我成長歷程中最大的遺憾。

　　發明火車的英國的鄉野出名湖清山秀，英國人愛郊遊，我想這也可能是他們發明火車的動力，用最省力、省時（以百多年前的情況而言）的方法盡情飽覽鄉野風光。我很久以前大學畢業後到歐洲流浪，坐火車看麥田山川，心馳情牽，難忘到了今天。若果今天香港有蒸氣火車直通南京，我肯定會棄飛機而取火車一覽江南景色，然後取道南京赴揚州，一嚐火車隨風無愁的滋味，想像鄉間美好。

　　2012年春，我一時興到想跑跑南京，訂機票時想起了它百公里外的揚州，為了省錢省時，我心想不如順道先上揚州渡過一宵，翌日黃昏才下金陵。於是，我便「發現」了揚州。

　　翌日離開揚州，到火車站時，由於安檢，車站進口祇開得一扇門，之前還有窄窄排隊通道，保安祇放行持車票的人，旅客祇好靠著欄柵告別送行的親友，然後無奈地提早孤獨上路。那種在月台上追著火車揮手，遊子靠窗忍淚回望的動人情景，在現今中國，看來祇得在電影或小說中尋覓了。

　　這種安檢程序，今天舉國皆是，弄得火車站大堂、月台都缺少了送行人，祇剩下拉著行李的旅客各自無聊地打發時間。這還不止，車站大堂少了送行人，連站內的鋪子都生意冷清，小餐廳更是寂寥得可憐，服務員多是三兩高聲閒扯，賣著沒有光彩的預製餐點，旅客不是趴著桌子睡覺，便是狼吞虎嚥地吃著乾乾的麵條。

　　我很多年前流浪歐洲時，總喜歡在那裡古舊但光潔的火車站大堂流連，嗅著濃濃的咖啡、麵包香，細看古老建築的典雅美態，坐在月台上的長木凳上看剛才在大堂小書店買得的小書，或是默默感動於離人和送行人的擁抱和揮手、世界的流轉。火車站的種種人生面貌，在路軌的隆隆響聲中，是齣好看的戲。

　　如今在中國，旅客祇得呆呆地擠逼於暗淡的候車室直至火車到站才可匆匆地跑上月台，不用回首祝福故人，乘客都好像是貨物，祇待火車運送到目的地。

我訪揚州祇得廿四小時，離揚州去南京的火車開動時，對座的中年漢子便開始剝雞蛋吃，我才留意到他帶有一整籃子的蛋。他察覺到我的好奇便笑說要去探親，說完不等我回應便又剝蛋吃，還送我一枚。

16. 煙花三月

　　一千七百多年前，諸葛亮路經金陵（今南京）時便說此地有龍蟠虎踞、帝王都亭之勢，孫權亦據此定都，開創東吳一國，西阻蜀漢，北拒曹魏。從此，金陵便惹上了戎馬倥傯。

　　南京依靠長江天險，是江南的咽喉，江北的淮海一帶平地，由北端的徐州南至揚州，歷史上都是保衛金陵的首衝，更有說揚州是「南京門戶」。15世紀初時，明成祖從南京遷都北京，便以揚州為「自南入北之門戶……留都（即南京）股肱夾輔要衝之地。」國共內戰時期，國民政府的國防部長白崇禧亦以「守江必守淮」為保衛南京的戰略。

　　公元588年，楊廣（即後來的隋煬帝）便由揚州一帶強渡長江，不消四個月便攻滅南陳，打破300年的南北分裂局面，一統河山，之後更做其奢淫無極的皇帝。500年後，南宋的韓世忠便於揚州附近的大儀大破南侵的金兵，南宋江山得以再保百五年。可是，再500年不到，清順治的軍隊，在揚州屠城十日之後，便過長江滅了福王的南京小朝廷，自此，漢人留了二百多年辮子。最近的一次南北決戰發生於1948年11月，共產黨的軍隊於揚州北上的徐州、蚌埠地區剿滅蔣介石的五十多萬軍隊，史稱「徐蚌會戰」（國內稱「淮海戰役」）。再不過半年，主席指揮「百萬雄師過大江」解放了南京。自此，全中國便染紅了。

　　進南京，沒有「攻略」，便少了大國氣勢。我的「攻城」，學古時帝將，從揚州開始。乾隆時期，李斗《揚州畫舫錄》說揚州是「南北之衝，四方賢士、大夫無不至此。」我當不起大將軍，祇在大學做研究，算得上是半個賢士吧。

　　我實際的考量其實是，南京與揚州之間往返的火車尾班開黃昏

六時左右，若要吃揚州名滿天下的淮揚好菜便非要住上一個晚上不可，我便選擇先到揚州度宿一宵之後才進南京。南京「祿口機場」有長途公車到到揚州（及其它週邊城市），票價 65 元，一小時一班，走兩小時，我便不用腰纏十萬貫，也不用騎鶴子了。

公車上路後，很快我便看到滿田的油菜花，綿密的黃黃綠綠，祇可惜當天陽光不露，隔著多塵的車窗，看得更是暗淡，我暗忖 65 大元會否不值。晚上在旅店看電視時，我才得知國內有很多風景攝影師都是追著花開的季節跑遍大江南北的，三月是油菜花，在揚州。

不知道李白的「故人西辭黃鶴樓」，為的是不是揚州的油菜花，然而可以肯定的是，除了金陵，揚州應該是詩人墨客筆下出現得最多的地方。李廷先《唐代揚州史考》統計過，唐代詩人訪過揚州的有六十多，詩兩百餘。不是張祜的「人生只合揚州死／禪智山光好墓田」，便是徐凝的「天下三分明月夜／二分無賴是揚州。」揚州的嫵媚，不是馬戴的「葉隱青娥翠／花飄白玉墀」，便是杜牧的「青山隱隱水迢迢／秋盡江南草未凋。」如此陣容，往後的也就不用細說了。

李白祖籍甘肅，5 歲時隨父遷居四川，自少性好外遊，20 歲初遊成都，24 歲順遊長江，25 歲穿三峽出巴蜀，然後金陵，再轉揚州，一待年多，「散金三十餘萬」，還要病倒異鄉。那首家傳戶曉的〈靜夜思〉便是他在揚州病榻上看到「床前明月光／疑是地上霜」時寫就的。離開揚州後，李白便在武昌認識了另一位大詩人孟浩然，兩人一見如故。一年後，孟浩然往江東遊歷，李白便寫了〈黃鶴樓送孟浩然之廣陵〉：「故人西辭黃鶴樓／煙花三月下揚州／孤帆遠影碧空盡／唯見長江天際流。」

其實，孟浩然一生多次遊於襄陽、揚州之間，認識李白的那一次，孟才剛遊揚州返，李白此詩美雖美矣，卻顯出李白多愁善感，

甚至好言誇張的性格。反之，孟浩然寫揚州送別，卻恬淡自然得多，「羨君從此去／朝夕見鄉中」、「檣出江中樹／波連海上山」，委婉含蓄，難怪聞一多說他「恬淡孤清」，沒有李白的狂放之氣。說來也是奇怪，孟浩然一生出入揚州多次，卻沒有詠過揚州的花海，「煙花三月」果真祇是詩仙的醉後想像而已？

三十年後，李白再訪金陵、揚州。此刻，詩人已年過半百，經歷了安史之亂，亦差點給皇帝殺頭，心境自然大大不同。「憶昔作少年／結交趙與燕／金羈絡駿馬／錦帶橫龍泉／寸心無疑事／所向非徒然／晚節覺此疏／獵精草太玄。」（〈留別廣陵諸公〉）不過，天縱的李白於詩末還是要「臨醉謝葛強／山公欲倒鞭／狂歌自此別／垂釣滄浪前。」正是揚州的魅力！

公車剛進揚州市外圍，我看到的雖然都是如常盛世的聳聳高樓，卻少了上海新區的密集、霸氣。高樓不多不密，現代感卻強，我想這應是一份沒有驕矜的自信，低調地品嚐富貴著的滋味。路旁的花，紅的白的，寫意地綻放、散落，在李白的醉眼裡，像煙花般璀璨。

後來我在南京探訪一位曾受業過的南京大學教授，問他「煙花」指的是甚麼花，他說了楊柳、梅花、海棠……數也數不清。我暗忖這是一條蠢問題，如此美景，誰會有閒情計較花種多少？原來老師是揚州人，少時的家還在朱自清故居隔兩條巷子裡，比朱宅還來得大。

朱自清的〈春〉就如此寫揚州的花開：「桃樹、杏樹、梨樹，你不讓我，我不讓你，都開滿了花趕趟兒。紅的像火，粉的像霞，白的像雪。花裡帶著甜味兒；閉了眼，樹上彷彿已經滿是桃兒、杏兒、梨兒。花下成千成百的蜜蜂嗡嗡地鬧著，大小的蝴蝶飛來飛去。野花遍地是；雜樣兒，有名字的，沒名字的，散在草叢裡像眼睛，像星星，還眨呀眨呀的。」若然當今仍有學生寫文章用「星星」來

比喻「繁花」，一定會給老師扣分；不過，若果看過三月的揚州，真的除了「星星」、「煙花」，也不知還可以怎樣形容。

宋時蘇軾一生十過揚州、一次官守揚州，賞詠揚州花放的詩詞卻是不多，怕祇有《浣溪沙》一闋：「芍藥櫻桃兩鬥新／名園高會送芳辰／洛陽初夏廣陵春／紅玉半開菩薩面／丹砂穠點柳枝脣／尊前還有箇中人。」蘇學士詠的是芍藥、櫻桃，是近距離的細賞，借電影術語來說，那是大特寫鏡頭，那麼朱自清的便是中距離，李白的便是全景鏡頭了。順道一提，芍藥盛放於揚州，尤如牡丹於洛陽，晉人崔豹《古今注》解：「芍藥有二種，有草芍藥，有木芍藥，木者花大而色深，俗呼為牡丹。」明人王象晉的《廣群芳譜》亦有謂：「牡丹初無名，依芍藥得名，故其初曰木芍藥。」宋代姜白石的〈揚州慢〉有傳世名句：「二十四橋仍在／波心蕩／冷月無聲／念橋邊紅藥／年年知為誰生。」紅藥即是芍藥，憑此我們可以想像芍藥在揚州的地位了。

繁花似錦，朱自清「最戀戀」的卻是西府海棠，那是北方盛開的花兒，不是揚州、南京遍開的那種。朱自清本是浙江紹興人，在揚州長大，卻不曾記得少時鄉里說過「我們今天去看花」，也許煙花三月的景色，揚州人早就看膩，日日如是。所以我一進揚州，便生起了妒意。

揚州錦繡，自古多文人詩話，「腰纏十萬貫／騎鶴上揚州」更是惹人遐思。句中的揚州其實不是現今我們熟知的揚州市。查此句出自南朝人殷芸之《小說》：「有客相從，各言所志，或願為揚州刺史，或願多貲財，或願騎鶴上升。其一人曰：『腰纏十萬貫，騎鶴上揚州。』欲兼三者。」所記有客願為刺史，刺史是大官，那當然要在朝廷當，哪會去個市鎮當。

魏晉時，經東吳定都金陵，改名建業之後三百年，南京便成了南朝的行政中心。周代時的《禹貢》定天下九州，揚、冀、兗、青、

徐、荊、豫、雍、梁。古代的揚州便應該理解為今天的「省」。朱
自清的「筆友」曹聚仁在其〈說揚州〉一文中指出西漢的揚州「包
括現代的江南，安徽中部及南部，還包括了浙江、福建、江西三省
的一部份。」《漢書‧地理志》有記：「廣陵國，高帝六年屬荊州，
十一年更屬吳，景帝四年更名江都，武帝元狩三年更名廣陵。」

漢代有廣陵王劉胥，為漢武帝子，現揚州市郊有其墓。由此可
知，隋唐以前，現今揚州古時正名是「廣陵」，也算在揚州（省）
之內。《宋史‧地理志》：「揚州，大都督府，廣陵郡。」三國時，
輔吳的諸葛恪（諸葛亮的親姪）有戰功，「進封陽都侯，加荊、揚
州牧，督中外諸軍事。」由此可見，揚州乃大郡，在吳境，且與荊
州連接。魏晉之後，南朝為隋滅，可以肯定地說，晉人所說的「騎
鶴上揚州」不是隋唐以來的揚州。

鄭逸梅《藝林散記》說：「『腰纏十萬貫／騎鶴上揚州』，此
前人之句也，誦者往往不求甚解，且以揚州即指今之揚州市而言。
而李慈銘卻謂揚州指建業，今之江寧府。六朝以揚州刺史，為宰相
之職，故願為揚州刺史，猶願為宰相也。」李慈銘此說也有個問題，
建業就是建業，揚州是東吳的一個江東大州，建業既是國都，也是
州會。「騎鶴上揚州」的揚州，應該理解為一國之富庶之地，不應
衹理解為地名，更不應與建業混淆。

怎樣說都好，「揚州」除了作為地名，經過千多年的文化沉澱，
儼然成了一個專有名詞，代表了繁華璀璨。清人褚人獲說得最明白：
「古語云：『騎鶴上揚州』，以騎鶴為神仙事，而揚州又人間佳麗
地也。」《堅瓠四集》。用現代語言解說，古時的「揚州」應是人
間天堂的代名辭，後來「廣陵」是否據此而改作「揚州」，也無從
稽考了。讀中國歷史地理就有這個煩惱，地名經歷不同朝代，因政
治、軍事以至帝皇個人喜好而經常變更，揚州在楊廣父親隋文帝時
也曾一度叫邗江，不叫廣陵。怪不得一千年後的沈括要花上大半生

功夫在地名的溯源、考證、正名上了。

公元 588 年，當時還未成為隋煬帝的晉王楊廣率三路大軍，從廣陵一帶越過長江，佔金陵，滅南陳，從此結束三百年南北對峙之局。廣陵此後易名揚州，置唐陵郡，原揚州（郡）改江都郡，此後代有沿革，於此不贅。自隋始，揚州（市）便進入歷史舞台，至今少說也有一千五百年歷史，「比巴黎、倫敦還早」，曹聚仁如是說。

楊廣未登基前，曾任揚州總管，平定江南，也許因此他偏愛揚州。即位後他便開大運河，疏通揚州交通，自己更三下揚州，最後卒被叛殺於此，揚州市郊即有其墓。雖說隋煬帝奢靡淫腐，但其開大運河之舉，勞民傷財之餘，卻開創了淮揚千年繁盛的局面，而揚州亦因此成為「淮揚名都」，艷羨天下，唐詩人皮日休說隋煬帝開大運河「若無水殿龍舟事，共禹論功不較多」，差點將他比作治水的夏禹明顯有點不對題，但是明代大家顧炎武評他「不仁而有功，不仁在淫虐，功在開水運」，可謂中肯。楊廣做了十八年不到的皇帝，揚州幾乎成了他個人的私享。

到了唐代，承著唐朝工藝、冶煉、鹽漁之昌盛，揚州便正式開啟其輝煌時代，後經南北宋時期、明清之間、以至太平天國多年兵禍，於清末時開始衰落。曹聚仁認為揚州之敗落，「乃是津浦、滬寧、滬杭三鐵路代替了南北大運河的交通線，後來進而給上海取代了。」揚州由盛而衰，經歷了千多年，也可說成也運河，敗也運河。

隋煬帝的功過暫且不說，其開大運河卻無意間為歷代文人騷客提供了不絕的題材與靈感，可說是異數。大運河的建設，不但使揚州成為南北經濟的樞紐，也成為古代的文化交匯中心，用今天的話來說，它就是當時的「旅遊熱點」。試看唐代詩人杜荀鶴的〈送蜀客遊維揚〉所描寫的景緻，不難想像當時的勝景，詩云：「見說西川景物繁／維揚景物勝西川／青春花柳樹臨水／白日綺羅人上船／夾岸畫樓難惜醉／數橋明月不教眠／送君懶問君回日／才子風流正

少年。」

　　如果說大運河的開鑿主要是給皇帝老爺子享樂，那麼河水到處，兩岸的景色自然就絕不能馬虎。不要說隋煬帝自己的宮殿，「凌煙摘星／飛雲宿霧／玉柱金楹／千門萬戶」，河道上的橋也夠好看。唐詩人杜牧的「二十四橋明月夜／玉人何處教吹簫」不祇引人幽思，且更吸引千年以來無數墨客尋覓橋蹤。宋代詞人姜白石更借題發揮，寫下著名的〈揚州慢〉，「二十四橋仍在／波心蕩／冷月無聲。」「漸黃昏／清角吹寒／都在空城。」破敗的古城在姜夔的筆下，都那麼淒美。明代著名的旅遊家徐霞客年輕時到訪過南京、揚州，但他的《徐霞客遊記》卻沒有提及，反而在陳函輝〈徐霞客墓志銘〉中記有他與徐的一次挑燈夜話裡徐的回憶：「秣陵為六朝佳麗地，高皇帝所定鼎也。二十四橋明月，三十六曲濁河，豈可交臂失之。」可以見得，揚州的「二十四橋明月夜」如何深入民心。

　　究竟「二十四橋」是指分佈揚州的廿四座橋，還是專指一橋呢？這個問題，千多年來不少人問過也爭論過。北宋人沈括在其《夢溪筆談》就詳列了二十四條橋的名稱和位置，沈括是個科學、地理專家，他當然不是從詩人的角度去考量這個問題。有傳說指「二十四橋」源出於隋煬帝下揚州時命工匠築起的白玉石橋，橋成之夜，有廿四位美豔的女樂師奏樂，伴皇帝賞月。說它是傳說就是因為正史沒記，全憑杜牧的名句留下仙境般的印象，甚至連橋的位置也眾說紛紜，有些更已湮沒。然照杜牧詩解，二十四橋應是專指一橋，祇是如今玉人不知何處而已。

　　豐子愷有一次教兒子唸〈揚州慢〉時，「忽然發心遊覽久聞大名而無緣拜識的揚州」，當天他便帶家人從上海趕到揚州，以為僱車便可以由司機領路。誰知年輕的司機卻不知道「二十四橋」在哪。最後還是一個年紀較大的知道，回說：「這地方很遠，而且很荒涼。」花了半小時以上，車子才到了目的地，橋子「跨在一條溝

渠似的小河上」。

　　失望的豐子愷還未放棄，問田野的農人橋的名稱，都答是「二十四橋」，他還是不相信，問橋旁小屋門外做著針線的白髮婆婆，答案還是一樣。最後，豐子愷沒法不感嘆眼前破落的景象，跟詩人筆下的竟是兩個世界。豐的〈揚州夢〉如是說：「橋下水涸，最狹處不過七八尺，新枚跨了過去，嘴裡唸著『波心蕩冷月無聲』，大家不覺失笑。」此事發生於 1957 年，此後再有沒有墨客騷人如此認真地尋覓橋蹤也就無可稽考了。如此曲折，「二十四橋」就不在我今趟訪揚州的行程表上。

　　回說李白的「煙花三月」，柳舞花飄，似乎又從來沒有人懷疑過真與假，甚至千多年後，連以「不隨大隊」垂古的「揚州八怪」之一的金農也有如此詠過：「廿四橋邊廿四風／憑欄猶憶舊江東／夕陽返照桃花渡／柳絮飛來片片紅。」

　　我在揚州的時光不多，卻於車塵濁水中，偶爾還會看到迷如春霧的景緻，至於「二十四橋」是否仍在，也無所謂了。

17. 揚州炒飯考

　　旅店選在揚州廣陵區的甘泉路，原因除了「廣陵」、「甘泉」滿有古意，還有兩個。

　　第一個原因是省錢，我素來認為旅遊花錢在高級旅店是浪費，亦容易給自己藉口少到街上走走。今次我選的旅店便宜不過，百多塊一宿，大床、熱水、空調，一個人住，早出晚歸，舒服有餘。第二個原因也是省錢，旅店在平民區，必然多街頭小吃，而且周遭都是舊貌舊物，風味自濃，信步可至，好省車費。

　　清代戲曲家李斗的《揚州畫舫錄》記城東有「甘泉山書館」，原名「梅花書院」，為嘉靖期間廣東增城人若水承此地甘泉山之脈開館講道之所。若水字甘泉，巧與山同名，書院後為巡鹽御史朱廷正名為「甘泉山書館」。揚州市西北郊有甘泉山，因山上有泉，水味甘冽，因而得名，下有甘泉鎮，是否與甘泉路有關就不得而知。早聞揚州書卷氣濃，我在網上訂旅店時，得知旅店在「甘泉路」有「文昌閣」分店，我二話不說便選定了。甘泉路上有「梅花書院」，我到的時候沒有開放，屋子古意盎然，側旁開有百年老店素菜館「小覺林」，室內頗為古雅。現存的「梅花書院」跟「甘泉山書館」有沒有關係，我卻無從考究。

　　旅店對面便是揚州大學分部，台灣詩人兼飲食文化作家焦桐說大學區多美味小吃，我信他的話，很快便卸了行裝，時已近黃昏，肚子空空，滿心期望地上街找小吃。果然，走不了十步，便見行人道上有一燒餅檔子，焦香撲鼻。光看檔主的手藝，已是吸引。見他用手熟巧地把麵團壓平成寸寬長條，然後添上餡料，再捲起麵團成球，跟著用手腕輕輕一壓，便成寸厚的麵餅，看得入神的我差點忘了拍照。

　　麵餅先在圓鍋上煎，檔主小心地兩面翻煎，專注得連我問價也不答話。過了約莫兩分鐘，燒餅兩面已呈金黃，我滿以為可以吃了，誰知檔主掀起煎鍋蓋，將剛煎好的十來個餅子列在爐邊，再蓋好煎鍋，讓炭火烘。不到一分鐘，煎鍋掀起，燒餅再添上了一層焦膜，我邊看邊焦急。此時檔主把烘好的燒餅遷到了側旁的小籃，然後問我要多少個，我示意兩個，「四塊。慢點，很燙。」檔主不等我反應便招呼另一位比我還焦急的顧客，我不禁想，這「四塊」他倒賺得不易。小籃子的燒餅消失的速度，對比他剛才的功夫，猶如高鐵之於動車。

　　燒餅可以說是神州大地最普遍的小吃，甚至是草民的主吃，最為人知應該是「黃橋燒餅」，幾個月前我在北京吃了幾處沒餡的，吃後沒有甚麼印象，不及香港酒樓的改良版的那些好吃（香港的當然價錢也高得多）。甘泉路上也有黃橋燒餅店，賣相跟我曾經在北京吃過的一樣，剛才吃的燒餅卻又全不是黃橋燒餅的樣子，但好吃得多，我想秘訣在壓粉、燒焗時的細心，造出餅子的層次、焦香，而最重要的還是要趁熱吃。我本想問檔主他賣的燒餅是甚麼名堂，卻見他專注得很，等吃的人又多，便放棄了，心想那必是他自己的獨創，暗地裡就喚它作「黃金燒餅」。

　　揚州人喜歡上茶肆，《揚州畫舫錄》記：「城外占湖山之勝，雙虹樓為最，其點心各據一方之盛，雙虹樓燒餅開風氣之先，有糖餡、肉餡、乾菜餡、莧菜餡之分。」如此說，燒餅在揚州算是古早，不過這也毋須深究，好吃就是。

　　自明、清以降，揚州漸多茶肆，專賣點心小吃，心無旁騖，我想它們的點心小吃應該最好。雙虹樓現今無跡可尋，剛才吃的街頭燒餅，頗堪回味，揚州覓食，不期然竟有個美好的開始。可惜的是，我找遍了附近的商店，也找不到冰過了的啤酒，雖說早春三月，黃昏還在 20 度上下，熱騰騰的燒餅，配著半暖的啤酒，吃著少了一

層的享受。

　　甘泉路是條老街，還保有不少舊建築，除了偶爾的參差高樓，整街多是兩三層高的小樓，地面的小鋪子多是賣時裝、首飾、新潮玩意兒，間雜於零星小吃鋪子間。路上汽車不多，趕的都是機車，間中穿插舊式三輪自行車，車刮起的泥塵，在斜陽照裡，掩蓋不住的小鄉鎮味道。循旅店的前街的西端盡頭慢步向東走，不消廿分鐘便到「小東門橋」，底下的就是「小秦淮河」。這也是我選住甘泉路的原因之一，先賞揚州小秦淮，然後再賞南京的秦淮。

　　小秦淮河其實是揚州城內大運河的一條小分流，水勢不大、不湍，兩岸垂柳紅花也不多，我走了一段，便覺河水頗為污濁，還帶點酸臭，竟然還有人洗濯，有點不可思議。兩岸小屋門前有兩三老者，或靜看晚陽，或閒話家常，我信步路過時隱隱還聞得菜香。

　　小秦淮的身世頗為蹺蹊，李斗《揚州畫舫錄》記：「小秦淮之名，不載志乘。按王文簡《虹橋游記》云：『出鎮淮門循小秦淮折而北為虹橋。』則小秦淮當在虹橋之上。《平山堂圖志》云：『小秦淮為小東門內夾河。』又以小東門夾河為小秦淮。今皆依《平山堂圖志》所稱，而舊名遂無……齊姜宋子，厭深閨之寂寞，越女吳姬，受風物而流連，亦復畫輪遠出，錦纜徐牽，粉光簾外，鬢影欄前，留衣香之陣陣，露花笑之娟娟，既而晚煙漸起，明霞已沒，華燈張，蘭膏發，火樹炫煌，銀花蓬勃，倒海之觴，頻催遏雲之曲……而風流才士，文章宿老，更與揚其光華，傳其麗藻……較秦淮而稱小哉。」

　　李斗說得含蓄，我們卻不難看出小秦淮明顯是古時揚州的「紅燈區」，媲美南京的秦淮河。《揚州畫舫錄》還記有「公子者美丰姿，攜家資百萬游於淮南，先至蘇州、江寧，繼居小秦淮，所見大江南北佳麗極多。而曲巷幽閨未經公子見者，皆為村妓。」江寧即今日南京，可想而知，揚州風月不遜金陵古都，且亦因李牧的「十

年一覺揚州夢，贏得青樓薄倖名」而更添了層撩人春意。當然，風花雪月，隨著揚州百多年的頹落，今天已無跡可尋了。站在小東門橋上，我今天看到的祇是暗淡的昏黃。

飲食男女，自古都是一體，所謂人之大欲。新加坡著名的紅燈區 Geylang（芽籠），也是當地著名地道美食區。我們中國淮左名都的風月地，哪會缺少美食？《揚州畫舫錄》記上的讀著也飄香：「小東門西外城腳無市鋪，卯飲申飯，半取資於小東門街食肆，多糊炒田雞、酒醋蹄、紅白油雞鴨、炸蝦、板鴨、五香野鴨、雞鴨雜、火腿片之屬。骨董湯更一時稱便。」

不要以為現今小東門橋上真有這麼多好吃，橋頭上唯一飄香的是臭豆腐，我走過時看見很多人圍著等吃，一看便知是此區有名的攤子。豆腐的臭味不濃，不像之前在上海吃過的，我想這也許在一定程度上反映各地不同的性格。小東門橋上賣的切得比上海細一半，除了辣醬，還伴以香菜、豆芽，正是揚州菜的特點，粗菜細做。臭豆腐少了濃濃的臭味，掩蓋不住橋下河水的濁臭，我就是提不起嚐勁，便逕往前走，很快便找到了行程表上的百年老店「共和春」，要吃它的「揚州炒飯」。

可是，剛才的兩個絕妙燒餅還未消化掉，我不想如此坐下等吃，便順路再走，好消耗點卡路里，擴一擴胃納。甘泉路的東端比西端多了食肆，亦較為光亮，有台灣菜、韓國燒烤、山東館子、四川火鍋，當然最多的是「淮揚正宗」。眼花繚亂下我還聞得街旁的燒鴨燒雞香味，胃口急趕了回來。驀地看到了「揚州獅子頭」的霓虹閃燈，我便不假思索，像信徒般進了一家明言「淮揚正宗」館子，點了兩個獅子頭，紅燒，每丸 8 元。

館子最吸引我的是掌櫃的小女孩，她看來祇有 8、9 歲，半天真半認真地向客人介紹菜單，弄得挺著她的婆婆不斷失笑，我以為這樣的家庭式館子準沒錯。誰知菜端上來時，沒有熱氣，紅燒汁不

稠不香，浸著幾條瘦削的青菜，丸子又沒有油光，整盤菜沒精打采。我立時心想家常菜也不打緊吧，那知咬下時牙縫涼了一下，丸子心仍是冷——不祇是涼——的。若不是為了不想難為掌櫃小姑娘，我真的會退菜。

揚州隨處都聽到人說，最自豪的是「三刀」、「三頭」。三刀暫且不說，三頭乃是揚州足以睥睨天下的好菜：「燒豬頭」、「鰱魚頭」和「獅子頭」。莫說「蟹粉獅子頭」是隋代貢品，清代皇朝菜單也常置有此菜。愛新覺羅·浩的《食在宮廷》中列有的淮揚菜單就有紅燒獅子頭，其它還有紅燒肚當、清炒蝦仁、干燒鯽魚、紅燒肉、糖醋櫻桃肉等。獅子頭不是絕頂大菜，滿漢席、乾隆、慈禧御宴就沒有它份兒。唐魯孫認為它最考廚子的選料、搓捏、刀功，蘊藏了「粗菜細做」的精緒。「做獅子頭要細切粗斬」，撮肉丸「不能用勁勒捏，過大過少都不相宜。」我先前吃到的肯定是急凍過了頭，再說大有可能是工廠式機製的，吃著祇覺是一堆碎肉團，綿綿的沒有彈性，亦沒有層次。

唐魯孫更認為真正的食家多會捨「紅燒」而取「白燒」，因為「紅燒」的醬油，會令到墊底的菜帶點酸味，這一點敝鄉的我不得考究。唐說的「白燒」應該是清湯一路，肉丸子做好之後「最好用陶器悶鉢，鉢底放干貝、冬菇、毛豆、冬筍或春筍、青菜、風雞、再加薑、蔥、糖、酒，白燒加鹽，紅燒加醬油。」下趟你有機會吃得如此的肉丸子，有福了。

豬肉不是甚麼珍品，揚州廚子卻如此精心細作，典型的「粗菜細做」。無論如何，我想祇要丸子做得好，紅汁白汁，都應好吃。有趣的是，在唐魯孫的記憶裡，吃獅子頭最好的一次是在上海，不在揚州。

1949 年 10 月 1 日，新中國開國的國宴，單子上就有「紅燒獅子頭」一味，我想剛才那家「淮揚正宗」真可說是有辱國體了。順

便一提，當年的「開國第一宴」，除了獅子頭，冷菜祇有桂花鴨、油雞、桃仁冬菇、鎮江肴肉。熱菜有鴨仔冬筍、銀盅魚翅、罐燜四寶、干火明蝦、口蘑蒸雞、鮮蘑菜心、紅燒鯉魚。相比起來，現今普通一個幹部吃得可能還要闊氣。

唐魯孫吃得最好的「獅子頭」原來是兩淮（即淮南、淮北）舊鹽商家廚弄的。李斗《揚州畫舫錄》說「淮揚魚鹽甲天下」，揚州自隋唐就已是鹽的集散地，明清以後，更常設兩淮轉運使於揚州。《兩淮鹽法志》記：「鹽課居賦稅之半，兩淮鹽課又居天下之半。」《清史稿·食貨志》亦載：「時天下鹽課兩淮最多……至是海內殷富。」不用說，揚州便成了大商鉅賈的集中地，《淮安府志》說「四方豪商大賈鱗集麕至」，一幅繁榮景象。不過值得留意的是，淮揚地帶的鹽商反多是安徽而非揚州人。逯耀東說「唐宋以來徽幫商人已遍天下，而有『無徽不成鎮』之稱。由此可知，淮揚菜又受到徽菜的影響」。重要的是，鹽商提高淮揚的飲食水準靠的不祇是錢包，還有筆墨。袁枚《隨園食單》出現之前，早已風行的《調鼎集》便是出自寓居揚州的鹽商童硯北之手，逯耀東還說《隨園食單》有些菜餚皆出自此集，其乃研究清代飲食面貌、沿革之重要典籍。

清代富商鉅賈自然造就錦衣美食，揚州廚子便有發揮機會。揚州睥睨天下的「三把刀」的廚刀、修腳刀、理髮刀，便可說明揚州的「三絕」功夫。這種經濟條件下，除了促進揚州的飲食業，更催生了揚州家廚這個專業。《揚州畫舫錄》就說乾隆六下江南，御廚多是揚州人。順便一提，康熙、乾隆下江南其中的一個目的是審察鹽業，無意中卻助長了江南奢食之風。《清史稿·食貨志》載：「鹽商時邀眷顧，或召對，或賜宴，賞賚渥厚，擬於大僚；而奢侈之習，由此而深。」陸舜的《廣陵賦》形容揚州的奢食「飲饌精鑿，珍錯是娛，肥甘不足，水陸搜奇，烹羔燔熊，燴鱉膾鯉，麟髓電脂，猩唇鳳臘。」好一幅美食天堂圖像。然而，奢食之風盛，可鄙的是奢

商貪吏，可讚的卻是巧手廚子。

唐魯孫早年住在北京時，僱家廚試工，先煨雞湯，考文火功，然後炒青椒肉絲，考武火功，最後蛋炒飯，考其「潤而不膩，透而不浮油，雞蛋老嫩適中」，更要飯散蔥香，「一湯一菜一飯之微，可真能把三腳貓的廚師傅鬧得個手忙腳亂。」逯耀東亦說過舊時考家廚，雞蛋炒飯最見功夫。我今既然人在揚州，「揚州炒飯」一定要吃，便上了甘泉路上的百年老店「共和春」，以補剛才吃「冰心獅子頭」的那份失落。

幾年前，揚州市烹飪協會試圖將揚州炒飯申報專利和世界文化遺產，事件鬧了一陣小風波，最後當然不了了之。協會最後祇好訂明揚州炒飯的正宗用料、作法，規管揚州市內的食肆，若果跟不上指引，便祇好叫「蛋炒飯」。共和春光亮的菜牌上大赤赤的「揚州炒飯」四個字，自是信心保證吧。

炒飯端上來時，我見它油光閃閃，立時心知不妙，吃下第一口，沒有多樣配料的層次、質感，揚州市烹飪協會列明的用料，共和春的缺了海參、雞腿、火腿、干貝、蝦仁、花菇、鮮筍、蔥花、蝦籽，祇跟上了白米（也不是上等的，唐魯孫說最好用西貢暹邏米，不要用蓬萊米，共和春用的很削）、雞蛋、青豆、精鹽，菜油——很多的油，我把碟子一邊微微提起，把飯撥高，看得到的流油少說也有一勺子。唯一有點像樣味道的還是跟飯的一小碗青菜湯。賣 10 元的菜，我想也不能要求過高吧。

揚州炒飯究竟是淮揚正宗，抑或是廣州廚子的創作倒是個有趣問題。逯耀東認為它源於隋朝開國重臣楊素所吃的蛋炒飯，飯粒分明，顆顆包有蛋黃，油光閃亮，故名「碎金飯」，隋煬帝下揚州時便把「碎金飯」帶到了廣陵。後來，「碎金飯」傳到了嶺南一帶，機靈的廣州廚子加進了叉燒粒和蝦仁，便成了現今的廣州式揚州炒飯，信乎？

　　唐魯孫卻認為那是乾隆時期做過揚州知府的伊秉綬與他的麥姓家廚發明的，之前伊麥已發明了「伊府麵」，即「干燒伊麵」。伊秉綬祖籍福建汀州，進士出身，做過廣東惠州知府，《清史稿》列他為「循吏」，應該是個好官，「秉綬承其父朝棟學，以宋儒為宗……在揚州，宏獎文學。歿後士民懷思不衰，以之配祀宋歐陽修、蘇軾及清王士禎，稱四賢祠。」有人認為王、伊歷史地位不及歐、蘇，不應供祠同廟，但若果伊真的發明了「揚州炒飯」，那還有得異議？

　　後來我訪南京，本是揚州人的南大教授徐興無卻又告訴我另一個版本。據清代官規，鹽官接受鹽商招待，餐宴不得超過兩菜。鹽商絞盡腦汁，便發明了豪華版的炒飯：「要用云南火腿、高郵双黃咸鴨蛋的油，还要特殊的米、鸡蛋、虾籽、豌豆、葱等。炒的方法有金包银（蛋裹在米的外面）、银包金（米和蛋分开，由于米多蛋少，故称银包金）之别，号称一两银子一两饭。」此說無論足信與否，讀著其用料和作法，已令人垂涎，若果吃得到，真算口福菲淺。清代鹽業多官商勾結，走私漏稅，損民自肥，弄至國庫日虛，朝廷一點辦法也沒有，這口極品炒飯與此歷史頑疾有關與否，也就難以深究了。

　　徐教授說的高郵鴨蛋，袁枚《隨園食單·腌蛋》亦有提及：「腌蛋以高郵為佳，顏色細而油多。」出生於高郵的汪曾祺在其〈故鄉的食物〉一文也說：「高郵鴨蛋的特點是質細而油多，蛋白柔嫩……蛋黃是通紅的。」汪沒有提及揚州炒飯，祇提過一味「朱砂豆腐」是用高郵鹹鴨蛋黃炒的。揚州市滿街有售真空包裝的著名土產，常見人手提一盒二盒的獅子頭、高郵雙黃鹹鴨蛋……

　　至於雞蛋，徐珂《清稗類鈔》記有揚州鹽商吃蛋每日二枚，每枚紋銀一兩，因為「所飼之物皆參朮之物。」不知徐教授說的豪華版揚州炒飯是否要用此蛋，而我在共和春吃的炒飯，連起碼的蛋香

也沒有，不可原諒。香港食家唯靈很不屑流行於高級中菜館的「蛋白炒飯」就是因為少了那份應有的蛋黃香。唐魯孫雖嗜蛋炒飯，卻認為它難消化，所以炒飯更不應多油。

揚州有所謂「四大名人宴」：少游宴、板橋宴、梅蘭宴、汪氏家宴。汪氏即汪曾祺，之前說的「朱砂豆腐」亦在其家宴熱菜單子中。其它熱菜有：油條揣斬肉、椒鹽虎頭鯊、蒜頭燒鮎魚、炒米炖蛋、油炸鯵魚。冷菜則有：楊花蘿蔔拌海蜇、蒲包肉、涼拌薺菜、茶干絲、腐乳熗蝦、醬鴨、五香螺螄。

看來，揚州真的不能一個人去。

18. 甘泉路上

我在揚州的唯一個晚上睡得不好，早上勉力起床，肚內還未消化掉昨夜那盤糟糕的揚州炒飯，油多、料薄、米不散。獨自旅行就有這個好處，吃得不好，睡得不好也不怕影響同行的情緒、行程。因著自己早上的精神、體力狀況，行程可以任意的改。本來我計劃一早便到瘦西湖享受春風晨露，現在肚子打轉，祇想到附近街上走走，於是，我又走到甘泉路上。

昨天吃過路旁的「黃金燒餅」檔子仍是一樣的圍滿了顧客，時為九時許。內地人習慣早起，我怕檔主早已黎明即擺，做了多輪燒餅。我心裡計算，一輪十個每個賣兩塊的燒餅大約要弄三分鐘，一個小時便可賣掉二百個餅子，早上四個小時便有一千六百塊的進賬，若果下午攤子再擺兩個小時，一天便應有二千四百元的收入，一年下來便是一盤八十七萬六千元的生意（假設他年終無休）！打個七折，也有六十多萬，果然是黃金燒餅，我真的懷疑，檔主是安徽人。可是昨夜惱人的揚州炒飯的油膩，使我不想吃帶油的東西，雖然燒餅焦香仍是撲鼻。

想吃點清淡、少肉的早點，便想起了淮揚的一道名吃，逯耀東從不錯過的「大煮干絲」。一時間又想不起除了共和春，附近哪裡有得吃。躊躇間我想再上共和春也好，反正最壞的昨夜已嚐過，若果連這大煮干絲一道菜也弄不好，算是我倒霉，回家反而更多了話題：「嘿！百年老店也真的浪得虛名，揚州真爛！」

早上陽光正亮，往共和春的路上我才留意到路旁擺了三兩臨時的補衣攤子，尤其是小東門橋，我想應該是個補衣中心。攤子放著的都是舊式的人力縫紉車，我兒時鄉間祖母婆婆用的就是這一種，看縫紉車娘子們穿起線頭，腳踏底板，抵著布條，幾下來回，破布

就此縫好，好不神奇。如今我們衣服破了便丟，近年卻反成時尚，補衣這門手藝都快消失了。甘泉路上的縫紉車，機身給擦洗得很光亮，我想現在的揚州人應該還珍惜一針一線的，不用說，古時揚州人很懂衣裝了。《揚州畫舫錄》說「揚郡著衣，尚為新樣」，除了吃，相信揚州以前還是個「時裝中心」。

時裝除了剪裁，還要配色，揚州應該是行業的佼佼。李斗《揚州畫舫錄》有詳細的記載：「江南染房盛於蘇州。揚州染色以小東門街戴家為最。如紅有淮安紅，本蘇州赤草所染。淮安湖嘴布肆專鬻此種，故得名桃紅……」李斗跟著便詳列了不同顏色的源由、專店，足有千字。最有趣的是，在介紹揚州的染色盛況前，他先描繪附近的景色：「蜀岡諸山之水，細流縈折，潛出曲港，宣洩歸河，大起樓南以池分之，千絲萬縷，五色陸離，皆從此出，謂之練池。池之東西以廊繞之，東繞於染色房之，聯云：『染就江南春水色／結成羅帳連心花』。西繞於練絲房止，聯云：『舊絲沉水如雲影／籠竹和煙滴露梢。』明顯地，李斗就認為山色水色揚州人都能化煉成衣色。

明清時期的揚州，錦衣丰姿不祇是富貴人家的專利，「肩擔賣食之輩，類皆俊秀少年，競尚粧飾。」可見揚州人對衣飾的重視，不過今天的甘泉路上卻滿是平價時裝店，鮮有李斗筆下的緞鋪。

清代的「江南織造局」共開有三處：南京、蘇州和杭州。《紅樓夢》作者曹雪芹的祖父曹寅曾任職蘇州、江寧（即南京）多年，其於揚州亦多有足跡。江南織造局專為皇室、朝廷搜購、訂製精品。揚州絲織工藝聞名天下，所出者必為天下之極品。然而，卻因為乾隆六下江南，揚州的官民都疲於奔命，殫精竭慮，過後揚州絲織便開始走下坡，再加上太平軍的戰事，更頹敗下來，可謂歷史無情，於此不贅。

雖說是百年老店，共和春的外觀卻沒有甚麼古意，牆上斗大招

牌上的漢語拼音「GONGHECHUN」加上內部的五、六十年代公社式食堂設計，給人的感覺說好聽是樸實無華，說不好聽是刻板死硬，我倒希望是前者，輝煌裝飾最終還是顧客給錢的。店子的前櫃倒很現代化，快餐館式，菜牌排列清楚明亮，大部份聽聞過的揚州麵點、大煮干絲、鍋巴、餛飩、煨麵、肴肉、三丁包、千層油糕、翡翠燒賣都在，還有雀巢牛奶飲品。我看得眼花繚亂，急急要了「干絲」，更聽掌櫃姑娘介紹，再加「千層油糕」和「糯米燒賣」，心想三個菜總會有個驚喜吧。

千層油糕、糯米燒賣上桌得很快。逯耀東說千層油糕「蒸後半透明，呈芙蓉色」，我前面的卻白得很呆，帶點暗啞，沒精打采，吃著是一團沒有層層相接的饅頭，好處是不油膩（理論上，油糕要有十六層，每層都放油丁）。燒賣反而弄得很扎實，還有點菜香，相信是混上了青菜汁來蒸便呈了翡翠綠色。

揚州的另一名點「翡翠燒賣」就是由糯米燒賣演變而來，將餡料改為青菜（主要是菠菜）泥，卻更為精細，皮薄如紙，才有翡翠感，而且還要灑上火腿末。共和春是處街坊食堂，糯米燒賣和油糕都是賣塊半，應該是平民版的美點，所以也不用苛求了。千層油糕就是要求擀麵皮、塗油的細緻功夫，塊半怎付得起？

更要考功夫的當然是干絲，要將一塊方形的豆腐乾快刀切成廿多小條，聽說都是揚州廚子的入門功夫，跟著的當然是考湯水的功夫了。共和春的廚子在兩門功夫都沒有令人失望。在昨夜炒飯的陰影下，我吃得特別用神，因此留意到幼滑整一的豆腐絲，嚼時像麵也像肉絲，唐魯孫說豆腐絲要在暖水「拔」（即汆）三次，才可除去豆腐乾的豆酸味，共和春的相信少花功夫拔水，還有點豆酸味，但這卻合我的口味。湯水不是紅燒汁或純雞湯，很重筍味，還帶有點輕微的酸味，加上奶黃的顏色，很開胃。這種味道才是一種驚喜，不知是否共和春自創的，第一次吃我也無從比較。吃完精神為之一

振，感覺是美麗的一天的開始，也就原諒了昨夜的炒飯。

　　歡愉心情底下，才留意到鄰座都吃得豐盛，四個人圍著吃鍋巴，很多的鍋巴，旁邊還有三大籠蒸包。後面的一對青年男女也不失色，不同的包點來了一籠又一籠，奇怪的是，他們都不是胖子。牡牧的「十年一覺揚州夢」前頭還有兩句：「落魄江湖載酒行／楚腰纖細掌中輕」。事實上，在街上卻真的少看到胖子，包點這麼多carbo，看來有些減肥單子要改寫了。

　　書上說，揚州人一天要吃六餐的，早飯過後，午飯之前有一小餐小吃，晚飯前當然有包點，睡前還要夜宵。

　　好奇底下，問對面的客人吃的是甚麼餛飩，蝦籽味如此的香濃。「蝦籽餛飩，共和春才有的。」看他吃得那麼起勁，我幾乎想立即點一份，可是看著對面的碗子裝得滿滿，自己又剛吃飽，餛飩怎好吃，這個情況下難以客觀判斷，勉強吃下去更是對好菜不敬。唉，祇得一張嘴，淮揚美點，怎吃得完？思量了一下，我便決定下午乘火車離開前再來此以蝦籽餛飩作午餐，也順便創個紀錄，回家又多個話題：「在揚州，我一連三餐都吃共和春，正是深度旅吃！」

　　下這個決定其實有點艱難，原因很明顯是揚州名店實在很多。不要說遠的，就在共和春所在的甘泉路上，再往西走到盡頭拐左便是國慶路，另外一間老店「菜根香」兩分鐘便到，據說正宗的揚州炒飯出於此店，逯耀東說它是淮揚菜的正宗（但我在網上看它的評分不高，而且它開業於1930年代，鹽商的「富貴炒飯」早出現於清代；不過菜根香的炒飯有不同品種：清蛋炒飯、桂花蛋炒飯、三鮮蛋炒飯、什錦蛋炒飯。）由菜根香過馬路，穿過一條專賣揚州木器、鐵具的巷子便找得到聞名天下的老店「富春茶社」，唐魯孫遷台前每次去揚州一定到的店子。逯耀東說它的三丁包天下無敵，南京的徐老師當知道我下揚州時沒有享過富春便皺起眉頭。我在它的階前目擊到一隊遊客在茶社樓前照了相便走。

除此，這邊還有一間共和春分店，其它多是時裝店。再往北走十分鐘，過了文昌中路很快便是大東門街，往東一段至「四望亭路」便是揚州非官方的美食街。說它非官方是因為不像北京的王府井小食街般專賣美食。它成為美食街全因為街上高級飯店例如怡園、天福樓、品香樓……這樣走，也可說是走了大半個舊時小秦淮了，風月樓牆找不到，地道美食卻不少。

最後讓我抵得住沿路誘惑的除了共和春的「蝦籽餛飩」的四塊半售價，還有那句「共和春才有」。其它的淮揚名菜大部份在外地都可吃得到，惟獨是蝦籽餛飩難碰到，我的經驗是，吃名菜失望的機率比較高，而地道小品的驚喜率卻比較高。四塊半，值博率很高，況且剛才的蝦籽鮮香不會假。

特地待午飯時分過了我才回到共和春，希望廚子不用趕，而我的胃納亦剛好。菜剛上桌，便教自己深呼吸一下，氣味有點醉人，我已知我的決定沒錯，看它湯水濃黑，想必不吝嗇材料，鮮味富足，層層演進，吃著真的如汪曾祺所說，「鮮得連眉毛都掉了」。餛飩份量也多，足有廿顆，餡料雖然不厚，跟一般餛飩的體積不相稱，卻堪細味，賣四塊半，我想重點不在肉餡兒，而在湯水，所以就一口氣把湯喝光。內地廚子愛用味精，我不期望共和春的例外，但蝦籽的鮮、鹹應該足以提味，我的生理反應告訴我，味精是有的，但不強。

吃後食慾大增，我便想怎麼都要嚐一嚐揚州「三丁包」吧，當點了我便後悔。吃過了蝦籽的鮮，包子的鮮味應該會給無情的掩蓋掉。乾隆下江南時，訓示揚州廚子，包子有五要：「滋養而不過補，美味而不過鮮，油香而不過膩，鬆脆而不過硬。」皇帝老爺子在揚州吃了特製的海參、雞肉、豬肉、筍、蝦肉五丁包子。從此便演化成了今天的三丁包的用料和製法，一般來說，三丁即是雞丁、豬肉丁和鮮筍丁，共和春三種都齊，卻缺了用雞湯細煨後的餡汁，很乾。

最不可口的還是包子皮硬而不鬆脆。逯耀東就說過「包子的成敗全在麵粉的發酵。」共和春的包子就是如此敗了，三塊錢的包子，也算吧。後來在南京，徐老師告訴我，他幼時常跟外公上「富春」早茶必吃三丁包子，那確是他們的絕藝，秘訣是獨家的麵粉酵法，百多年不假外傳。茶社幾經滄桑，現在已是國營，但還是聘有茶社陳姓創辦人的後人，他每天祇用返茶社半個時辰，嗅一嗅當天廚子酵好的麵頭來定奪合格與否，然後便回家了。怪不得我沒上過富春老師要皺眉頭，可幸當他問我有沒有吃過共和春的蝦籽餛飩時，我可以答「有！」。

雍正、乾隆年間，「揚州八怪」之一李葂（八怪不是專指八個人，見下文），本是個安徽秀才，頗有詩名，受知於兩淮知州盧雅雨，隨來揚州謀求發展，「生計豈無田負郭／卻從書劍覓封侯。」初到揚州，李葂家境還算不錯。不久，盧雅雨因故獲罪，李葂在揚州的生活很快便陷入艱難，「謝客送柴忘乞米／苦心枵腹斷腸詩。」不過，很快李葂的才藝受賀姓富商賞識，更羅致他於門下，供其衣食，為富商在保障湖（即瘦西湖）湖濱所建的「賀園」作畫吟詩，李葂自始便「經年傳食得諸侯」。賀園當時多名士、鹽商、高官雅聚，酒飽食豐，李葂事業、名聲如日中天，更與另一位「八怪」李鱓齊名，時稱二李。可是好景不常，幾年後賀姓富商便結束揚州業務回鄉，李葂便要浪跡天涯，「四方乞食，賣畫為生」，最後「病而歸，歸而卒。」《瓜州志》記其死後，「聞其女為丐。」

人生一飯一粥，大抵都是緣份。我吃不到富春美點，能得味於蝦籽餛飩，也算是有緣。

19. 默默准中

有一年舉家訪台北，住高級旅店，台北出租汽車便宜，我們走景點找吃都招車。返家後，回味的都是散落各地的景點、吃店，住過的旅店周圍是怎麼景況倒不甚了了，心裡總有點失落，沒有好好細味台北人的生活，好像欠了甚麼。台北之後，我再到異鄉，慢慢養成了一個習慣——可能因為自己愛邁步街頭——總會在住處附近認定一兩處「地標」，一則好認路，二則在往返時可以花時間順道了解當地的往昔和性格，體會一下尋常百姓的喜樂，泥土上的一絲實感。最重要的還是「此身飲罷有歸處」的心理依靠。

我說的地標不一定是著名的建築、名勝，但它總要有點代表性，體積也要有一定程度的 visibility，容易找嘛。之前訪上海時，我住在浦東新區，地標是「世紀公園」；之後在北京，我找到了「北京站」，它們除了給我一個在茫茫都會中的一個定位、異鄉的歸處之外，還讓我得著一些行程表上沒有的驚喜。在揚州，我找到了「文昌閣」。

文昌閣位於文昌中路的中心迴旋處，人車爭路，一望便知是交通匯點，從 Google map zoom out 更能看得出它可以說是揚州市的中心點。它是我在甘泉路吃完「冰心獅子頭」想靠散步以一消懊惱之下偶然發現的，所以它距離旅店不遠，自此便成了我在揚州的地標、定向，決定走哪處景點我都以跟它的距離為考慮因素（我在揚州祇有 24 小時）。

故事得從明朝第一個皇帝說起。

朱元璋做過和尚，深謀好鬥，刻薄寡恩大家都知道，但是他當了皇帝（1368 年）的第一道聖諭大家可能沒留意到。《明史·太祖本紀》記：「洪武元年春正月乙亥，祀天地於南郊，即皇帝位……

是月，天下府州縣官來朝。論曰：『天下始定，民財力俱困，要在休養安息，惟廉者能約己而利人，勉之。』」這時，勝利還沒有沖昏一代雄主的頭腦。

元末群雄爭戰十多年，弄至民生困頓，朱元璋明白到單靠武力不能興國，要靠的就是文教。他出名決斷（之後就變成狠辣），即位首年「丁未，以太牢祀先師孔子於國學。戊申，祀社稷⋯⋯詔衣冠如唐制。」

明朝七百多年前，李世民當了皇帝之後便立即追封孔子為「文宣王」，置國學，朱元璋不但有樣學樣，更「詔儒士更直午門，為武臣講經史。」李世民要武臣學仁義禮智，是否因為怕他們作反這點不重要，朱元璋倒真是認真地以文教興國。洪武二年，「己巳，諸王子受經於博士孔克仁。令功臣子弟入學⋯⋯辛卯，詔天下郡縣立學。」規定「以孔子所定經書誨諸生，毋以儀、秦縱橫壞其心術。」朱元璋靠軍事起家、定天下，心裡明白那祇是詭道，祇有王道才可以得民心，才可千秋萬世。無論你喜歡不喜歡朱元璋，不能不佩服他的冷靜和目光。

文昌閣就是在這歷史背景下出現，揚州咫尺京師（南京），皇帝的文教興國自然辦得特別起勁，據說文昌閣原本是用來藏書的，可說是古代揚州的文庫。可是，現今的文昌閣並不是明朝原先的那一座。

原文昌閣建於萬曆年間，位於文津橋，不十年便毀於一場大火（還有所藏的經籍），一年後，新的閣樓便又聳立起來。原文津橋底的河道本可導入瘦西湖，然而到了上世紀初河道淤塞發臭，給填平改建為馬路、廣場（文昌中路與汶河南路交界處），是為今日的面貌了，當地人說它貌似北京天壇，這可能是揚州人的自賞吧。現今廣場周圍聳立高級旅店、商場，華燈底下，祇有三層高的文昌閣，倒像是一盞巨型走馬燈，閃映著歷史的興衰。

　　邂逅文昌閣，好像預定我要領略揚州的彬彬文氣。文昌廣場的南端，穿過一排美食鋪子，就到了「阮元故宅」，我能夠發現它，也是在偶然底下。話說，我在共和春吃了一頓稱心滿意的早點後，便想循著早春晨光漫步，然後穿過文昌中路往西北處探究一下「瘦西湖」，路過文昌廣場時卻想先走走尋常巷陌。

　　我走過層層進逼的新廈，才不過半分鐘，果然見一古舊小巷——「贊化巷」，藍底白字，好不醒目。《禮記·中庸》有云：「能盡物之性，則可以贊天地之化育；可以贊天地之化育，則可以與天地參矣。」舊揚州人似乎明白得很，教育是為了培養天下眾生。巷子不寬，雖然頗為破舊，但是以內地的標準而言，它確是整潔可人。我碰上的路人不多，祇見一兩上了年紀的巷民，大家都有相視點頭。幾乎令我驚呼出來的是巷子深處的水井，井旁還有婦人濯洗衣物，一幅民安樂命的圖畫。原來，異鄉的偶遇竟可以勾憶起我兒時鄉下的水井，和鄉鄰挑水的熱鬧。中國人說「離鄉別井」，一口水井自古都是情深義重，我恍然想起兒時的家鄉早已蛻變成了商業新市鎮，飲水思源真的不知從何說起。現代人用水要付費，看著濯衣婦人，但願她們對水井的依靠，不是因為付不起自來水費。

　　東漢人李巡說揚州的「揚」是因為揚州人性格飛揚不羈，此說雖然經不起推敲（難道說廣州人都心廣體胖、陰州人都陰陰濕濕乎？），但看著頭頂曬晾得此起彼落的被褥衣裳，穿透著明暗不一的晨光，巷子光影粼粼，又似是任意的飛揚，似乎唯此才可以「參天地」了。

　　「贊化」是大道理，我卻在巷子處處柴門上的春聯意會出揚州人尋常幸福的細味。春聯的書法各有風格，或滿或瘦，或草或正，一看便知是用過心機，沒有「金玉滿堂」、「花開富貴」，祇是「旭日祥雲／春風化雨」、「門前有喜／院內含春」，十六個秀麗的字，千多年的揚州蘊味。《太康地記》載：「揚州，東漸太陽之位，履

正含文，天氣奮揚，故取名焉。」揚州人的不囿於物、曠達開通性格，小巷子說得明白。穿過巷子時，微風吹得我腳步飄颺，仿如莫札特的協奏曲，到碰上了「阮元故宅」，我才驚覺巷子已經走完。

坦白說，我對阮元的認識不多，祇是兩年前研究鴉片戰爭前後中英外交史才得知他曾任兩廣總督，可說是歷史上第一任「禁毒專員」，較林則徐早四任，《南京條約》簽定前二十五年。然而，我作研究時卻忽略了他原來是揚州人。

阮元故宅——正確地說，「阮元家廟及宅第」——外牆上的牌匾刻上：「阮元（1764 年～ 1849 年），字伯元，号云台，揚州府仪征人，乾隆进士，曾任浙江巡抚、漕运总督，江西巡抚、河南巡抚、湖广总督、云貴总督等要职，晚年拜体仁阁大学士、太子太傅，一生致力学术研究……」世稱阮元為九省封疆大吏，不知怎的，匾上就是缺了「兩廣總督」，這還不算，它祇提阮元致力學術，好像阮元做的都是閒官。

晚清學者劉毓崧論阮元：「生平持躬清慎，屬吏不敢幹以私。為政崇大體，所至必以興學教士為急。」都說揚州人明「贊化」。

有清一代，生前能登太子太傅之尊位的不出六人，可以想像阮元在清代官譽之隆。他 27 歲晉仕，受到乾隆破格提升，乾隆曾對軍機大臣阿桂時說：「阮元人明白老實，像個有福的，不意朕八旬之外又得一人。」嘉慶時期阮元曾因查監試弊案不周而被革職，可是一年未及，嘉慶重用阮元，二年後更委以重任，遣他督辦漕運以解民困。道光十八年，75 歲的阮元因足患求准致仕（退休），一再請求才得歸揚州「怡志林泉」。道光二十九年，阮元卒於揚州故宅，終年 86，皇帝賜「文達諡號」，誌其「勤學好問曰文，質直好善曰達。」其後咸豐的祭文亦稱阮元「極三朝之寵遇，為一代之完人」。

阮元一生為官清廉樂捐，不用走進故宅我便有所感觸。故宅位

於毓賢街，好說是街，不寬不廣，委實是條巷子，門庭毫不起眼，除了粉刷得潔亮外，誰會想到院內蘊藏了百多年的書卷貴氣。

故宅分為三部份，東路是阮元故居，為五進式庭房，中路是阮氏家廟，三進式設計，中有竹園，西路是兩層高的「隋文選樓」，亦即是阮元藏書、治學的地方，合共佔地八千多平方米。建築風格統一，古樸肅穆，中正平和，窗明几淨，反映了屋主的性格和任事作風。檻窗的雕花細密精緻，資料牌上說是典型揚州木雕風格。

揚州建築有精確的營造法式和設計風格，李斗在其《揚州畫舫錄》就花了一萬五千多字，整整一卷記錄這一方面的資料，由柱樑的尺寸、疏密、裝配、門窗的大小，到材料的選取，顏色的運用，以至室內的裝潢、傢俱擺設都鉅細無遺地逐一列出，可見揚州人做事一絲不苟、高要求的作風。阮元故宅，細看便知是這種作風下的產物。

阮元自 27 歲晉仕到 75 歲致仕，期間都是在異鄉當官，做了差不多五十年的遊子，揚州故宅自然是他安老之所。它的整體佈局和氣氛都充滿著祥和、寧謐，而清雅無塵的「隋文選樓」更是讀書的好地方。據說阮元在生時此樓藏書逾萬，單善本書已達二千五百多，阮元身後咸豐年間，揚州遭兵匪侵擾，藏書都給劫掠散失。阮元雖是九省封疆大吏，始終是個儒臣，一生治學甚功，譽為「揚州學派」首創之一。

揚州學派注重的是古代經典考證、文字訓詁，所以講究原典原籍的發掘、整理和保存。乾隆曾敕收天下藏書以編修《四庫全書》，阮元無緣參與其事，其後卻編纂了《四庫未收書目提要》作為補充，可見其努力不懈的治學精神。

阮元留給後世的當不止於此，《清史稿·阮元》記：「元博學淹通，早被知遇。敕編《石渠寶笈》，校勘《石經》……創編《國史儒林》、《文苑傳》……撰《十三經校勘記》、《經籍纂詁》、《皇

清經解》百八十餘種……集清代天文、律算諸家作《疇人傳》……重修《浙江通志》、《廣東通志》、編輯《山左金石志》、《兩浙金石志》、《積古齋鐘鼎彝器款識》、《兩浙輶軒錄》、《淮海英靈集》，刊當代名宿著述數十家為《文選樓叢書》……主持風會數十年，海內學者奉為山斗焉。」

史書上還說阮元「竟殄海寇」，說明他真配得起「文韜武略」四個字。阮元致仕時已近八旬，仍不斷讀書寫作，怪不得錢穆說他「實清代經學名臣最後一重鎮」。值得一提的是，阮元畢生致力搜藏經典，也不全是收為己用，在揚州時期，他與友人於「靈隱寺」設置藏書樓以收捐獻，再加以整理，供人借閱，可能是中國史上第一個公共圖書館。

揚州木刻有名，是古代出版中心，亦由於淮揚富庶，漸漸也成為了藏書大鎮。曹雪芹祖父曹寅亦曾受康熙詔命修纂《全唐詩》，曹寅時任江南織造，憑著其於揚州的關係和影響力，才得以 18 個月完成搜羅、整理善本、舊籍，再重新校正、刻板、印刷總共九百卷的《全唐詩》這件艱鉅任務。從曹寅到阮元，我們可以看得出舊揚州在舊中國出版史的地位。

阮元的精力真不知從何而來，除了當官、做學問，他也搞過考古發掘。揚州的「隋煬帝墓」本來已湮沒無聞幾百年，據說就是阮元於嘉慶十二年（1807 年）發現的。隋煬帝墓側有石碑記阮元修墓事跡，可誌阮元對揚州文化保育的貢獻。順便一提，阮元有個有趣的習慣，每年的生辰他都不慶祝，也不受禮，大清早獨自跑到山中賞花讀詩，直至晚歸，自得其樂。

說起「揚州學派」，阮元故宅內的「隋文選樓」已修葺好，現稱為「揚州學派紀念館」，我碰上的當天竟是其對外免費開放的首天，進門時已經看見有公安把守，然後在廊上見有兩排年輕姑娘身穿一式旗袍開心地列著，原來是迎候領導人來主持開幕。儀式倒沒

有鑼鼓喧天、觥籌交錯，而祇有短短二十多分鐘的絲竹管弦，娓娓奏出揚州的溫文爾雅，我想阮元在天必會含笑。

揚州文氣充盈，歷代都有佳話，阮元之前七百多年，歐陽修來到揚州當太守。當時的揚州剛好「蝗蝻稍稍生長，二麥雖豐，雨損其半，民間極不易。」新太守寬仁簡政，順應自然，才三個月揚州便復回往昔繁華，歐陽修此時才發遊山玩水之興，揚州西北之南朝古剎「大明寺」自是首選。

大明寺建於蜀岡之上，遙望江南數百里，歐陽修一覽勝景，「千頃芙蕖蓋水平／揚州太守舊多情」，欣然決定於大明寺西側建「平山堂」以作茶酒論詩之會。宋人葉夢得《避暑錄話》中云：「歐陽文忠公在揚州作平山堂，壯麗為淮南第一。」康熙三下江南，曾賜聯平山堂：「詩意豈因今古異／山光長在有無中」，算是回應了平山堂主人的「平山欄檻倚晴空／山色有無中／手種堂前垂柳／別來幾度春風」〈朝中措〉。歐陽修守揚州祇有匆匆一年，平山堂文會「畫盆圍處花光合／紅袖傳來酒令行／舞踏落暉留醉客／歌遲檀板換新聲」，不意卻為此位北宋名臣、文穆留下了千古美談。

歐陽修離開揚州多年後，他的「學生」蘇東坡也被派遣到了揚州。蘇軾亦常引文友秦觀、晁補之等到平山堂喝酒談詩，「應倚平山欄檻／是醉翁飲處／江雨霏霏」（晁補之語）。平山堂後有一「谷林堂」，就是蘇軾為紀念老師所建，亭名是從自己的詩句：「深谷下窈窕／高林合扶疏」中取谷林二字。谷林堂後有「歐陽祠」，祠內有歐陽修石刻像。平山堂歷代屢有興廢、重修，可見揚州人對其之珍寵，可能就是它代表了揚州人的文采飛揚。

揚州一帶平地，少有高山，蜀岡雖謂下臨江南數百里，其實際高度才幾百尺，攀登不難，且近民居，於此觀看揚州市華燈初上，相信別有一番景緻。英國歷史學家 Frances Wood（吳芳思）考究 Marco Polo 的遊記，認為他根本沒到過中國，其中一項理由是他自

稱做過三年揚州總管，其遊記竟然沒有提過平山堂。

老饕蘇東坡 59 歲時做過半年不到的揚州太守，卻偏偏遇上民災，想他哪來閒情弄吃。蘇學士一生十過揚州，另守揚州一次，「此生定向江湖老／默數淮中十往來」。揚州他多是往返任地、京師時路過稍息，來去都是兩匆匆。有一趟他路過揚州，受友人錢公輔宴請，宴後蘇軾便寫了《臨江仙·夜到揚州席上作》：「尊酒何人懷李白／草堂遙指江東／珠簾十里捲香風／花開花謝／離恨幾千重／輕舸渡江連夜到／一時驚笑衰容／語音猶自帶吳儂／夜闌對酒處／依舊夢魂中。」至於吃過甚麼，對一生飄泊的蘇軾，似乎不甚了了，宴上最濃的反是他鄉相遇的友情。開首詩人便問何人懷李白，是蘇學士的自況嗎？

蘇軾好友秦觀本是揚州附近高郵人，淮揚美食自然深植心中，有一次他便給蘇學士寫了首《以蒓姜法魚糟蟹寄子瞻》，教人垂涎：「鮮鯽經年漬醽醁／團臍紫蟹脂填腹／後春蒓茁滑于酥／先社姜芽肥勝肉／鳧卵累累何足道／飣飴盤餐亦時欲／淮南風俗事瓶甖／方法相傳為旨蓄／魚鱐蝦醢荐鐏豆／山蔌溪毛例蒙錄／輒送行庖當擊鮮／澤居備禮無麋鹿」。同是高郵人的近代美食家汪曾祺說過，食物最能勾起思鄉之情，我想此為最佳例證。

以「兩情若是久長時，又豈在朝朝暮暮」垂古的秦觀，出生於美食之鄉，年長後便矢志報效朝廷，此後卻屢遭貶謫到杭州、處州、郴州、橫州，雷州，一生飄泊江湖，揚州美食大抵都祇是他思鄉所記。

邗溝居士最後於 53 歲時受放還鄉，卻猝死於途中。《高郵州志·秦觀列傳》記：「徽宗立，復宣德郎，放還，至藤州，出遊華光亭，為客道夢中長短句，索水欲飲，水至，笑視之而卒。」

20. 烽火揚州路

　　舊揚州書香滿城，新揚州是否仍是書肆如鯽我沒有時間探究，旅店比鄰的小書店我倒光顧買了本《揚州舊聞》。書輯錄了吳友如於清末光緒年間刊辦的《點石齋畫報》內裡有關揚州的見聞。吳友如本是位傳統的水墨畫家，後來卻深受西方寫實主義影響，放棄傳統山水，首創以漫畫式的繪圖將社會上發生的奇聞趣事刊發，圖文並茂，比今天我們所熟悉的報紙還能繪聲繪影（因為攝影要抓實事實物，漫畫全靠想像）。《點石齋畫報》可說是明代《警世恆言》的 19 世紀版本，而且多了生動的圖像。吳友如的現實觸覺，連百年後的徐悲鴻也甘拜服。

　　閱過《揚州舊聞》，我才猛然看到煙雨霏霏之後的頹唐揚州，明白吳友如竭力要做的是揭露舊社會的荒謬、沒落。《揚州舊聞》自然不是《揚州畫舫錄》，內裡沒有「煙花三月」、「歌滿揚州」，多的卻是「捉奸割耳」、「貪色忘身」、「左道惑人」的舊社會畸怪現象，總共有 203 個可資茶餘飯後閒扯的「報導」。然而，由於這類現象的普遍性舉國皆是，反而突出不了揚州的獨特。我細閱之下，倒有一則叫〈優人作賊〉的報導活現了晚清揚州的沒落。

　　這則報導題為〈優人作賊〉，事關揚州鹽商所養的一班優伶在饑寒交逼下淪為盜匪的苦況。清代有所謂徽商四大名班，為京劇之中流，而四大名班中有三班都源自揚州，說揚州乃京戲之砥柱亦以此為據，揚州的戲台，可謂盛極一時。清末揚州名伶淪落為盜匪，揚州之頹敗不用說也很明白了吧。

　　揚州是江南門戶，自古都是兵家必爭之地。南宋著名詞人辛棄疾本身也曾當過武官，一生都不斷上議練兵北伐，收復中原。可惜南宋皇帝偏安江南，不思進取，辛棄疾空有報國的壯志，卻不為朝

廷所重用，晚年回首時就寫下悲愴又無奈的《永遇樂・京口北固亭懷古》，詞中的「四十三年／望中猶記／烽火揚州路」道盡了揚州的兵馬倥傯。

自古揚州人捱過不知凡幾的戰禍，最慘烈的一次無疑是發生於順治三年（1645年）春天，「肝腦塗地，泣聲盈野」的「揚州十日」。順治二年，清兵入關，明朝廷撤退到南京擁立福王朱由崧為南明後主，日夜盼望清兵祇會滿足於江北，讓小皇帝安享江南。其時南明朝政為佞臣首輔馬士英把持，指派政敵兵部尚書史可法鎮守揚州。史可法雖為「國防部長」，但當時淮揚四鎮的總兵各自打算，不任其指揮。史可法唯有帶著僅餘幾千兵馬對抗多鐸親王三萬大軍。

史是個大學士，做過御史、戶部，卻不善兵法，《南疆逸史・應廷吉傳》記：「閣部（即史可法）方寸亂矣。豈有千里之程，一日三調，警急頻仍。」馬士英擺明就是要史可法送死。

多鐸早聞史閣老的盛名，陣前兩番勸降，力誘史效力清廷，都為他所拒。終於不用五日，揚州城破，史可法自殺不死，為清兵所制，再一次拒絕投降，「城存與存，城亡與亡，頭可斷身不可屈」，多鐸最終唯有把他殺了。一個月後，清兵渡過長江，兵不血刃就解決了南明小王國。朱由崧給押至北京，斬於宣武門外柴市。至於馬士英，一說他逃至浙江，投靠同鄉總兵方國安，另一說他逃到台州之金鐘寺剃髮，結局都是不久便被清軍捕獲，「殛死。」

史可法就義後，多鐸下令屠城，倖存者王秀楚著有《揚州十日記》：「堆屍貯積，手足相枕，血入水碧赭，化為五色，塘為之平……殺聲逼至，刀環響處，愴呼亂起……」其中的慘烈可想而知。《揚州府志》記有史可法的養子史德威「直求其屍不得，招魂葬衣冠於梅花嶺。」今天梅花嶺上的「史可法祠」，卻是乾隆下旨興建的，時為乾隆三十七年，即史死後一百二十七年，從此，史可法的事蹟才得到「官方確認」。史可法祠後輾轉增建成紀念館，此是後話。

「揚州十日」時清兵的殘暴，《明史》和《清史稿》都沒有記載，乾隆皇對史可法的「確認」是他偶然讀到當年多鐸給史可法的招降書時卻找不到史的回書而引發了興趣，他隨即詔命江南視學將藏於揚州「安定書院」的史可法遺像、家書找出來，還了史可法一個「歷史英名」。

揚州不但有「史可法紀念館」，也有條「史可法路」，不像英國人，中國人用人名作街道名稱很罕有，可見史可法在揚州的歷史地位。我在揚州時走過史可法路卻不禁疑惑，滿清入關，各地攻城，先有言謂有抵抗者，破城後必以屠城為懲，抵抗一日，屠城一日，以七日為限。屠城固然殘暴，預先警告，以死相逼，雖說不上是德政，起碼也留有餘地，減免生靈塗炭。《揚州府志》記史可法「嬰城固守，援兵不至，知事不可為。」他先寫好遺書（史可法紀念館有展），然後自殺，看得出他已陷入了絕境，置生死於度外。

可憐的是，史可法一心為國，最後見棄於他耿耿忠於的南明後主（史可法原先反對擁立福王，也所以成為福王和馬士英的眼中釘而棄他如敝屣），史可法的忠節真可謂不明所以。中國古人的名節思想，祇問名教綱常，不問是非曲直，魯迅就曾經批評過。

史可法的忠節，不錯讓他名留青史，卻賠上了八十萬揚州人的命。八十萬條人命，歷來都有學者質疑，一說應是二十萬左右。事實上，《揚州十日記》有載：「查焚屍簿載其數，前後約計八十萬餘，其落井投河，閉戶自焚，及深入自縊者不與焉。」二十萬也好，八十萬也好，多鐸前後總共給了史可法兩次機會投降，最後的一次還在城破之後，說明多鐸還未決心屠城。史可法的「歷史英名」代價可說是驚人的，驚人的執著，驚人的殘暴。個人名譽，用數十萬條人命去換，不單祇是自私，更是愚昧，史可法的「至死不屈」，又所為何事？清溫睿臨著《南疆逸史》說得頗為中肯：「而君相已棄社稷行遯，此即維揚堅拒，何補敗亡……雖有忠貞，豈能回天，

余所以讀司馬之疏而愴乎有餘慟也。」我也但願，「史可法路」是一條走向文明的不歸路。

可能是為了懷柔漢人，乾隆似乎對揚州的抗侵忠烈頗有錯愛，修了「史可法祠」外，五年後再修「雙忠祠」以紀念宋末抗元的揚州守將李庭芝及其副將姜才。同是忠烈，李、姜的身後榮哀卻又比史可法差了大截，雙忠祠經歷了二百年的風雨，現在已經杳無蹤影。李、姜殉難，葬於城外，揚州人即建祠於其墓側，後日久破敗，至乾隆四十二年重修，同治十三年遷建城內，咸豐年間又毀於太平軍，民國期間曾改作小學，朱自清幼時亦曾於此上課。

文革時期，雙忠祠更成為「破四舊」目標，屢遭破壞，當時才13歲的李氏後人還要親手劈毀李庭芝靈牌。最後於1990年代市政府以城市發展為名拆毀雙忠祠，原地改建為商廈。原本商廈發展商與市政府文物保護單位有協議，於商廈附近另建新祠，費用由發展商負擔，幾年後，發展商經營出了問題，無力興建新祠。新祠的規劃後來再給有關當局修改，原預留地先轉售給另外的發展商，再覓地留建新祠，將原來的1,200平方米減為900多。據2012年3月22日《揚州晚報》報導，新雙忠祠的方案還未落實。那天我剛好在揚州街頭蹓躂，偶然撿了張報紙讀到這則新聞才知道。閱後我忽發奇想，若果吳友如仍然在世，他會怎麼畫？

相對於史可法，李、姜二人的抗元之戰艱苦得多，面對的元軍十萬之眾，而且當時南宋首都臨安，以至江南的大部份地區都經已陷落，李、姜二人以四萬兵力死守揚州一年有多，期間更焚毀要求他們投降的（南宋朝廷）聖旨。到最後關頭，他們仍可以7,000人突圍至泰州企圖渡江南下福州會合「流亡政府」，誰知竟給留守揚州的叛將出賣，於泰州為元兵截捕，就義於揚州茱萸灣，「死之日，揚之民皆泣下」。同樣以屠城為樂的蒙古軍隊有沒有血洗揚州城沒有資料可查，從雙忠死後得到揚州人埋葬建祠這一事件來看，忽必

烈似乎對揚州不惡。

揚州城破十多年後，忽必烈派了位洋人來揚州當總管，他的名字叫 Macro Polo。《馬可波羅行紀》第 143 章記揚州城：「城甚廣大，所屬二十七城，皆良城也。此揚州城頗強盛……居民是偶像教徒，使用紙幣，恃工商為活。」另《元史·地理志》記揚州路：「戶二十四萬九千四百六十六，口一百四十七萬一千一百九十四。」元朝始置的「路」約莫是今天的「省」，不獨指揚州市，可以看出元朝時揚州的盛況，也看得出揚州的生命力。Frances Wood 認為馬可波羅沒有到過中國，說他的遊記祇是「a collection of travelers' tales」。於我來說，他有沒有到過中國不重要，重要的是真有訪客於元朝時如此描述揚州。

「揚州十日」發生之後三十九年，康熙第一次南巡，揚州因此很快從「蕪城」恢復過來。可能是出於對屠城的歉咎，清政府很快便開始積極重建揚州。揚州城牆因而開始復修，不單祇民居，古蹟如平山堂也獲得修葺，城內廣建孤兒院，戰時被俘的揚州軍民獲發配還鄉，清軍壓境時逃難離鄉的揚州人、以至外避的鹽商也獲得減稅鼓勵返鄉等等，一下子揚州從一個受創極深變回萬千寵愛於一身的城市。各項舉措中，以屠城後指派明朝舊臣周亮工為揚州巡鹽司最為有效。

周亮工首先將屠城後堆積如山的白骨妥為安葬，再將在押的揚州人釋放從而增加勞動力，然後奏請朝廷減免鹽稅，使揚州鹽業很快又活躍起來。不單如此，揚州此時的寬鬆氣氛吸引了大批明室遺民。這批遺民又多飽學之士，有詩人、畫家。阮元《廣陵詩事》記：「揚州當康熙時，詩人最盛，通經著述之才，惟泰州陳曙峯太史。」阮元亦提到康熙、乾隆嗜好搜羅書畫（我想因為他們努力追求的漢族文化身份認同吧），他當官的第一個任務便是到皇帝私家美術館鑑定藏畫，制訂目錄，而著有傳世的《石渠寶笈》。李斗亦記有乾

隆南巡時揚州有很多書畫收藏家將收藏品上貢。周亮工本身也是書畫收藏家，揚州文人畫家自然很快又薈萃起來。

當時在揚州的畫家，最富傳奇性的是石濤。他原名朱若極，是明皇室後人，明亡之後削髮為僧，自號「苦瓜和尚」，一生浪跡天涯，居無定所，他曾一度在南京上獻詩畫乾隆，終因其明裔身世不能晉士，晚年定居揚州賣畫為生。其畫法不依古人，自創其法，筆法飄逸，靈活多變，奇峰突出，蒼鬱恣肆，下開清代率性任意、灑脫多奇的非正統畫風。林語堂認為石濤能成就清初畫壇大家，是因為他最後放下了功名利祿，轉向閒適生活，將傷心國事昇華於藝術中。揚州有名的「揚州八怪」，就是繼承、發揚了這種畫風。

越過文宣中路向西沿縱北的淮海路再走兩三分鐘便會找到「揚州八怪紀念館」（揚州的景點指示牌很大很搶眼），它是一座典型明代楠木結構建築，大殿高森古雅，中庭佇立了十五座石膏全身肖像，正式地確立所謂「揚州八怪」實共有十五位，而不是一般人照字面解以為祇得八位。

其實數字不重要，重要的是他們代表的生活態度和藝術精神。紀念館原是八怪之一金農晚年寄居過的「西方寺」改建擴充而成，大殿後還保留了金農畫室，中掛金農名作《自畫像》（當然是複製品）。《自畫像》筆法簡中有勁，人物造型獨特，充份表現出金農作為和尚兼藝術家的不隨俗特立獨行風格，由此側面說明揚州八怪的怪不在「怪」，而在「異」。

揚州八怪多是生於康熙中後期，成名於雍正、乾隆年間而歿於乾隆前期。十五人中祇有五位是揚州人，其餘的都是曾經在揚州學畫、賣畫的，反映出當時康雍乾盛世中揚州的文化藝術氛圍。當時正統畫派以「四王畫派」為主流，講求模仿古人山水志趣筆墨、性靈超逸（即是不吃人間煙火，也不問人間疾苦）。揚州八怪的反正統、講求個性的風格竟然在揚州找到市場，也算是個異數，說明

了揚州的開放、飛揚。

康雍乾的盛世繁華背後不為人道的是其對人民思想、輿論的鐵腕，甚至是血腥的控制，文字獄的大興可說是康雍乾三朝的歷史污點。很多不滿現狀的文人為了避免失言惹禍，便轉向繪畫發展，揚州八怪代表的反正統精神便成為他們抒發之途、寄託之所。

揚州八怪雖說在揚州找到了生存空間，然而大部份都過著艱苦困頓的生活，有些晚年更是貧病交逼，但是他們大都豁達自然，如金農的「積歲清齋，日日以菜羹作供，其中滋味，亦覺不薄」、黃慎之「壯不如人傷老大，貧來且喜未全痴」、以至更直接的華嵒「貧家自有真風味」都能表現藝術家的貧賤不能移，追求淡薄、清明的生活態度。

揚州雖華美，但仍蘊含生活的真趣。揚州八怪多畫竹草花果，不畫名山勝水，顯然是他們的生活觸覺滋長他們的藝術靈感，反過來說，也是他們的藝術取材滋養了他們的生活情趣。

揚州八怪中最出名（或說是成就最高，於此不論）的鄭板橋，雖然本身不是揚州人，但一生待在揚州的時間最久，儼然是個地道。鄭號稱「詩、書、畫三絕」，他一生詩詠揚州的閒適不知凡幾，他的《贈高郵傅明府，并示王君廷》：「稻粱千里熟／歌舞數州連／魚蟹多無籌／雞豚不計錢／青帘橋畔酒／細雨樹中煙」娓娓道出揚州的物資的豐盛、生活的優游。

鄭板橋壯年在外地當過幾年小縣官，除了不肯濫徵民用，連自己的官餉都用來捐助當地貧民，退休返回揚州時祇剩得一箱書畫，餘生都享受著揚州的閑逸：「懶慢從來應接疏／閉門掃地足閑居。」「難得糊塗」的鄭板橋另有氣、意、趣「三真」之號。揚州生活自不然離不開美食，然鄭板橋一生儉樸，美食於他來說當然不是用來滿足口腹之欲，「柿葉微霜千點赤／紗廚斜日半窗虛／江南大好秋蔬菜／紫筍紅姜煮鯽魚」。他把平常真樸美食寫得如畫，不用珍饈

百味，已是到了神仙境界。

現今揚州有所謂「四大名人宴」，分以秦觀、鄭板橋、梅蘭芳、汪曾祺名之。菜單與名人的關連是否有其來歷或祇是穿鑿附會暫且不論，其中板橋宴的「燉雞豚」似乎有詩為證，然而一味「鮮筍燴鱖魚」燴的卻不是慣常、鄭詩所詠的鯽魚，又真有點不解。菜單中香港人最怕吃的想必是「五香狗肉」了。觀乎單子都祇是家常小菜如燴蝦、鹹蛋、豆腐、茄子、蓮藕，也頗能側面反映出鄭板橋的生活態度。

單子中值得一提的是「菊花茶泡炒米」，炒米是揚州農民的過冬小吃，米用高黏性糯米，洗過後用熱水浸過然後大火急炒，待米身變大變脆。它可以乾吃、泡吃，揚州人招呼朋友時還喜歡打上一兩個雞蛋。鄭板橋也常在「天寒冰凍時，窮親戚朋友到門，先泡一大碗炒米送手中，佐以醬姜一小碟，最是暖老溫貧之具。」聽說現今揚州市面吃到的炒米多是油炸出來的，我在揚州沒碰上過，沒有深究。

鄭板橋還喜歡吃碎米春成粗粉做的「碎米餅」和碎米煮的粥，「暇日咽碎米餅，煮糊塗粥，雙手捧碗，縮頸而啜之，霜晨雪早，得此周身俱暖」。我奇怪，他怎會愛吃狗肉？會不會是揚州多年不散的烽火的詛咒？

康熙、乾隆爺孫倆每人六次總共南巡了十二次，期間「賚貨如山，揮金如土」，一片奢靡之風。表面上，鹽商是最大的受惠者，皇帝常有召見，多有賞賜。背後裡，鹽商為了討老爺子的歡心，不但到處搜購山珍海錯、奇珍異寶，更要修建庭園以供賞玩，到頭來很多富商也弄得家財盡散。各地政府為了招呼皇帝老爺子，又要攪盡腦汁張羅經費，據記載，當時修築一條御道便要花費三十多萬兩銀子，不要說行宮、御花園子了。地方官員或是貪污虧空，或是巧立名目徵餉斂財以應付繁重的開銷。曹雪芹的祖父曹寅就是為了四

次招呼康熙南巡，被逼虧空百多萬，最後弄至家道中落，鬱鬱而終。

　　康雍乾百年盛世就是如此敗落，揚州就在這種背景下，表面風光，民生卻漸漸潦倒起來。到了咸豐年間太平軍起，由廣西一路勢如破竹攻打進南京，先後三進三出揚州。由於揚州市民早已聽聞當時的太平軍軍紀嚴明，不奪民產，太平軍進揚州竟不費吹灰之力，市民夾道歡迎。據說太平軍第一次撤走時，有四十萬揚州人隨軍東去，可想而知太平軍來之前，揚州在晚清政府掌控下，人民的生活是如何的艱困。

　　此後，隨著鹽業敗落，揚州於民國初年已沒有了昔日的繁華，如此景象朱自清親身看到。他在〈我是揚州人〉感嘆說：「李斗《揚州畫舫錄》裡的揚州就夠羨慕的。可是現在衰落了，經濟上是一日千丈的衰落了，祇看那些沒精打采的鹽商家就知道。」雖然如此，朱自清還是認為「揚州是吃得好的地方」。他當然不是說甚麼蟹粉獅子頭、拆燴鰱魚頭、扒燒整豬頭，連揚州炒飯也沒有。他筆下寫得入神的祇是干絲、湯包、魚麵、炒白果之類，還有他在揚州尋幽訪古時必要帶上的「花生米、五香牛肉、白酒」。

　　朱自清雖是民國的新潮人，寫的都有鄉土情味，喝的應該不是西洋白葡萄酒吧。揚州好吃連城，怎少得酒？元人宋泊仁《酒小史》記宋代揚州有揚州瓊花露、揚州百桃、真州花露、高郵五加皮、江北擂酒等，說明古時揚州也是釀酒的好地方。清代《嘉慶重修揚州府志》中載有揚州所出名酒頗多，如雪酒、菖蒲酒、佛手柑酒、羊羔酒、珍珠酒、生春酒、五加皮酒、冬青酒、稀簽酒、綠羅春、秋露白、木瓜酒等共廿六種。中國的酒名，聽著已可醉人。

　　《揚州畫舫錄》記揚州名品有通州學酒，泰州枯，陳老枯，高郵木爪，五加皮，寶應喬家白。我在揚州吃完一碟重油、少料的揚州炒飯後想找點土酒解悶，問賣酒鋪子的店員有沒有甚麼揚州名酒，年輕的她摸了摸腦子，茫茫地望了眼身旁的同事，然後一起搖

頭。無奈的我唯有買了瓶塔牌加飯酒，迄自踏著凹凸不平的甘泉路，看車子疾去的背影，在暗淡的燈光中，想像蘇軾的「揚州雲液卻如酥」。

如果揚州過去的烽火衹是寒夜客來的時候用以暖酒煮吃，那會多好。

21. 歌哭於斯

　　朱自清原是浙江紹興人，7歲時隨父母遷居揚州，18歲時在揚州中學畢業後便考上了北京大學，此後返回揚州的日子不多，一生都說「我是揚州人」。朱自清記憶裡的揚州已經敗落了，他特別討厭揚州人的小氣和虛氣。倒是揚州的夏日泛舟「瘦西湖」最使他回味不已。

　　不走瘦西湖，不識大運河之宏美。我從「揚州八怪紀念館」走出來，沿淮海路向北再走不遠過了「新北門橋」便是瘦西湖的範圍。橋底下是運河的支流，橋側有舊城牆遺跡，後面有小路，綠樹黃花沿著運河漫開，河水流得頗活，一片生意，間或有觀光船駛過，我清晰地聽到船上遊人的歡嘆聲，從高處望頗感覺到古城的雅麗。走這段小徑，若不是偶爾要急急防避快速駛過的觀光三輪車，真可以勾起點思古幽情。

　　「新北門橋」橋端有一進出口處，見有人笑口盈盈的走出來，我便滿以為到了湖區。守門的問我是不是要到瘦西湖，我點了頭，他便著我沿大虹橋路往西走到正門買票。「買票？」我心裡疑惑，瘦西湖不是揚州的「中央公園」嗎？美國紐約的中央公園不收費，英國倫敦的 Hyde Park、Green Park、Regent's Park、甚麼公園也都免費。我到了售票處後，看到了價格表，便真的相信「人生祇合揚州死」。90 大元！瘦西湖應該是世上最名貴的公園吧？我想大國真的崛起了。

　　瘦西湖原名「保障河」（後來也有人稱保障湖），始開鑿於唐代，顧名思義，是條護城河。後來隨著隋煬帝開大運河，保障河便用來連接揚州城與邗河（即大運河淮揚的一段），漸漸地擴展起來。不過其今天的面貌要到乾隆下江南時再度修鑿而成，據說「瘦

西湖」此名稱還是乾隆時候口耳相傳定了下來流傳至今。當時有詩人汪沆詠保障河：「垂揚不斷接殘蕪／雁齒紅橋儼畫圖／也是銷金一鍋子／故應喚作瘦西湖。」

古時揚州，有「揚州瘦馬」一辭形容此地的風月女子，汪沆說這裡的銷金鍋子即是說保障河是風月場所，多見揚州瘦馬，可以想見當時的社會氛圍對風月之事何等的包容。怪不得朱自清說它「假西湖之名以行，雅得這樣俗。」朱自清自認不喜歡瘦西湖這個名稱，但也得要說「揚州的夏月，好處大半便在水上」。他少年時候（即清末民初交替間）仍然有「大船專供宴遊之用，可以挾妓或打牌。」不用說，康雍乾盛世時湖中燕語鶯歌、燈紅酒綠是何等風光。

與阮元同是江蘇儀征人的李斗用了三十年時間寫揚州美事共洋洋十八卷，以揚州畫舫為記，壓軸的一卷〈舫匾錄〉便是專門記錄當時畫舫的名稱，差不多有三百個，其中很多都蠻有詩意，如「芙容月」、「衣香人影」、「飛湖引」、「水一方」、「且逍遙」。俗一點的有「樂也」、「大發財」、「大元寶」、「春財」、「百福」。更有引人遐思的「胡敬德洗馬」、「野樂」、「尋春」、「富春舟」、「小秦王跳澗」。最能表現揚州人的飛揚還要數「一腳散」、「盧大眼高棚子」、「孔五牛舌頭」、「梭頂沙飛船」、「俞家私鹽船」、「袁九大馬溜」。朱自清可能沒有看過這些舫匾，不然他應該會說瘦西湖真是雅俗共賞的了。

畫舫又怎少得美食？這些美食當然不是花生米、五香牛肉，也不會是滿城的獅子頭、炒飯。李斗的〈舫匾錄〉記有多艘畫舫都以獨家拿手好菜命名，例如「紅橋爛：大三張無灶，惟此船設茶，灶于船首，可以煮肉。自馬頭開船，至紅橋則肉熟，遂呼此船為紅橋爛。」另外又記載揚州人愛吃鰣魚，然鰣魚祇產長江，出水即死，當時便有人僱舫先到長江捕鰣即煮，船到平山堂時魚即可食。揚州人烹調如此精到，可見一斑。

画舫飲食，造就了所謂「外庖」這一專業，外庖各有招牌名菜，隨客人當夜胃口而偏於船上煮吃，《揚州畫舫錄》記有：「如吳一山炒豆腐、田雁門走炸雞、江鄭堂十樣豬頭、汪南溪拌鱘鰉、施胖子梨絲炒肉、張四回子全羊、汪銀山沒骨魚……風味皆臻絕勝。」

今天的瘦西湖還有沒有這些美食我無從稽考，然而我本來的計劃是於共和春早飯後，走走湖濱柳岸，看看綠楊城郭後才回到共和春吃「蝦子餛飩」，然後再到富春茶社吃「三丁包」便結束揚州之旅。誰知早前於揚州八怪紀念館我花了很多時間去認清楚十五怪的名字：鄭燮、金農、高鳳翰、李鱓、李方膺、黃慎、邊壽民、楊法、陳撰、華嵒、汪士慎、高翔、李葂、閔貞、羅聘。事實上，人頭稀少的紀念館，在百年古樹、紅花飄映下卻又值得留連，好細味八怪的閒情逸興。如此，我到瘦西湖時已是近午了。

因著瘦西湖的銷金窩子盛名，90元我本來願意去花的，可是如此便應該花上一整天才值回票價，時間短促下，若沒有如朱自清般浮上大半天似乎又是對名勝不敬，所以就忍痛告別「楊柳綠齊三尺雨／櫻桃紅破一聲簫」。幸運的是，千古傳誦的虹橋位於售票處側，並不收費。它古典圓拱的石橋有說是「瘦西湖第一好」，李斗記它「朱闌跨岸，綠楊盈堤，酒帘掩映，為郡城勝遊地。」李斗說的雖然已是二百多年前的景像，我站在虹橋上回看，從湖面的寬廣便可以想像得到當時運河的盛況，祇是密密的車鳴聲中缺少了鳥語風聲，更少了花枝招展的畫舫，然而訪客卻不曾減少，在旅遊產業化的綱領下，我想倒適合 rebrand 變作個收費水上活動中心，盡放經濟效益。

在錯誤的時間下，我的遊記簿子便缺了桃花塢、小金山、五亭橋、白塔、徐園……若果 Frances Wood 讀到我這本遊記，準會說我一定沒有到過揚州。

我在揚州的錯失，何止瘦西湖，「富春茶社」也是在錯誤的時

間下錯過了。這次錯失，實在有點冤枉，因為事前我沒有在網上細查它的營業時間，原來下午一時卅分至三時四十五分是休息時間。我在瘦西湖售票處前花了半天躊躇用 90 大元逛園還是再冒險吃另一家百年老店的「揚州炒飯」，或再立於虹橋沉緬二百年前的美景，然後急步回甘泉路上的共和春吃真人不露的蝦子餛飩，吃後再花半天掙扎是否再來一碗，到我硬了心腸趕到茶社時剛好是下午一時四十二分，正好遇上茶社午息前客人繽紛下樓，我趕得及看到的祇是一張張飽足的臉容。

對天發誓，我確在茶社大堂的休憩廳的椅子賴上過一刻鐘盤算應該讓自己錯過茶社還是火車。最後還是因為自己旅費不寬，火車票和南京的酒店都已經訂好了，不想誤期底下便忍痛地告別這家仍然活著的傳奇。心悔沒有學唐魯孫，甫到揚州便先著人把行李先送往住處，自己就「一腳直奔富春品茗小酌一番，稍解征勞，然後再行公幹。」後來回家我找了唐的《故園情》出來再讀，更加懊惱自己除了錯過了三丁包，還有澆頭麵、翡翠燒賣、翡翠蒸餃，更不用說其獨家配成的「魁龍珠」茶……抗戰時期，唐魯孫當過民國軍官，1949 年遷台，之後再沒有到過富春。他可能沒有想到，現今的茶社還供應「揚州三頭」名菜，並已較以前的賞花、麵點、喝茶變得多元化了。

抗戰時期，揚州給日本兵佔領，據說那時富春的「野鴨湯包」，好吃得要日本軍官每天用專機送到東京給日皇解饞。抗戰勝利後，避居於四川的文人杜召棠有趟久別還鄉揚州時，第一時間便「逕往富春茶社，時已向午，茶客已星散，茶博士新陳代謝，盡無一識余，乃請主人出，主人陳步雲余幼時同學，聞余突然而來，大喜過望；余向索乾絲一盂，雜色點心一籠，毳魚雞皮乾拌麵一碗，以作午餐，故鄉風味，寤寐以求八年之久，一旦當前，其樂何極。」

杜召棠原籍陝西，世居於揚州，抗戰勝利後返回揚州參予重

建，出版多種書籍，解放後無奈遷台，晚年思鄉情切，以「負翁」為筆名寫了《歲時鄉夢錄》記「大好揚州」、「古樹寒鴉」、「綠楊城郭」。

較杜召棠年長七歲的「揚州人」朱自清，同樣是原籍他鄉，在揚州反而更多人認識。富春茶社我既然不得其門而入，騰出來的時間我便用來探一探「朱自清故居」，反正茶社往東走十分鐘便到。故居座落於一條頗窄、尋常不過的巷子裡。巷子名為「安樂巷」，綿延展轉，兩邊還保有很多青磚屋牆，午陽正好在頭頂，照得巷子通明。進門的簡介說屋子建於晚清時期，為典型的揚州三合院結構，所謂三間兩廂，中有天井的佈局，雖然宅側增建了兩間客房，相較我之前訪過的「贊化巷」裡的阮元故宅明顯細小得多，然卷書氣一樣的濃。

朱自清的父親在高郵當過小官（後來更丟了職），住的當然是平民式的屋子。屋子空間感不強，住房都比較狹窄。朱自清幼時三代近十個人同住於這一屋子裡，空間難說是寬裕了。然而朱的故居的建築頗有揚州文質彬彬的氣質，明亮淡雅，是處讀書寫作的好地方，使人不覺地聯想起他的文章風格。屋內大廳展覽了朱自清的生平簡介，附有一些舊照片、出版過的書目、還有國家領導人的讚詞，褒獎朱生前的「愛國主義」。朱自清死於 1948 年 8 月，1949 年後新中國經歷了多年的文化災劫，對於畢生宣揚自由思想的他，故居仍然保留得如此雅緻，我想他還是幸運的。

朱自清 19 歲時已考進「北京大學」，在北京唸預科時奉父母命回揚州完婚，妻子武鐘謙是杭州人，也是在揚州成長。這段婚姻在愉快中渡過十三個寒暑，育有六個孩子後武氏便病死了，葬在揚州，朱自清那時在北京教書回不了揚州送她，讀朱的〈我是揚州人〉，總會有點隱隱哀傷：「我家跟揚州的關係，大概夠得上古人說的『生于斯、死于斯，歌哭于斯』了。」

　　51 歲的朱自清病逝於北京，一生大部份時間都生活於此，他作為中國五四新文學運動的重心人物，寫過揚州的物事卻祇有〈我是揚州人〉、〈揚州的夏日〉、和〈說揚州〉三篇短文（他有〈春〉一文祇輕輕提過揚州的花放，其餘大部份都是關於北京的），語中還帶有點對揚州的不滿。

　　相對地，負翁的《歲時鄉夢錄》雖然是 100 頁的小書，卻載了濃濃的鄉情，揚州的舊貌由新春說到歲寒，由燈市說到煙盒，其中有人的活潑、春的明媚、吃的多采：「富貴之家，夏令宴客，其品味必有異於他時……菜單猶能憶及者，略舉於下：清湯魚翅、清湯大烏、鮮魚肚、鮑魚湯、清鴿湯、蜜炙火腿、脆魚掛滷、酥魚、醋溜魚、黃魚片、清燉魚、煨酥腰、炸蘇肝、炸鴿蛋、炸蝦球、荷錢炸蝦餅、玉蘭片、口磨臍尖、假蟹肉、荷葉粉蒸肉、溜子雞、香酥鴨、八寶鴨、桂花魚翅、口蘑鍋疤（巴）、釀蘋果、蜜汁梨片、鹽水蹄、水晶蹄、葷素紛（粉）皮、涼拌雞、糟鴨、新蓮羹、蜜汁蓮子藕。如此洋洋大觀，以今日而言，名存實亡者，已不知凡幾。」我不厭其詳於此抄引這張單子，除了讓大家看出淮揚人家不一定祇吃正宗，也希望你下趟到揚州找吃時比我幸運，能夠找到這些美味，了卻負翁「揚州一夢」。

　　1949 年新中國前夕，負翁無奈遷台，於 1965 年撰《歲時鄉夢錄》時已 75 歲了。揚州於 1982 年列為國家級文化古城，21 世紀初才起步發展旅遊業，我想此時遊揚州是幸運的，我猜負翁也許會同意，因為揚州現正處於建新還不排舊的階段。雖然很多經典名吃不是變樣便是消失，可是，依我的 24 小時勾留所體驗，揚州的趣味就是今古相映，高樓聳立下還看得到古雅的阮元、朱自清故宅、揚州八怪紀念館、富春茶社、贊化巷等等，心實在有點感動。

　　我尤為感動的是揚州路上多見的觀光三輪車，都是劃一的圍上光鮮的金黃布掛，雖然「雅得這樣俗」，但沒有到處「兜客」（北

京的就可怕得多了）。那天要走時，當我找不到出租汽車往火車站便勉為其難招了一輛人力三輪車，車伕卻說火車站太遠他去不了，祇好載我到公車站。沿途看街景漸退，春風微寒，我真有點捨不得。已是中年的車伕努力地踏車，像怕我誤點，還間中給我介紹沿途景點，到下車時不斷提醒我要上 26 路公車，待我上了車才轉身離去。公車到火車站才兩塊錢，坐三輪車花了我七塊，車伕花了力氣，賺了我的尊敬。

火車站真的蠻遠，公車跑了差不多半小時才到，較我想像的新（我曾期望是個舊式火車站），驟看似是個飛機場。最後，火車還是誤點（車站告示牌說是「晚點」）。

第三篇

南京

紀念館的後園立有一尊她的全身雕像，
綺年玉貌，手拿著她的書，像冊安魂曲譜。

22. 百萬雄師

1949 年 4 月，主席的百萬雄師兵臨南京城下，余光中偕母親急赴上海避難，坐火車走「京滬綫」。他的〈記憶像鐵軌一樣長〉如此描述當時的慌亂：「車廂擠得像滿滿一盒火柴，可是乘客的四肢卻無法像火柴那麼排得平整，而是交肱疊股，摩肩錯臂，互補著虛實。母親還有座位。我呢，整個人只有一隻腳半踩在茶几上，另一隻則在半空，不是虛懸在空中，而是斜斜地半架半壓在各色人等的各色肢體之間。這麼維持著『勢力平衡』，換腿當然不能，如廁更是妄想。」才半年前詩人第一次走京滬線卻看到「鐵軌無盡，伸入江南溫柔的水鄉，柳絲弄晴，輕輕地撫著麥浪。」

我今天別了揚州，在往南京的火車的黑麻麻車廂讀著余光中的鐵軌記憶時，彷彿聽到歷史的訕笑，一條路軌，半年不到，兩種絕然不同的光景。

在今天經濟騰飛的中國，很多鄉鎮都先後城市化，高樓競相爭立，火車窗外看到的景象，農舍夾雜於高牆鐵壁之下，顯得孤寂無助。早耕時分，卻看不到田裡的忙碌，麥浪的擺動，火車的浪漫，也許祇剩得詩人的回憶。在躁熱的車廂中，我也無心看風景了。

1912 年初，孫逸仙在南京祇做了 3 個月的臨時大總統便退下來準備去興辦鐵路，那時中國有 4 億人口，他也許沒有想到，100 年後的今天，中國的總人口已是 13 億，神州已經擠了三倍有多。所以有人說，中國的總理不易做，有 13 億張嘴巴等著吃飯。在火車上，中國人摩肩錯臂背靠背抵著可以沒事做，嘴巴可不得閒著，除了有人為著爭位子吵架，竟然有人找人訴說自己的不幸，伸手要錢說要到大城市大幹一番。最奇妙的是，有人竟然可以耐著性子由不知車廂何處而來，掙扎走過通道到車廂盡頭的熱水供應處燙即食

碗麵，然後左閃右避循原路捧回原座吃，碗裡的熱水又竟然滴水不漏。怪不得，中國功夫世界知名。

即食麵是一位名叫安藤百福的日籍台灣人首創的，現今中國的即食麵市場大部份都給台灣品牌佔有。我看到火車上幾乎人手一碗，想台灣人一定在神州坐過火車才決定投資即食麵廠。台灣詩人、美食家焦桐很為台灣即食麵（當地叫泡麵）驕傲，說最好還要加個半熟的煎蛋。我想能在神州火車上泡得好麵已經是很了不起，再加個煎蛋，如此好吃一定會吸引更多旅客，恐怕火車更擠得動也不能了。

另一位台灣人逯耀東有一次坐火車在南京上海往返途中火車停於無錫時，吃得到月台上賣的土吃「無錫肉骨頭」，頗有回味，所以後來我有一次坐京滬線時上車前吃得少，期望無錫的美味。當火車駛進「無錫站時」，我的脈搏快速跳升，不消說喉嚨也濕潤起來，可是，當火車停下來時月台上甚麼攤子我也沒看到，也聽不到甚麼的叫賣聲，心便霍然沉了下來。記得新婚時少妻學著食譜弄家常菜，第一道的便是「無錫肉骨頭」，倒是弄得不錯，此後便成了她的首本。此趟南京之旅，我倆剛分手，20年的婚姻，像火車駛進了岔口，再回頭不了。吃不著肉骨頭，唯有嗅著滿車的即食麵湯味，讓味精麻醉一時的感觸。

中國的13億人口，好像有一半時刻都奔波在路軌上，路軌上的奔波又像靠著那碗即食麵而活得有點意思。20年前，逯耀東那時在這線火車上，除了肉骨頭，還吃到了一盒排骨飯，同行看著那盒沒精打采的飯問他為何仍然吃得起勁，他說他在吃風味。

廿多年後的今天，在同一路軌上，偶爾也會有服務員推著小吃車子掙扎走動於人群中，賣不冷的汽水和包裝零食，至於排骨飯，也就不見了。若果仍有排骨飯可買，我想，在連伸腳的空間也難求的車廂中，無論怎吃都怕沾不上甚麼風味吧。

　　余光中避難去了台灣後，也愛在火車上吃排骨飯，「餓了，買一盒便當充午飯，雖祇一片排骨，幾塊醬瓜，但在快覽風景的高速動感下，卻顯得特別可口，頸掛零食拼盤的小販一湧而上，太陽餅、鳳梨酥的誘惑總難以抗拒。照例一盒買上車來，也不一定是為了有多美味，而是細嚼之餘有一股甜津津的鄉情，以及那許多年來，唉，從年輕時起，在這條線上進站、出站、過站、初旅、重遊、揮別，重重疊疊的回憶。」讀著詩人的字句，我卻給擠得甚麼胃口都倒了，彷彿身處於異界，祇好祈求火車快點到站。

　　火車到南京站時車還未完全停止，旅客便紛紛搶路下車，身後留下數不清的即食麵碗，檯子、椅子、地上都有。

　　今天，七十年都過了，主席的百萬雄師仍是所向披靡。

23. 寂寞千古

　　林語堂說過，現代旅遊產業化之後有三弊，其中之一就是指定行程，遊客拿著行程表，看過了一處景點便刪了一點，然後便趕忙下一點……

　　南京真是令人頭痛，乾隆皇選定了「金陵四十景」，還要六下江南，才享盡江南的秀美，更要命的是，七年前祖國官方又增加至四十八景。我才得那麼一個星期，怎辦？

　　來前我做了一個星期研究，左挑右選，把日程擠得密密，滿心期望地出發。原本計劃黃昏到了南京，卸下行裝便即趕往秦淮河，看燈樂河影，吃遍「夫子廟」。誰知火車誤點，我到南京站時又花了很多時間找衛生間，找到了，原來祇是臨時設置，還祇有一所，隊排得長長……

　　解決了生理問題，便要面對交通問題，焦急間，我耐不過站外機動三輪車司機哄誘，30塊錢減了5塊，還加送走「玄武湖」濱道，我二話不說便上了車。

　　車子走在湖濱，風吹過來，我立知決定正確。車子在一處閘口慢了下來，保安員（應該說「安保」，不知怎的我總學不上這叫法）趨前看了看司機，認了一下，司機說了個甚麼爺兒的名字，閘便開了，一路上都不見其它機車、自行車，祇得遊人漫步、帶狗，我猛然醒覺，自己正在享受著特權，才25塊便可以讓我沐浴於江南春意，心想必是古都金陵給我的歡迎。可惜的是，司機最後還是找錯了旅店，待我下車找得到旅店時我的意興已闌珊便取消了遊「秦淮河」這一項目。

　　旅店選在「玄武湖」區，當然相信它景色有一定水準，還有就是火車站在湖的另一端（在我的要訪的地方中，除了揚州和南京，

還要坐火車到上海、馬鞍山），讓我可以徒步往來，省錢之餘，更可順道欣賞湖景。

　　早上醒來，還懊惱於昨夜錯失了秦淮河，我在湖濱漫步時不斷盤算如何改動行程，正沉思間我走上了一道古城樓，回看久聞的玄武湖，一片青綠，深淺不同，交疊輝映，頓時使我惱氣全消。林語堂不認為現代旅遊可以淨化心胸，認為那是個人長久的修養，不是到外地草草一遊就可以速成。他可能沒有遊過玄武湖。

　　但是，我最後還是採取了林語堂建議的旅遊方法，就是帶著一顆流浪者的心，漫無目的，隨遇而安。於是，玄武湖濱便成了我的流浪之徑，湖風便成了我的流浪之歌。

　　湖濱的林子、亭閣間都有閒人吹曲奏樂，中外曲譜、卡拉 OK 都有，百花齊放，我想這必是神州大地現今最自由的角落。最有意思的是，林子、湖邊都築有曲橋，散步不用直走主徑，在橋子上迂迴婉轉，感覺像舞。尤其是於晨光中，樹影隨風搖曳，婆娑掩映，城牆外高樓錯落，如古今合奏，真的有點夢幻，心裡早已忘了餘下金陵還有甚麼景。

　　林語堂說的三弊還有現代遊客祇顧拍照，忘了深入欣賞景物，我卻怕忘掉不了攝影機。之後有一次，我徒步走過了南京長江大橋，滿心歡喜，隨便上了一輛回程公車，原來終站是「南京火車站」。雖然已倦餓交逼，但我還想看華燈初上之湖影，剛踏上濱道便見有人獨坐湖邊，像訴說大都會的忘情，如此的鏡頭，你說怎能錯過？

　　另一夜我從南京附近的馬鞍山市歸來時已是深宵，回首看，南京站給湖影反照得玲瓏，燈槳水影，秦淮河也沒有這般好看。馬鞍山市靠近長江，有古鎮「采石磯」，鎮內有「太白樓」，相傳唐時李白常飲於此，夜裡的火車站，像詩人的夜光杯。可惜，金陵這夜我找不到葡萄美酒，也找不到酒友。

流浪難免寂寞，在玄武湖的一個早上，我卻找到了另一種寂寞，千古不息。

湖邊林子一角，樹間掛了密麻的告示，圍觀者眾，我初以為是官諭、廣告之類，走近看時才察覺是徵婚啟示。我逐一細看，男女都有，條件不差，碩士、博士不少，且自說儀表出眾，卻要求不高，有些更附上詩句，最吸引我的還是這一首：「人生七十古來稀／吾生一半還有餘／至今單身缺了她／十全十美難找到／高官厚祿無奢求／貧淡生活共甘苦。男：75 年 4 月生……要求：穩重、大方……」

玄武湖取名於宋代的一個傳說，記湖中有黑龍躍水飛天，風雨翻騰，待黑龍再入湖中，便又風平浪靜。大抵天下姻緣，多是如此。

正在看那些尋偶人看得入神時，身後咳吐聲群起，祇聽得喉痰飛地，我不敢回看，拔腳便走。心想如斯國技，新世紀神州，仍耐不住寂寞。

24. 百年嬗遞

　　林語堂說旅遊要有顆流浪者的心，沒有說流浪要耐得住寂寞，尤其是早醒時分，長日漫漫，怎好消磨？我想，最佳還是有個行程計劃，起碼有目的地不用臨時周張。在南京，又是回到老問題，金陵四十八景，何去何從？

　　正躊躇間，我看見旅店房間掛著的 Audrey Hepburn 肖像，靈機一觸，生了個點子：選哪一個景前，先問自己是個甚麼樣的人。如果你是個三國迷，便要看「孫權墓」；若你自命風流，那最好流連秦淮河；若你政治上靠左，便要跨長江大橋，看「渡江勝利紀念碑」，靠右便要先謁「中山陵」，然後到「蔣介石湯山溫泉別墅」，也許還可以泡個浴；又如果你愛哭，不要錯過「南京大屠殺紀念館」，愛發夢的話，便可到「明孝陵」側旁的「紅樓夢文化園」，再不然便到「莫愁湖公園」；若果你唸的是天文學，歷史最久的「紫金山天文台」便不能錯過，唸建築的當然要上古城樓，唸藝術史的便要學我，住在「傅厚崗」附近。

　　傅厚崗住過兩位近代美術大師，徐悲鴻與傅抱石，前者以西畫法改中畫，後者保中畫而創新法，兩人的故居左右相對，饒有趣味。兩處都已修建成紀念館，不知為甚麼，我在南京的整星期，它們從未開放過。

　　傅厚崗是個小社區，於 1930 年代興建了十多座三層小樓房，參照西方早期現代主義風格，富民國時期的開放風氣，民國大人物李宗仁也曾寓居於此，還險遭特務暗算。我住的旅店是 60 年代住宅樓宇改建，頗有風味，與傅厚崗隔了一條小街，街上小吃鋪子林立，早晚我都不愁吃食。初來的第一個晚上，人生路不熟，我便在街上的一個專買燒鴨的小鋪買了整隻鴨子回旅店房間手撕來吃，下

了一瓶張裕國產紅葡萄酒，吃得像洪七公，逍遙了一個晚上。早上又到街上的「天津包子店」，連吃兩個包子，牛肉餡的有點乾，雞肉餡的汁豐味鮮，包子汁濺得滿手都是。傅厚崗是條活生生的巷子，仍吐露著舊時風味。

徐悲鴻一生主張西方寫實主義，卻好像從沒畫過傅厚崗的無華巷子，也算是個遺憾。1927年徐悲鴻從巴黎肄業回國，先在北京教畫，兩年後應聘到南京中央大學任教，於此授徒無數，多有成就，奠定了「徐悲鴻學派」。

1930年，徐的班上來了位18歲的旁聽生孫多慈，徐悲鴻記她「智慧絕倫、敏妙之才」。一段徐孫師生苦戀，因著徐的第二任妻子蔣碧薇的阻擾，捱了十個年頭，無疾而終。徐悲鴻曾經有詩云：「燕子磯頭嘆水逝／秦淮豔跡已消沉／荒寒賸有台城路／水月雙清萬古樓。」詩成時，日本侵略還未到南京，燕子磯還未血水斑斑……

徐的第三任妻子廖靜文的名字，我在南京的城牆上卻赫然碰上了幾次，都是紀念她對文化藝術的貢獻。她一生保守著徐悲鴻的legacy，近年北京她主理的「徐悲鴻紀念館」缺錢維修，2009年更閉了館，重開無期，傅厚崗的那一家相信也是命運相同。年來徐悲鴻的畫多在拍賣場揚威，他的紀念館卻是消沉得很。

1949年後，南京中央大學改名為南京大學。南大文學院副院長（現已是院長）徐興無教授兩年前在香港科技大學授過課，我對古代經學的認識給徐老師一學期下來提高了不少，心懷感激，便趁南京之行探訪老師。

老師先給我細講南大百多年的嬗遞，由1902年的前身清辦「兩江學堂」如何轉折為「金陵大學」以至現今的「南京大學」，說得不脫老師本色，還隱隱吐露著一份驕傲。老師是南大文革後復辦的碩士、博士班的首屆畢業生，肄業後立即留校任教，宿舍也在南大，五十還未到，滿肚子學問。他告訴我，今年南大110週年慶祝過去

之後，大學便要搬進市郊的大學城，看著古味盎然的舊書樓，我心裡也有點戚然。

說著便到了午飯時候，老師請客，領我往校園側的一幢現代高樓。甫進門我便以為是學生食堂，暗忖此行我必難嚐金陵正宗。到登上二樓時便看到一廳子的雅座，老師才告訴我這是南京百年老店「狀元樓」辦的，金陵好吃，大學也不缺。老師快快便點了：紅燒白汁長江鮰魚、淮安軟兜（即炒鱔背）、芦蒿炒香干、麻醬海蜇頭、南京鹽水鴨、小籠包，再加四瓶南京啤酒……

席間說起才知老師是揚州人，他很為江南菜式自豪，說山東菜在「貴」，江南菜在「富」。談起揚州炒飯的正宗，他說了個書上沒有記的源流，可惜我忙著嚐新，回家便忘了，祇記得清朝官規，鹽商款待，一餐祇許兩菜，所以鹽商就攪盡腦汁，製作了奢華版的蛋炒飯。後來電郵老師再問，他的回覆：

「扬州炒饭是清朝盐商招待貴客的东西，看似简单，其实很奢侈。要用云南火腿、高邮双黄咸鸭蛋的油，还要特殊的米、鸡蛋、虾籽、豌豆、葱等。炒的方法有金包银（蛋裹在米的外面）、银包金（米和蛋分开，由于米多蛋少，故称银包金）之别，号称一两银子一两饭。说了沒用，做了便知。」

25. 南京的珍珠

　　南京大學的校園我很想去看的本是賽珍珠（Pearl S. Buck）的故居，去到時它剛巧修建中，從外看，工程頗為周張，徐興無老師說因為要趕在五月，南大110週年時正式揭幕為「賽珍珠紀念館」。賽珍珠於1921至34年便在此教學、居住，1931至32年間更於此寫就 The Good Earth《大地》一書，1938年更以此書獲頒諾貝爾文學獎，想像中理應老早已是中國的榮耀，怎麼今天紀念館還在趕工中？

　　賽珍珠於1892年出生於美國，才幾個月大便隨父母遷居於中國的江蘇省南京附近的鎮江，「我（賽珍珠）在能講英語前就會牙牙學語地說中國話了。」因著父親的傳教工作，她自小便生活於樸實平和的農民世界中，「因為他們（指賽的父母）的做法使我擺脫了在亞洲的白人們過的那種狹窄和單調的生活方式，使我能和中國人民生活在一起……中國人的孩子是我人生最初的朋友。」

　　賽珍珠在她的回憶在中國生活的文章中，經常說自己是用中文思考的。她在離南京不遠的鎮江市長大，亦曾於上海洋人辦的學校上學，可是一直不習慣於白人的優越感，18歲時她迢返美國出生地維珍尼亞州唸中、大學。

　　鎮江在賽珍珠憶記中，是「我的故鄉……我知道那裡的一切都是和平的。我看到南郊綠色的群山，以及它後面的紫色的山巒，在兩山之間是綠得多的峽谷，那裡是四千年來曾耕耘過的土地，農舍外面鮮魚滿塘，家家都養著豬、鴨、雞，或是一隻水牛。」賽珍珠25歲時在美國嫁了學農業的Lossing Buck，婚後便又返回中國，更隨丈夫住在安徽宿縣考察農耕，《大地》一書便是根據此時此地的生活體驗而寫成的。

　　1921 年，Lossing Buck 得以任教於金陵大學的農業系，賽珍珠也在大學附屬的「金陵女子書院」教英文，一家住進了遙望紫金山的校園，即現今紀念館所在，她從此便與南京結了緣，一段令人慨嘆的緣。南京的新居，當然比宿縣的舊居舒適、寬敞整潔，二樓的露台還可遠眺紫金山。可是，賽的婚姻卻亮起了紅燈，丈夫終日祇顧農業研究，對她日益冷淡。

　　賽珍珠除了自己的課外，還要照料天生弱智的女兒，有空更要幫忙丈夫打書稿。此外，丈夫對家裡一切，妻子的精心佈置、料理、孩子的狀況都不聞不問，賽珍珠自覺似秘書多過妻子，生活之鬱結，可想而知。不知是誰造的謠，說賽珍珠於南京時曾戀上在南大（那時叫南京中央大學）教書少她五歲的徐志摩。賽的一個學生後來憶述當時的老師，「身型肥胖，面黃髮灰，像個傳道士的老妻」，她哪會是詩人才子的對象？（她近晚年時反而雍容得多）賽珍珠最後於 1935 年離婚，那是後話。

　　賽是美國傳道會的會員，年輕時曾想過做傳教工作，後來於 1926 年在美國唸碩士時為了家計投稿雜誌而認識到自己的寫作才能，那亦是她第一次向美國人介紹當時中國的民間情況。可能是傳教士父親的影響，她性格隨和而堅定，在南京居住的廿多年期間，除了忍受丈夫的冷漠，還要熬過軍閥互鬥、國共內戰的驚險，南大的家亦曾經在蔣介石北伐、日軍侵華時差點被毀，一家也曾避災到過日本、上海暫住。她最後亦於 1949 年返回美國定居，從此再沒有踏足神州。

　　《大地》出版不及一年便成為美國暢銷書，亦拿了美國的普立茲獎，後於 1938 年更獲頒諾貝爾文學獎，之前一年已被荷里活改編成電影，一夜間，Pearl S. Buck 成了家傳戶曉的名字。

　　可是在中國，她的《大地》被批評為專挑中國的低下生活人家、髒老頭、老嫲子、小乞丐的黑暗面，忽略了中國文化的高貴優雅的

一面，就連魯迅也說中國的事物，外國人寫的不及中國人的深入；魯迅的《阿Q正傳》反而受到賽珍珠讚賞，後來她還翻譯推介過。

電影《大地》為了商業考慮，當然情節著重煽情，主要演員卻都是洋人，對白全是英語（除了背景人聲，說的卻是廣東話），在中國人眼裡耳裡，自然怪裡怪氣得很。不過話得說回來，電影中演男女主角（王龍、阿蘭）的 Paul Muni 和 Luise Rainer 都曾是金像獎影帝影后，可見美國人當時對《大地》的重視，賽珍珠拿的更是破紀錄的版權費。值得一提的是，Rainer 亦憑阿蘭的角色再奪金像獎，電影製作認真，更拿了最佳攝影金像獎。

賽珍珠是美國第一位女性諾貝爾文學獎得主，書寫得平實淺白，在當時美國引起了很多質疑，暢銷書怎上得文學殿堂？教會人士亦批評她書中對男女情慾的直接描寫。諾貝爾當局說她將中國的真實面貌推廣到世界，中國人卻說她醜化中國，國民政府更拒絕派代表出席頒獎禮。

可是，賽珍珠還是不懈地為當時飽受戰禍的中國奔走，呼籲美國政府支持中國抗日。她除了不斷寫作剖現中國的真實面貌，更推廣中國作家到美國。林語堂的英文著作 *My Country My People*（《吾國吾民》）便是她和第二任丈夫 Richard Walsh 協力出版，將 Lin Yutang 的名字一夜間掛上美國的暢銷作家榜上，為他賺了第一桶美金。後來賽林二人因金錢問題反目，那是後話了。

1941 年賽珍珠成立了 East and West Association，用意促進中西文化交流，後來於五、六十年代，亦是因之被麥卡錫主義者指其親共，質疑她是個共產黨員。說來也真令人摸不著頭腦，賽珍珠就是因為不相信共產黨才於 1949 年離開中國（她也曾批評過蔣介石獨裁），那時賽珍珠的書在紅色中國一直被禁。1985 年美國出版的一本關於南京歷史的教科書亦說賽氏的作品有「bad effect on American society」，兩面不是人，也不知她如何挺得過來。1972

年尼克遜訪華後，她申請再訪中國卻被拒，翌年，她便死了。

　　所以說，她的好朋友 Edgar Snow 比她幸運得多，兩人都用文字將中國的苦況披露到西方，Snow 卻受共產黨的歡迎，新中國成立後，他三度訪問中國，是主席的上賓，中國人的老朋友。賽珍珠的名字在新中國再被人提起要等到 1998 年，前美國總統老布殊訪問中國專程到南京一訪賽氏故宅，說他學生時代就是讀著賽氏的作品而認識中國。兩年後，「賽珍珠故居」的牌匾才掛了起來。至於對賽氏作品的學術研究，始於 1991 年鎮江市發展旅遊業時開辦的「賽珍珠文學創作討論會」。翌年，討論會結集成書，內有題字「历史终于消除了误会」。

　　賽珍珠與中國的恩恩怨怨，倒像她的《大地》中農民王龍和她的妻子阿蘭的種種。他倆出身低微，對雙方沒有甚麼期望、欲求，初婚時克勤克儉，相親相愛，後雖經荒亂流徙，淪為乞丐也不離不棄。後來王龍發了達便要討小老婆，懶得下田，也冷落了糟糠之妻。之後阿蘭落得鬱鬱而終，死前還告誡丈夫不要忘記 the good earth。最後，一場蝗災使王龍重回大地的懷抱，可惜阿蘭已經看不到了。

　　回頭看，賽珍珠的南京，充滿著抑鬱和離亂，南京的賽珍珠卻是如斯的堅定和奮發。如今南京一片欣榮，高樓林立，她的故居因此已經看不到了紫金山，我倒希望她的紀念館會提醒我們，中國曾經是如林語堂在《吾國與吾民》中說的「世界中最大『不可思議』……無疑是地球上最糟亂最失政的國家，最悽慘最無告，最不能和衷共濟以排萬難而奮進。」

26. 鴨

到南京不吃鴨，有人說是白來。我抵南京的第一晚因火車誤點掃了去秦淮河的興，晚了到旅店，還未安頓好，肚子便餓，於是立即動身找鴨子吃。

來前早在美食網上找了些鋪子，「韓復興板鴨店」是首選，分店就在旅店附近的湖南路。雖說是附近，也要徒步走廿多分鐘，湖南路是一商業大街，有點像香港的銅鑼灣軒尼詩道那一段，人頭卻少得多，路也寬廣，早春微寒，我行得特別寫意。意外地竟然發現了一條步行街，叫「獅子橋步行美食街」，燈火通明，滿街都是吃店，四川、山東、香港、台灣、日本、韓國都有，其中也有專賣鴨子的，鴨脖子、鴨心、鴨翅膀，甚麼部位都有，多是油炸的，鋪子裝修得蠻新潮，相信顧客多是年青人。

我找到了「韓復興」時已過了七時半，鋪子像快要關門，櫃子都是空空的。我唯有買了兩個「鴨油燒餅」先填一填肚子，吃了才醒覺，鋪子都關門了，賣剩的燒餅又怎會香脆好吃？

韓復興是一間清真鋪子，清真教徒每天都要行五次禱禮，不知這是否店子早關門的原因，但心信他們這般好生意，鴨子一定好吃。清真教徒嚴守 Halal 教規，用於飲食時，嚴禁酒精、不潔食物（豬肉、腐肉、血和血製品）、猛禽等。於屠宰時，要先行禱告，不可虐殺，處理血水亦要極為小心，不可沾染。憑他們這麼嚴格的處理方法，食物中毒的機會必然很微，他們弄的鴨子，肯定沒有禽流感之虞。唐魯孫就這麼認為清真館子的「飲食衛生是特別講究的，牛羊雞鴨一律活殺放血，而且割烹也比較精細，雞鴨永遠是收拾得乾乾淨淨，讓您看不見皮裏肉外一根根毛樁子。」

南京很多名店都是清真的，鼓樓區雲南中路的「馬祥興」就是

表表者，他們的「美人肝」、「松鼠魚」、「蛋燒賣」、「鳳尾蝦」聽起來已令人心動。店子很近韓復興，我就在回旅店途中，買不到韓復興出名的桂花鴨，心裡有個衝動上馬祥興吃心愛的（大條）黃花魚，可是才自己一個人，怕滿桌子剩菜。

說起南京多清真店子，唐魯孫說是因為是朱元璋的皇后馬氏是回教徒，致令明初盛行清真。馬皇后是否回教徒《明史》沒有記載，但《明史》記明太祖登基前，他還是紅巾軍首領郭子興的下屬時，為「郭氏所疑，嘗乏食。后竊炊餅，懷以進，肉為焦。居常貯糧糒脯脩供帝，無所乏絕」。脯脩是肉乾（古時也指學費），大概是傳統的臘肉，憑此看，馬皇后未必真是回教徒，這其實也不用深究了。

不過，朱元璋和馬皇后真的是出名的省吃儉用，《明史‧太祖孝慈高皇后》記她說過：「妾與陛下起貧賤，至今日。恆恐驕縱生於奢侈……」朱元璋不愛聲色酒食，亦少設宴，開國時宴請功勛大臣時，席上祗有「炒豬肉」、「燉山羊肉」，蔬菜、水酒而已。明初，社會上還保留宋代儉食之風，可是到了中晚期，由於朝政腐敗、民間商品經濟篷勃，逐利為先，人心潰散，助長奢食之風，延自有清一代，此是後話。

回頭說南京的「桂花鴨」，唐魯孫那個時代，「南京鴨子供應，十之八九來自安徽蕪湖、巢縣等地，小鴨子孵出來個把月，就由鴨販子帶著『牧鴨犬』一站一站往南京趕，沿路上田邊河汊拾穀粒、吃泥鰍，外帶隨時洗澡，鴨子一路上跑馬拉松，又吃的是活食，自然特別肥碩健壯，所以做出來的白油板鴨、琵琶鴨子，尤其中秋前後做的桂花鴨子特別腴潤，別有風味。」

原來，「桂花鴨」是有季節性的，現今南京到處都有真空包裝的桂花鴨賣，大家就不要隨便當真了。若你曾在夫子廟周遭的遊客紀念品鋪子看到堆積如山的預先包裝桂花鴨才賣四、五十元一隻，你會相信鴨子是像唐說的那樣飼養的嗎？

　　不到南京便不會探究南京美食，不去探究便不會認識到北京著名的烤鴨原來源自「南京片皮鴨」，宋、元時期已盛於江南，明初由明成祖朱棣從金陵遷都帶到北京的。逯耀東就持此看法，「片皮鴨出自金陵不是沒有原因的。因為江淮水鄉多湖泊，港汊綜錯，宜于養鴨，而且食鴨的經驗豐富，到現在南京板鴨與桂花鴨，蘇州的八寶船鴨，揚州的三套鴨與叉烤鴨都是著名的佳餚。」總之，我信南京是吃鴨子的天堂不會假。

　　滿心期待的我在天堂的湖南路找鴨子吃時先碰了釘子，又不想一個人上「馬祥興」，喪著氣回旅館時再跑「獅子橋步行美食街」碰運氣，驀然看到「南京大牌檔」的閃光招牌，記得它在南京美食網有四顆星的，走進時見到人頭湧湧，好不熱鬧。店子內靠著四壁都是不同風味的食檔，有四川、浙江、淮揚⋯⋯真的是花多眼亂，大部份桌子都滿了，若要吃便要跟陌生人一起坐，怎好吃還是有點侷促。想這館子還是適合呼朋引類，今天我獨個兒上路，找點小眾吧。可是，肚子實在餓得很，便在先前碰上的新式鴨子店買了兩串鴨心，炸的，有點辣，還算香口，可惜已經涼了。

　　吃在鴨子天堂果真有路，在返旅店的一條小街上，我本來想隨便找家麵店、包子店隨便吃點甚麼填了肚子便算。可是，街上又確有不少選擇，正躊躕間便聞得一陣烤肉香，現成的烤鴨子！我立時告訴自己，不用再找了。

　　店子很細小，祇容得下一個電烤箱和一張擺放待賣鴨子的木桌，店主是個黑實的中年漢，自顧自點算當天的收入，這顯然是家外賣店。南京有句老話，「菜不夠，鴨來湊」，像香港人，南京人也喜歡晚飯「加餸」吧，烤鴨現燒現賣，最好不過。心裡不期然湧起幾個月前在北京外買台式荷葉蒸雞回旅店房間獨自伴酒吃的上好滋味，心想今夜在南京便是烤鴨了，喉間不禁濕潤起來。

　　我留意到電烤箱裏掛著的鴨子顏色還很淡白，一看便知還未

烤的，我趕忙問還有沒有烤好的。店主施施然揭起一塊沾有濕氣的白布，底下的籮子還有兩隻烤好的，雖然鴨子的外皮不及廣東燒鴨的深褐油亮，不深不淺的棕色明顯是醃料不重，反而有新鮮感，才24塊一隻。我二話不說便付鈔，廚子問要不要斬件，我看著鴨子的豐腴，怕斬件時洩漏了肉汁，搖了頭，店主笑著說：「手撕更好吃」，還給我多一雙膠手套。

旅店巷口的便利店沒有冰過的啤酒，我本來想找瓶加飯，學曹雪芹用黃酒伴燒鴨，然而昨夜在揚州才喝過，今夜想換一換口味，以往在香港我通常都愛用紅葡萄酒「分解」鴨油，剛巧店裡架子上有賣山東張裕的出品，我想從來未好好嚐過國產的法式葡萄酒（電視廣告說法國大師也讚好），便買了瓶，36塊，然後買多了一瓶張裕拔蘭地，是我喜歡的修長瓶身（不知怎的，我總不喜歡拿破崙式的胖瓶子），待肚子飽滿後慢慢地細喝拔蘭地回味。

剛進旅店房間，肚子也等不了，我急把鴨腿扯下來時，肉汁滴得滿袋都是，鴨子相信烤好了一段時間（我又在便利店盤桓了十多分鐘），香氣不算撲鼻，卻仍是可人。吃下第一口，由於手撕下來的肉是順著肌理的，所以肉非常的嫩滑、濕潤，鴨子天堂，果真名不虛傳。

南京烤鴨有兩種爐烤方法：明爐和燜爐。顧名思義，前者是明火烤出來的，亦即是將鴨子吊掛在爐中，底下生起炭火燒炙出來，據說乾隆最喜歡吃這種「掛爐燒鴨」，這亦是廣東廚子的絕藝。燜爐是先將爐子受熱至一定溫度才放進鴨子，特色是烤的過程中爐子溫度由高而漸低，熱力也較均勻，原理跟文火煮食一樣，不像明爐，燜爐較能保持肉汁，而鴨皮的油份不易流失，烤起來比較酥脆。我吃到的基本上是用燜爐方法（雖然是用電的），皮的確是脆，但由於油份重，很快便膩。我隨即喝了大口的張裕紅酒，酒身不錯，還算結實，不過酒色不算晶瑩，層次也單薄，有足夠的 acidity，卻沒

啥果香。

鴨子涼了才發覺醃味有點過鹹，鴨皮上還留了些鹽巴，我想這樣也怪不了廚子，反正他用的是鹽巴，而不是甚麼的化學劑。顯然地，鴨子的皮下脂肪不多，不過仍不算是很「走地」的，唐魯孫說的那種鴨，現今恐怕難尋了。

鴨子怎也吃不完，我掙扎了個把小時才告放棄，捧著肚子挨在床頭回味一個異鄉晚上的跌蕩，心想是時候來點拔蘭地，好劃上一個完美句號。

酒比想像中還清淡，有點香，甜味卻突出，看了瓶後的說明，ingredients 有酒、水、白糖。What? 白糖 ?!

27. 鴨鴨

　　我的南京之旅，可以說有一半精力是花在尋鴨吃上。正如之前說，我不相信旅遊要盡量跑景點，但我認為旅遊應該有個（或者兩、三個，視乎財力、時間）重點。南京美食多得眼花瞭亂，我的重點是鴨。出發前找資料，在網上找到韓復興板鴨店之外另一間四星鴨店，叫「鴨鴨餐廳」，名字有兩個鴨字，信它必會「有料到」。尤其它在旅店所在的玄武區，易找。

　　店子在珠江路，在地圖上看，由玄武門站坐地鐵一號線經鼓樓站於珠江路站下車，以為信步便到。店子在珠江路上五百多號，從地鐵站走出總找不到沿路的號數（這是不是國內城市設計的通病？），到找到一百九十號時，腳已酸起來，我情急之下唯有坐公車，再花了十分鐘，才找得到店子，南京的路很闊很長。珠江路是商業區的一條東西主路，像香港的軒尼詩道，若果珠江路地鐵站是金鐘站，那麼「鴨鴨餐廳」便應在銅鑼灣了。

　　店子外表倒也樸實，透出來的燈光是我喜歡的亮，有一種潔淨的好感。鋪子分為兩大廳，大部份空間都給幾張八仙桌佔了，剩下少許留給三兩檯小桌，顯然這裡多大夥兒吃喝，我便放心下來，這裡的出品必然多好吃，在網上看它的「烤鴨」、「鴨心」、「炒鴨雜」、「蘿蔔燒鴨湯」……我著實考慮過要來幾趟。

　　服務員放下菜牌時我便立刻要了啤酒，好先解腳倦，見服務員還沒有動作，便再提醒她，誰知她反問我要點甚麼菜，我差點想告訴她我如何一路走來，一瓶冰凍的啤酒會如何增進我的食慾。我的普通話不好，但足以讓她明白我著實需要點時間。待她忿忿然跑去拿酒時，我方才明白店子多做熟客生意。

　　啤酒來了，不是冰的。問服務員有啥甚麼好菜介紹，她冷冷然

地說單子上全部都好。我想吃鹽水鴨，沒有。本不想再吃烤鴨，也是賣完。剩下的炒鴨雜？她問過了廚房還是沒有。再看他們還有甚麼川爆牛肉、水煮魚、脆鱔之類，都沒有。最後我還想碰碰運氣，問還有沒有鴨心。看著我一臉無奈，不知是作弄還是可憐，服務員再跑去廚房問。「有！」

點了「醬爆鴨心」，再加蛋炒飯，看服務員真鬆了口氣，我其實想告訴她，我還想再加點些甚麼道地的，看她急著返回原先的位置，吱吱喳喳地與原先的客人繼續閒扯，信她又怎會關心遠方來的胃口。

光聽名字，醬爆鴨心應不是地道金陵菜，菜端上來時我便更加肯定。洋蔥加青紅椒炒，如果不是重重的醬色，我會說它是廣東菜（但是廣東人少吃鴨心），尤其鴨心是開花切的，像廣東廚子處理魷魚、花枝片般。我奇怪南京的鴨怎會有這麼大的心臟，以前在北京全聚德吃過的祇有這裡的一半大小。唉，我不敢再去打擾服務員了，便祇好相信，南京的鴨子，運動量充足。店名有兩個鴨字，碟中的鴨心份量也好像雙計，軟綿綿地連著醬汁，風味頗佳，吃時我卻奇怪，一隻鴨祇有一個心，今夜甚麼鴨都不剩，唯獨鴨心？肉質這麼軟綿綿，會不會是急凍貨，解凍後泡水久了之故？

回說鴨鴨餐廳的菜，洋蔥炒得祇有半熟，還有點辛味，不理是否故意，反正對我的口味，更證明菜是用旺火急炒的，如果不是因為碟子多油，我一定相信廚子是廣東來的。回想十多年前在北京吃的鴨心，爽脆甘美，到今天逢人也說，到全聚德不吃烤鴨也可以，炒鴨心不可不吃。試想這樣一碟鴨心，少說也有 20 個，多少的鴨子才成？罪過！罪過！醬爆鴨心賣 60 塊，除了鴨心少有，我想不出其它理由。

至於賣 30 大元的那碟蛋炒飯便不好說了，飯粒軟糯，沒有米香、蛋香，並不是「金包銀」（因為蛋米分散），也不算是「銀包

金」（因為米不好），我想應該不是廣東廚子弄的，因為連蔥粒也缺。本來我也沒有多少的期望，祇是想對比一下在揚州「共和春」的糟糕經驗。吃完付賬時心裡暗喜，揚州炒飯始終沒有列入「世界文化遺產」。

28. 南京很邪

　　不用千年古蹟、帝塚，樹鬱蒼蒼的南京紫金山本身就值得盤桓，尤其是春日早上，雨霧紛紛，好洗凡塵。

　　可惜的是，紫金山上的「中山陵」密密麻麻的人頭，喧囂的導遊呼叫聲，怕孫總理在天之靈也不得安寧。「總理遺像廳」擺明是不准攝影的，閃光燈硬就是此起彼落，看著管理員一臉無奈不知喝止得誰，我生了無限同情，祇好迄自向孫先生躬了個鞠，便走出了靈堂，才聽見有位年輕導遊向他的「鴨子」解釋民國年號的來由。11 年的差別，百年的分裂……

　　中山陵地勢高於明孝陵，由此徒步走到明孝陵不用 15 分鐘，途中樹影重重，確是寫意，路上還有些高雅的旅店，其中更有國賓級的，庭院深深，偶爾進出名貴房車，我看紫金山真的不是浪得虛名。旅遊書上說朱元璋用的三個大臣級風水師都一致認為紫金山的「獨龍阜」是龍穴，建陵於此必可千秋萬代。我暗忖朱元璋埋土之後才不過 4 年，留給孫子的帝位便給孫子的叔叔搶去。1929 年，中山陵「奉安大典」之後 20 年，蔣介石便敗走台灣，風水師哪裡信得過。

　　來南京前我告訴一位專攻中國軍事史的同學，他即時的反應是：「南京？很邪！」雖說是十朝帝都，龍盤虎踞，史上定都於南京的全部「國祚不永」。連朱元璋登位後第一年就已經下旨：「以金陵為南京，大梁為北京。」之後朝廷上多有討論遷都何處，直到 15 年後朱元璋寵愛的朱標太子奉命到陝西覓地建都回京時病死，太祖心灰意冷之餘再沒遷都之想了，「今朕年老，精力已倦，又天下新定，不欲勞民。且興廢有數，祇得聽天。」

　　朱元璋的大半生都是風浪，即使被他趕回北漠的蒙古人就是不

173

斷侵擾邊陲，南京位處江南，不便指揮北方軍事，「稽歷代皆都中原」，南京明顯地「去中原頗遠，控制良難」。明成祖朱棣搶了姪兒的帝位19年後卒之都要捨棄江南富美，正式遷都北京，留南京為陪都，明顯都是軍事須要。不過話要說回來，朱元璋是歷史上首位——亦是唯一的一位——定都南京而可以統一全中國的皇帝。

明孝陵於洪武14年（1381年）開始動工，想朱元璋心底還是偏愛江南，到過北京遠郊黃沙漠漠的「明十三陵」相信都會贊同朱元璋的選擇。明孝陵入選為文化遺產，當然有道理。

我們也許應該感激「文化遺產」這片牌頭（和高昂入場費？），相對於中山陵，明孝陵少了很多聳動、沸騰，商業味也淡了些許。六百多年的舊物，散發著一種中山陵欠缺的古韻，而且多了份歷史興亡的深沉。可惜的是，現代人的加工，如「神道」上的路面鋪上了現代磚石便掩埋了古道應有的粗獷味道，加上堆砌的花糟，圍著粗石雕刻出來的巨型神獸，更顯得不倫不類，原本蕭蕭深穆的神道，在現代旅遊產業化下，變作了一條收費公園蔭道。我到中國遊訪多了，總會看到我們的古蹟一就是修護不夠，一就是修飾過多。我們中國人，甚麼都要插上一手，每次蕩遊神州看到如斯景象，我總會問我們為何不學學希臘、意大利人，讓千年廢墟任意展示（當然有保養），還歷史一個真貌？

說來真是諷刺，朱元璋的墓園給修飾得過了頭，他的南京故宅卻破敗得出奇。

若果不是地圖上注明（和地鐵站名），在寬廣的中山東路找「明故宮」真的很容易走漏眼。首先，整個故宮已給中山東路東西橫互截成南北兩部份，南邊的原是古城樓，現已改成為「午門公園」，座北的應是明太祖辦事的大殿、寢宮，現今祇留下由原「奉天殿」改為的「明故宮博物館」，連殿前的「奉天門」也不見了，車來攘往底下，像座孤單的神廟。

　　明故宮總佔地 5 萬多平方米，現在一分為二，真的祇像兩個互望的公園。更諷刺的是，中山東路是為了 1929 年那場「奉安大典」開闢出來運送孫逸仙的靈柩往紫金山的，之前 1912 年 2 月，孫大總統還率領過文武百官謁過明太祖的陵。

　　旅遊書可能怕人不訪明故宮，總愛說故宮原本如何宏偉如何壯麗，是北京故宮的樣版，這當然要靠訪客的想像力了。事實上，相對於北京故宮的 70 多萬平方米總面積，朱元璋故宅便顯得比子孫的寒酸得多。明太祖立國初期「天下新定，不欲勞民」確是做到克己奉儉，「要在休養安息」，新中國明史專家吳晗認為他（先）定都南京主要是因為江南富庶，好養活全國人民。

　　然而，朱元璋絕不是省油的燈，單是建皇陵也要用上十萬軍工，前後 32 年完事，其中耗費不問可知。皇陵是給死人的，宮殿卻是給活人的，更不會省油，況且朱元璋一建就是兩大座（另一座在中都）。可惜南京明故宮大部份建築已經不全，難睹傳說中的華麗，僅存的奉天殿本是免費開放的，我到的那天，重門深鎖，按了多次門鈴才有妙齡女郎施施然出來應門，說因為領導辦公室有拍照活動，「今天不開了」，我就此欣賞不到明太祖的品味。

　　朱元璋故宅固然是比他子孫在北京的細少，其中的原因應該跟他遷都的猶豫不決有關。然而，兩者的基本設計、佈局都大致相同，可以說明故宮奠基了明清宮殿的設計和營造法式，一直維持了五百多年，《明太宗實錄》記：「初營建北京，凡廟社郊祀壇場宮殿門闕規制，悉如南京。」其歷史地位的重要性不說自明（嚴格來說，南京故宮的規格是依照中都的，然而朱元璋後來棄用中都，中都的建築自始荒廢，湮沒黃土）。

　　可惜的是，明故宮卻又飽歷滄桑，第一個破壞它的就是朱元璋的兒子，排第四的朱棣，一場奪位的「靖難之變」就燒了奉天殿。

　　明末，清兵進佔南京，先拆毀後改建為兵營，最後更落得滿目

蒼涼，連康熙南巡時看見它頹垣殘壁的慘狀也寫過《懷古》一詩憑弔一番：「一代規模成往迹／千秋興廢逐流波／宮墻斷缺迷青鎖／野水灣環剩玉河。」其時，老爺子既已住進了北京紫禁城，卻不曾想過復修明時故宮。

滿清夷人不去保育漢人古蹟也算了，太平軍又拆宮墻殿瓦又搬木樑磚台去建自己的天朝宮殿就說不過去。最後，民國政府將宮殿城樓一剪為二好送孫總理葬於紫金山，怎對得起文明大國的歷史？

現今，明故宮改成了人民公園，平和、簡潔、自然，倒有點意思。可能它作為旅遊景點的商業（不是歷史文化）價值及不上明孝陵、中山陵、總統府等等，公園祇有若有若無的修飾。

於此人民公園我碰到的遊客出奇地少，稀客中也多是本地人，放風箏、跳社交舞、散步，春日底下，說不出的悠然。因為大部份的古建築都毀掉，公園祇保留了少數的原石柱台（大部份於新中國時期給解放軍深埋了），背著進口的奉天殿，我完全感受不到它600多年的古味，嗅得濃濃的反而是一份尋常百姓親切感，而更強的親切感莫如進口處看守員亭子上的「便民服務項目」告示：「免費提供問路、旅游查詢，免費提供熱水，免費提供針線，免費提供急救小药品，免費提供打气筒服務。」若不是因為剛才「明故宮博物館」無故關閉（沒有告示），我對中國旅遊業的惡感真的可以一下子改變過來。

29. 鬼話

　　孫逸仙葬於南京紫金山中山陵，據說肇始於他在 1912 年元旦在南京宣誓就任民國臨時大總統後（一說是他剛辭任時）於紫金山騎馬時狩獵至中山陵現址，深受其郁靈深秀的氣勢吸引，還對隨行的總統府秘書長胡漢民說：「這里地势比明孝陵还要好，有山有水，气势雄伟，我真不懂當初明太祖为什么不葬在這里！」胡漢民便說：「這里的确比明孝陵好。拿风水讲，前有照，背有靠，左右有山环抱，加以秦淮河环绕著，真是一方大好墓地。」孫跟著便說：「待我他日辞世，愿向国民乞此一抔土，以安置躯壳尔。」說著，胡漢民立即阻止孫再說下去，立即回說：「先生怎么想到这个上面？」

　　首先要說明，這段對話是抄自南京師範大學歷史教授经盛鴻所著《辛亥往事》中的〈孫中山與南京紫金山〉一文，然而文中卻沒有注明對話出處。我找出《胡漢民自傳》對照，卻找不到這段對話。因為很多談中山陵的文章都引過類似的故事，孫的那句「待我他日辭世，愿向国民乞此一抔土，以安置躯壳尔。」更頻頻出現，所以我也抄來討論一下。

　　且先不論一生儉樸，飄洋過海的孫逸仙怎會玩上林中狩獵這點貴族玩意。孫在南京待了三個月便離任大總統告別南京（其實孫早在就職後兩星期已辭任讓位袁世凱）自己準備跑到上海做個全國鐵路督辦，這三個月期間，百廢待舉，不要說跟袁拉扯著他到南京就任，袁偏是不來，在北京更幕後策劃一場（假）兵變，以證自己不能離京。期間，孫自己亦要以臨時大總統名義頒佈多項新法令、焦急地等待宣統正式退位結束滿清、接見外賓……我粗略統計過，在他任職南京三個月期間，他頒佈的法例、指令、議決有 30 多項，其中包括最重要的《中華民國臨時約法》，除了內閣的任命，其它

主要官員任命 20 多項，外交事務 10 多項。看！他忙得不可開交，怎有閒情雅興上山狩獵？

《胡漢民自傳》確有記過孫實有過「上馬出府」，出祭明孝陵。即使是出祭，又怎會狩獵，況且，中山陵建造之前，周圍是山林野嶺，豈是騎馬狩獵的好地方，而一國大人物出獵，必然是勞師動眾，又怎得跑上當時還未開發的紫金山？

另一說孫氏往紫金山狩獵是於 1912 年 4 月 1 日他剛離職後才到紫金山狩獵消閒（見石三友《金陵野史》），雖然是「野史」，但石言之鑿鑿地記下孫跟隨從郭漢章說：「從今天起，我已是自由人民了，你幫我备馬，我們打猎吧。」其實 4 月 1 日當天，孫還要出席他的離職大典。

台灣出版的《中華民國國父實錄》詳記孫氏當時離職的官式活動、演說、全國通告，卻並沒有狩獵之事。實錄反而有記載孫於 2 月 15 日「率領文武百官謁明孝陵，行祭告禮。」值得注意的是，「謁陵後，國父因有人馬踐踏田苗，特令內務部賠償。」身為大總統，因公事而傷田地也要賠償，如此品性，你想他會剛卸任便攜左右一眾馳馬耍槍、穿林越野，射鳥獵鴨，然後劃地為塚？

還有，我們不要忘記，孫年輕時是習西醫的，也是個基督徒，且一度準備參與傳教工作。孫氏早年於檀香山組織「興中會」時的入會宣誓結盟方式亦以手按《聖經》發誓的（往後，孫投身於革命的水深火熱中，有意無意間淡化他的宗教背景，此是後話）。

孫死後不久，遺體移往中央公園前，遺孀宋慶齡、長子孫科還先給他於協和醫院的小教堂舉行一場簡單的追思禮拜。孫逸仙一生為革命奮鬥，剛建立的新中國才不過三個月，百廢待舉，剛卸任了便立即想到身後事？不要說孫那時才 47 歲。

我們更加不要忘記，孫年輕時在夏威夷上過洋人教會學校，回鄉（廣東翠亨村）後不到三個月便夥同鄉友陸皓東跑到村裡的北帝

廟搗毀神像，後更要為此急急離鄉保命，然後便趕來到香港先上高中然後習醫。一位志在推翻封建舊制的人，又怎會忽然迷上風水之說，難道真的是革命前後兩種嘴臉？

「孫胡對話」最露出馬腳的地方是，既然胡怕孫想起了身後，為何他那麼雀躍地指出紫金山是塊好墓地，待孫接了腔然後又阻止他說下去？當時革命剛剛成功，孫正值人生高峰，真不應該會「想到這個上面」吧。更不用說孫死於急性肝癌，是 1924 年末他經天津往北京與北洋政府展開南北和談途中開始發病，四個月不到，然後於北京辭世的。故事另一個破綻是，孫往鍾山祭明陵那天，《胡漢民自傳》有記胡根本沒有同行，「余稱病，不從行，而就府中草文書，交院再議；一面飛騎白先生。迨先生祭明孝陵歸，此事已解決，先生不予罪也。」

胡漢民說的「交院再議」的事，就是南京的國民參議院曾應袁世凱的要求議決遷都北京，卻遭到身為臨時大總統的孫逸仙反對，要求參議院重新投票，最後否決遷都北京（待 4 月孫卸行後才再決議通過，此是後話）。於此亦可以看得出孫的辭任的背景如何複雜，不是一句孫先生胸懷磊落，好賢讓仁便算了。你說，孫胡怎會有空遊山賞水，策馬擎槍？況且胡的自傳也沒有提過狩獵之事。

另一說是孫逸仙於 1912 年 4 月 2 日正式解職後翌日才得偷閒狩獵。首先，《中華民國國父實錄》和《國父年譜》記該天孫的活動是完全空白的。

另外，4 月 3 日孫已偕胡漢民、汪兆銘離開南京到上海，三日後於上海晚宴後乘專車再返南京下關，翌日即乘軍艦前往湖北，再往武昌，終 1912 年再無踏足南京。1912 年 4 月 2 日，孫還不忙於準備如此一趟「征程」？況且，胡漢民一直同行，更於當年 4 月陪伴孫氏往廣州，被推舉任廣東都督，此後十多年一直活躍於廣東，與南京愈行愈遠。

胡漢民卒於 1936 年，四年後孫的「國父」地位才正式被官方確立，已赴黃泉的胡漢民的生平也祇好任人猜想了。

最玄妙的是，有記載說孫於臨終前聽到陪行的國民黨要員汪兆銘等與宋慶齡討論孫死後是否葬回家鄉翠亨村時，急召他們堅持說要葬於南京紫金山。試想中國人又怎會於先人彌留之際大聲討論其身後事，何況病床上的是孫總理？孫病危前，汪兆銘一直是孫遺言的記錄者，那篇鼎鼎大名的「革命尚未成功，同志仍須努力」的〈總理遺訓〉便是由汪手錄孫病床上的訓示然後讓孫修改、簽名的。時值汪、蔣爭權，各自籌謀樹立總理的正統繼承人根據（汪、蔣後來變成甚麼樣的人，歷史已有了清晰的圖象，不贅了）。孫的「葬於紫金山」遺願，似乎就祇有汪一個人說了算（孫死後，7 月 1 日廣州成立國民政府，汪任主席）。

《中華民國國父實錄》對孫發病、彌留之際所辦之事、所說的話都有詳細紀錄，唯獨是沒有「死後葬紫金山」的記錄。照道理說，身後事這些重大問題，家屬應該最清楚，然而，實錄祇記了孫死前一日才簽下「政治遺囑」與「家屬遺囑」，「嗣後國父復與夫人宋慶齡等談話甚久，內容略同於遺囑，惟無筆記。」

所說的「家屬遺囑」是這樣寫的：「余因盡瘁國事，不治家產，其所遺之書籍、衣物、住宅等，一切均付吾妻宋慶齡，以為紀念。余之兒女已長成，能自立，望各自愛，以繼余志。此囑。」完全沒有「愿向国民乞此一抔土，以安置躯壳尔」。

更奇怪的是，如此大事，在宋慶齡的書信、文集也不曾提及或澄清過，她反而寫過信給她的傳記作者 Israel Epstein 澄清孫曾要求身後葬於基督教公墓的謠傳，然而始終未提及過南京紫金山。

【後記】此文寫成於 2012 年，兩年後我讀上了博士班，翌年修了門「中國近代史」的課，期末論文我選了這個題目，為了多找

證據，我找出民國時期最流行的《真相畫報》來看它還有沒有線索，最後完全找不到孫上山狩獵這回事（反而他於 4 月 1 日官式告別總統府就圖文並茂）。除了《中華民國國父實錄》，我另外再找出《國父年譜》細看，都是沒有。

30. 今天不上中山陵

　　朱元璋統治了中國 31 年，史稱「洪武之治」，他在位時確實做到簡儉寬民，看他的皇城再跟他的子孫在北京搞的比較一下，便可以有個對照。他的重農抑商政策，得使民間經過多年戰亂後生產再度穩定、活躍起來。他的兒子朱棣確實承繼了一個富裕的皇朝（不然他哪來錢貲興建北京皇城、派鄭和七下西洋），憑這點吳晗就認為朱元璋是個好皇帝，不知道 1912 年孫大總統領著文武百官謁明孝陵是否為了這個原因。若果是的話，倡建中山陵的國民黨要員未免對出名儉樸的孫總理擺著就是不敬了。

　　南京中山陵興建前期，中國還處於南北分裂的陰霾之中，到中後期（1927 年開始），蔣介石北伐成功，旋即清黨，濫捕濫殺黨內左傾分子，擺明是違背孫的「聯俄容共」政策（此政策明智與否，暫且不論）。宋慶齡不祇曾對美國記者 Edgar Snow 說過蔣背叛了孫的三民主義，更寫過信罵過他：「孫中山為了工農的幸福奮鬥了四十年，他們現在正受到無恥地打著國民黨旗的殘暴的反對派的屠殺……而你們卻敗壞了我國革命，把革命變為口頭上追思孫中山的一小撮卑鄙軍閥手裡的工具。」

　　1929 年的那場中山陵「奉安大典」，宋慶齡當然有參加（她可以說不嗎？），不知在她眼裡，看得到多少副真誠的面孔。

　　今天要到中山陵「謁陵」說來又真的有點詭異，共產黨對孫逸仙的官式稱謂是「革命先行者」，偉大與否，在階級鬥爭為綱的歷史唯物主義下，還不至於得享受高於明太祖、馬恩列毛的榮譽吧。

　　說也奇怪，共產黨沒有把孫氏從神壇扯下來，文革也沒動它分毫，中山陵歷來還是外國元首訪華時專程到訪的重地。現今還把它交給一所旅遊企業管理，雖然免費開放，中山陵到處都是小吃亭

子、紀念品店，林林種種，少說也有半百，連最高處的銅像廳外邊也少不了食物的混濁味道、遊客的喧嘩、孩子的哭叫、閃光燈的炫耀，相對著廳外左右排開的挺拔剛健如龍爪般的古槐，教人哭笑不得。你說，奉安的「恭奉」和「安泰」在哪？有歷史學家說大明帝國是「一個多重性格的時代」，我在中山陵頂峰上看到的，大概也可以說辛亥革命之後是一個精神分裂的時代。

台灣的老饕逯耀東有一次在南京訪中山陵，「站在陵園大道，遙望山坡上雲白的石階，遊人如織。陽光照在靈寢藍色的琉璃瓦上，似蒙上淡淡的一層塵。我廢然而嘆：『此陵暫不謁也罷！』於是我倆默默坐在路旁林蔭的石凳上，一種歷史的悲愴窒塞胸間，使我有泫然欲涕的感覺。」

老饕即是老饕，從人擠的中山陵走出來，逯教授首先想到的便是到南京夫子廟吃午飯。坦白說，我就是讀著他的〈從城隍廟吃到夫子廟〉吃過了上海的城隍廟（很失望），然後到南京怎麼都要——訪夫子廟的——雖然我是在去過了夫子廟才訪中山陵，因為我確想在臨別南京之前向總理致個敬，好告別一個歷史輝煌時代。

先別說夫子廟，我在南京的第一頓午飯是在南京大學吃的，是個大大的驚喜。我抵南京的第一個早上便急著到南大探訪徐師，當然是尊師重道，更且可求指點金陵尋吃之道。在台灣，著名的小吃夜市都近大學校園，給大學師生吃出名堂，我期望南大周邊滿是好吃鋪子。誰知老師領我到一座頗為現代的高樓，獨樹在古雅的校園有點突兀，我心裡懷疑它賣的會是甚麼新式中菜。

趁菜未上桌時跟老師談老饕，逯耀東他蠻欣賞，還教我讀汪曾祺，反而唐魯孫他沒聽說過，我笑說可能因為唐常在文章中罵共產黨，不像逯耀東，著作有簡體字版。其實，逯本身是位魏晉史專家，飲食文化史是他後期開的課，80 年代末中國改革開放後，逯便多有機會返內地授課，他的飲食文章亦於 21 世紀初乘著旅吃熱潮於

神州風行起來。逯的文章好讀，除了資料豐富，主要是他的筆底總帶點鄉關思情，加上他生於江蘇豐縣，少年成長於蘇州，1949年遷台，美食好解鄉愁。還有，他好啤酒。

鮰魚，從逯耀東、唐魯孫的文章讀得多了，今次我在南京訪徐師時能吃到倒還是第一趟。菜單上標明是長江鮰魚，一整條上來，看樣子應重斤許兩斤，雖然也不算是細少（兩人吃有點過大），不像是逯、唐書裡說的十來斤那麼肥大。我也不好意思求教老師，怕他嫌我囉嗦，反正自己以前沒吃過，便祇管專心吃味道。

斤來重的魚，油脂不厚，但肉質很嫩，綿綿地像香港吃得到的鯰魚，不過肉身比較有彈性，白汁中的筍鮮很突出，配這尾中型的河魚，我想比上海常吃得到的紅燒汁還對味。老師還著意請我吃下魚膘，說是魚最滋味的部份，專門留給客人的。桔子般大小的魚膘嫩滑無比，堪比法國人的 foie gras，卻沒有油膩感。鮰魚、鯰魚同屬「鮎形目」（Catfish），同是有觸鬚的無鱗魚，外表怪怪，卻以皮脂、滑肉見稱，產地遍佈世界，體積差異卻可以很大，我不是專家，對味便好。（隔了幾天，我從南京坐火車到上海吃到了逯、魯書中所說的傳統紅燒鮰魚，又多一層體驗，見前文上海篇。）

淮安軟兜，看名字便知是淮揚地道（淮安處於徐州、揚州之間）。軟兜是黃鱔（國內多叫長魚）的背肉，還要精選肥瘦適中的活鱔（鱔魚死後肉很快便爛，且有毒）即拍其背取肉，以使肉不帶骨。桌上的鱔條比常吃的炒鱔糊還要長上一半，肉身卻更富彈性，芡汁不是上海菜的紅燒，顏色沒有炒鱔糊的深沉，魚肉顯得光鮮雀躍，單看已很開胃，吃來也沒有一般炒鱔糊的過甜。據說「烹鱔宜蒜」，最好還要用豬油先煸香蒜泥才加進鱔條、調味、然後旺火快煸而成。這麼爽的鱔魚，我一生人第一次吃到，是我今趟旅吃南京最大的驚喜。

還未吃完，我認真地說若果老師有天像逯耀東般開一門中國飲

食文化史的課，我一定跑來南大插班。

　　至於夫子廟，建築雖然古意盎然，卻又是商業得很，整街是玉石、紀念品鋪和滿街人湧，不談也罷。最使我流連的景象，反而是廟前小廣場正在輪式溜冰的一群衣著新潮的青少年，他們男女都有，有序地輪流「表演」不同的花式，有易有難，我當然沒有錯過如斯的曼舞影像，攝影時我想起孔夫子說得暢意的「風乎舞雩，詠而歸。」

31. 煙雨樓台

　　我在南京「中山陵」看得最清楚的是，如今在國內，旅遊業赤裸裸的產業化還不止，更要假文化之名，行鑽營之實。中山陵下，明明是整街的紀念品店，卻叫作甚麼的文物市集，甚麼的金陵特產、金銀首飾，買一送一，連主席都沾上了光，相片、軍帽、毛章、語錄……其中倒惹得我流連的，反而是眾多賣「雨花石」的鋪子，因我一向奇怪中國人對石頭的無比鍾愛。

　　雨花石出名晶瑩圓潤、色彩斑斕，南京著名出產雨花石，也是個產業中心。很多愛石頭的人來到南京，多以為雨花石產於「雨花台」，不知是否這個原因，雨花台也是人頭湧湧。雨花台之命名，其實跟石頭無關，它源於南朝梁武帝時一位高僧於此設壇講經，感動天庭，落花如雨云云。南京那時正是「南朝四百八十寺／多少樓台煙雨中」，在南京，真的難走出佛祖的五指山。

　　我就是從中山陵走到「靈谷寺」山腳才發現有公車逕往雨花台的，有緣有緣。話說靈谷寺原名「蔣山寺」，先建於明孝陵那處，後因朱元璋選地建陵便將蔣山寺遷至現址（即紫金山的東麓），更改名靈谷。洪武皇帝死後不出四年，朱家自己人殺得日月無光，嫡孫皇帝更不知所蹤，你說邪不邪？後來，朱元璋很多子孫皇帝都信佛信到連大臣都要上疏勸諫君主少奢禮多勤政，明孝、武宗兩朝大學士劉健就曾上奏過：「今寺觀相望，僧道成群，齋醮不時，賞齋無算，竭天下之財，疲天下之力，勢窮理極，無以復加。」奇怪的是，朱元璋眾多子孫又出名的好色，信佛齋醮，求個保祐，所以就更加「竭天下之財」？禮佛如此，其它方面的奢華，不問可知。

　　南京自古都是南北要衝、兵家必爭之地，而由於雨花台處於制高點，更是南京的軍事門戶，遠的不說，就是清末時期的太平軍、

辛亥革命、日本侵華，雨花台都是烽火連天、血痕纍纍。雨花台有「辛亥革命陣亡將士人馬塚」紀念辛亥英烈，也有「雨花台烈士陵園」紀念蔣介石清黨行動處決的（據說）十萬名共產黨員。此外，雨花台還有「二忠祠」紀念南北兩宋的忠臣張叔夜、文天祥，更有「方孝孺墓」紀念其不肯為奪位的明成祖朱棣寫詔書而被誅十族的慘烈。可說是，雨花台有一種歷史的沉鬱。

到雨花台底也不用啃歷史書的。它也是個很怡人的綠蔭公園，我坐車經過南端，遠遠已被一座巨型的（仿）西方新古典主義建築物吸引，暗忖是否民國政府時期的遺跡（曾是當時「國立中央大學」的「東南大學」現址還留有這種風格的建築物），趨近時我被它的雪白外牆、圓頂的誇張與不合比例的石柱提醒，這可能是新中國富起來的「形象工程」，我走近大門時看，它果然是「南京市雨花台區政府」。但是，我不明白為何共產主義的一個政府總部會打扮成美帝國主義的國會？我懷疑它原本是建來作酒店的，建成後發展商私逃⋯⋯

可能是南京很早已霑有「洋氣」，雨花台南闋正中有一大花圃都種了許多小花，藍黃紅相間，整齊雅緻，而不是中國傳統的大紅大紫，陽光底下，不說我還以為到了歐洲萊茵河畔（Rhineland）。我以前到過德國萊茵小鎮 Koblenz，這樣的花圃滿城都是，散發著悠閒和自信，我至今難忘。跟南京一樣，Koblenz 也是一個歷史軍事重鎮，1944 年曾捱過盟軍戰機重重的轟炸。這種藍黃紅相間的小花，委婉地撫慰著歷史的傷口，我立時對雨花台產生了好感。

南京的「雨花台紀念公園」很大，建築物就好像要遵從比例地造得很大。可能是彰顯共產黨的革命烈士的紅、光、亮形象，烈士雕刻像、紀念碑、紀念館都是森然偉岸。上世紀 30 年代朱自清訪過雨花台，卻說它「毫無可看」，我想那時園內祇有戰火遺痕，沒有今天這麼多建築物。它們對照著南端的西式政府大樓，真有點黑

色的幽默。

紀念館的確造得簡潔有緻，完全擺脫了 50 年代建國初期的蘇聯式仿古典混合中國式的「大屋頂」風格的不倫不類。紀念館雖然仍然保留了大屋頂，但高大樸實的屋牆遠看上去活像一座城樓，很自重。

可是，這種自重卻又給旅遊產業化搞糟了。過了紀念館向北便是紀念碑，碑台很高很大，要登很多梯級，台下側旁原來設有一座紀念主席革命事業的館子。說它是館子一點不錯，門前沒有悉心的設計，連個像樣的門牌也沒有。室內沒有空間感，似是個側廳，擺設的質料像是臨時拼湊出來，掛著的展覽品都是常見的歷史圖片，說明也簡也陋，主席的像多是石膏複製品，毫不威重。展覽不用三分鐘走完，我很快便來到紀念品攤子，一樣的雜貨，往常的嘈吵，赤裸裸的對歷史不敬，我還是頭一趟在神州遇上。

還有，旅遊書教人不要混淆雨花台和雨花石，紀念館還是一樣設有雨花石專賣部，美其名的叫作「雨花石展覽廳」，價錢牌比展示說明更多更搶眼，看著光亮石顆上斑斑的色紋反映著我的驚詫。明末清初的張岱如此形容雨花石：「奇形怪狀，不可思議。」我想，產業化了的中國旅遊業，也是如此的吧。

雨花台是 4 個 A 的國家級旅遊區，要當上這最高的級別條件很多很繁瑣，交通啦、衛生啦、空氣質素啦、郵電啦、管理啦都不夠，還要具備「市場吸引力」、「商品豐富多樣」。紀念這麼多革命先烈，雨花台還祇是個「红色旅游点」、「爱国主义教育示范基地」，我沒有買主席的石膏像，怕有點不愛國了。

話說回來，除了蒼鬱和一點奇詭的人文風景，雨花台不錯是個蠻漂亮的自然風景區，園區的外圍都是翠綠好看的樹，如果不是園中巨型的建築，它很像個熱帶雨林公園，倒使我憶起以往寓居新加坡時常到的 Botanic Garden。若能攀得上在北端紀念碑的高點回看

南端，我想真會有浩然之感，算對得應文天祥的「天地有正氣／雜然賦流形／下則為河嶽／上則為日星。」當然這祇是對自然風物而言。至於人文方面，今日的高度商業化的中國又能配得上「於人曰浩然／沛乎塞蒼冥／皇路當清夷／含和吐明庭／時窮節乃見／一一垂丹青」嗎？

雖然如此，我還是禁不住極目南京的誘惑，登上了雨花台的最高點，在北端的雨花閣塔樓的頂層鳥瞰了南京一周，再欣喜於南京幾乎平整劃一的天際線，沒有摩天大樓的此起彼落，亦聽不見密集的交通喧囂，靜得來有點超現實。遺憾的是，南京的空氣委實污濁。

更諷刺的是，此時暮色卻因而透得慘紅，我想，如果此刻下雨，應該會像煙花。

32. 災劫

相對於中國其它名城，南京的確有點靜。

南京人說話的調子不高，街上很多人都低頭細步，在地鐵車廂裡大部份乘客多是沉默，不愛攀談，心思盈盈重重，除了古都的文氣，會不會跟南京過往的血雨腥風有關？南京大學的徐老師就說過，南京經過了兩度災劫，枉死了很多很多平民百姓，現在的南京人都不一樣，像斷了根。

清末，1850 至 51 年間，太平軍於廣西金田起義，1853 年便打下了南京建立太平天國。可是建國不到三年，天國便窩裡鬥，最著名（或是臭名）的便是「天京事變」。天王洪秀全借北王韋昌輝之力鏟除東王楊秀清，一殺就是二萬多人。自此，太平天國的元氣大傷。

1864 年 7 月，南京（當時是天京）失陷清廷湘軍之手，「城破之日，全軍掠奪，無一人顧全大局⋯⋯聞各軍入城後，貪掠奪，頗亂伍。又見中軍各勇留營者皆去搜刮，甚至各棚廝役皆去，擔負相屬於道。」

記錄出自趙烈文的《能靜居士日記》，趙是湘軍統領曾國荃（曾國藩弟）的幕僚，他將城破後湘軍的掠殺行為報告給上司曾國荃，怕軍隊失控影響曾的仕途，然而曾國荃的反應卻是：「各營及統領獵取無厭，豈非萬全美事？」沒有明令禁止。趙烈文對此事的描述可能有所保留，祇說城內平民「大概全數被殺者不及萬人」，但其日記中描述的慘狀也足以駭人：「城上四面縋下老廣賊匪不知若干⋯⋯沿街死屍十之九皆老者。其幼孩未滿二三歲者亦斫戮以為戲，匍匐道上。婦女四十歲以下者一人俱無。老者無不負傷，或十餘刀、數十刀，哀號之聲，達於四遠。」

經年戰火，天京城陷前原祇剩下三萬人口，一半是「天兵」，湘軍入城後逢男便殺、遇女便擄，就算趙烈文所報「不及萬人」，南京此時的慘絕，還有甚麼可說。二百多年前，清兵破了揚州後屠城十日（一說是七日，見前文〈揚州篇〉），隨後便渡過長江，南明福王投降得快，南京百姓得逃過一劫，免成韃子刀下亡魂。到1864年，南京百姓卻要死於漢人自己的屠刀。

南京好像受了甚麼詛咒，太平天國滅了73年後，又遭一劫，此劫更為慘絕。

我告別南京前兩天甚麼的金陵四十二、四十八景都不想去，祇想流浪於歷史的蒼茫中，心想到南京不去「南京大屠殺紀念館」（全名是「侵華日軍南京大屠殺遇難同胞紀念館」）好像說不過去，對不起南京的亡魂。

我從地鐵站走出來，過了馬路便到紀念館，本以為還有一段路要走，冷不防給館前的高大雕像《家破人亡》震懾起來。母親無力地抱著死去的孩子，仰天無語的悽楚！（但是，雕像的石座刻上了「被殺害的兒子永不再生／被活埋的丈夫永不再生／悲苦留給了被惡魔強暴了的妻／蒼天啊……」卻又顯得有點畫蛇添足了。）紀念館不高不大，暗黑的牆壁，沒有甚麼民族風格，反而更顯得出生命的莊嚴、戰爭罪惡的無國界。

紀念館建於上世紀80年代，今天看著還很有現代感，結構不講求中正平穩，卻強調斜線的張力。進館前要繞過一處碎石鋪的園地，叫「沒有生命的空間」，對照著紀念館進口是一壁大理石砌的牆，牆上刻上斗大的「受難者300000」，有點懾人。

日本政府一直不肯承認他們幹了南京大屠殺，館內有圖為證，跟他們爭辯簡直就是浪費精力，自損尊嚴。若果當時的中國、日本記者的報導有偏頗，那末當年在場西方記者的報導準會客觀些吧。南京師範大學经盛鴻教授就曾經整理出版了《西方記者筆下的南京

大屠殺》一書，讀著觸目驚心，隨便一翻便看得到「你難以想像，這裡血流成河」、「有成千上萬的人根本沒出城，而是像老鼠似的被圍困在這裡，被趕到一起，然後遭到機槍射殺」、「關於日軍各部隊在 1937～1938 年之交在南京所犯暴行的種種記述，使文明世界深感震驚……」

關於南京大屠殺的著作，中外文都有很多，可是自大戰結束後西方世界似乎都不再熱衷了，直至 Iris Chang 於 1997 年出版了 *The Rape of Nanking* 一書，南京大屠殺又再引起西方世界的注目。Chang 是華裔美國人，1968 年出生於美國，中文名字是張純如，一生從事新聞寫作，*The Rape of Nanking* 一書使她平地一聲，2004 年自殺，留下遺書聲稱自己「被 CIA 或其它我永遠不會了解的組織盯上了……我無法面對將來的痛苦和折磨。」紀念館的後園立有一尊她的全身雕像，綺年玉貌，手拿著她的書，像冊安魂曲譜。

張純如的書副題是 *The Forgotten Holocaust of World War II*，正正道出大屠殺的凶殘冷血，直等如德國納粹屠殺猶太人。張於書中說死亡的確實人數不重要，駭人的是殺人手法。我說南京大屠殺更可怕，德國人做的是為了「潔淨」自己民族的血統，可以說有「理念」、「目的」（目的、理念、手法如何凶殘先且不論）。相比之下，日本人做的是完全出於獸性，逞一時之快、毫無目的（除了恐嚇國軍）。看日本兵殺人後自鳴得意的圖片，恐怖得怕連基督再世也救贖不了他們的靈魂！

看紀念館展覽出來的圖片，我除了佩服攝影師的勇氣，還暗忖他們怎捱得過那些血濺和污辱，以當時的科技而言，他們準會有些情景錯過了，我想剩是這些圖片已足夠有力提醒我們：看得到的不易忘記，看不到的不敢想像。

館內說明不許攝影，我倒是不明白，很多訪客仍要拍攝那些圖片（到紀念品售賣處買本圖冊不就是？）中國人何時才懂對逝者的

尊重？想到這裡，我竟然留意到有些相片拍得蠻有藝術性，便連忙離開圖片室，怕自己對攝影的愛好瞬間變成了對亡靈的不敬。

圖片室盡頭的展覽櫃是關於國共合作抗日的，左右分別掛上了五星旗、青天白日滿地紅旗，也沒有刻意漏掉國民政府勝利受降、回都的報導，雖然篇幅比較少，好像是「走過場」。看著，我不禁暗問，此處會不會是全國唯一可以看到兩旗並張的地方？其實，館子喚大屠殺是「國恥」而不是「國殤」，抗日最後勝利是人民而不是國軍的，拐了個彎罵國民黨。歷史，從來都是勝利者執筆的。

政治，且不去管它，我覺得館子最有意思的還是關於遇難百姓的設計細節。圖片室外是一處檔案廳，內置高有兩層樓的檔案櫃，裝載了個別遇難者生前的資料，這應該是有關人員多年來鍥而不捨的追尋、核實、編列。我相信，這批人員對南京有深深的情意，明白孟子說的「民為貴，社稷次之，君為輕。」門前的「300000」當然祇是個虛數，這個檔案櫃卻裝載了真實的生命記錄，一格一格的排列，儼如骨灰龕，是對逝者至高也無奈的敬意。

資料櫃以姓氏的拼音字母排列，沒有上鎖，方便檢視，旁邊更有椅子，讓訪客坐下細看，我趨近看趙姓那櫃子，有「趙文貴、趙文舉、趙文亮，××××年生，1937年卒」。轉頭我再隨手於近處找了姓鍾的老一、老二、老三、老四，一家四口終於可以於此重聚了。

紀念館倡建於1980年代，之前「南京大屠殺」一直是新中國的禁忌，主席生前不祇一次說過中國共產黨應該感激日本侵華，讓紅色中國有機會誕生，中日應該維持世世代代的友好云云。主席死後，剛巧日本政府試圖改寫歷史教科書，掩飾侵華史實，更不承認南京大屠殺，激起中國海內外民間的強烈抗議、譴責，中國政府不得不面對這次慘劇。這座館子讓受難同胞足足等了半個世紀，到頭來還祇是因為政治須要。

　　前幾天在南京大學我問徐老師，為何堂堂一國的首都，失陷得如此迅速？老師認為是由於蔣介石有意棄守，然後引敵兵深入中國的西南，待日本人勞師追征，補給困難。他說這戰略後來證明是用對了。

　　蔣介石遷都重慶，日本人要從緬甸反打過來不成，蔣介石得靠著雲南、緬甸之間的滇緬公路得到補給捱了過來。話雖如此，堂堂一國政府棄守首都，對得起這麼多手無寸鐵的平民百姓嗎？才幾個月前，蔣介石不是已經在上海領教過日本兵的兇殘嗎？這樣說走便走，簡直就是讓平民百姓白白送死，日本人殺、自己人殺，有甚麼分別？當時身在南京的巴金寫的〈從南京回上海〉就如此描述：「日本兵竟然在南京開炮了！在國民政府遷走後，難道還有轟擊南京市民的必要麼？這個消息使得許多人憤怒……我親耳聽見身邊的一個市民說：『為甚麼炮台不還炮呢？難道還要堅持不抵抗主義嗎？』」

　　張純如說當時蔣介石既想守禦南京，同時準備遷都，「但是，他並不是親自留下來防衛南京，而是決定把責任轉嫁給另一個人，一個叫唐生智的部屬。」唐不是蔣的嫡系，之前兩人之間亦有過權力鬥爭，最後是唐被逐到香港、日本，1931 年東北戰事爆發，蔣介石才將唐從海外召回。

　　南京的防衛，準備了一個月，張純如的疑問是：「為甚麼在這麼多部隊一切就緒後，南京卻在四天之內，也就是 1937 年 12 月 12 日傍晚就迅速淪陷。」她找到的答案是，蔣介石早已於 11 月下旬開始將大多數官員、精銳、軍備、設施、故宮珍寶遷到長沙、漢口、重慶去，祇留下十萬不到的部隊給唐生智，連空軍也沒有（日軍有三千戰機，進攻南京前就是綿密的空襲），精良武器更不用說了。大病初癒、久疏戰陣的唐生智當時在一位西方記者筆下：「看起來，如果不是被麻醉，就是神情恍惚。」

　　不知是誰的錯，唐生智指揮下的南京部隊「幾乎沒有甚麼凝

聚力或目標感」（張純如語）。南京戰況最危急關頭，蔣介石卻又幾道命令唐生智渡江離城。可以想像，總指揮如此倉皇撤退，南京如何不潰？1950 年代當過新中國《人民日報》社長的范長江當年也認為遷都是形勢所逼，有戰略須要，並不是壞事，壞的是當時的國民政府官員卻先動搖起來，爭先恐後地逃亡。由此，我們便可以看得出當時國民政府的質素。民國散文家聶紺弩在他的〈失掉南京得到無窮〉更曾悲痛地說：「南京是失陷了，然而官老爺們的腐化生活的憑借，貪污卑鄙的成績，也在被摧毀了，如果這能夠促成他們的覺醒，加強他們抗戰到底的決心，於民族解放運動的前途是有莫大的利益的。失掉的是南京，得到的將是無窮。」聶、范先後於 1934、39 年加入中國共產黨，文革中同受過逼害，已是後話。

看來，蔣介石似乎非常熟練於遷都。1949 年 4 月 23 日，國軍棄守南京，之後 5 月 26 日蔣介石飛抵台灣，之前甚麼的黃金、國寶都已運抵，國軍還有時間邊撤退邊搶掠邊拉伕。張純如說蔣為人謹慎，行事必有兩套計劃。1937 年，他的南京 plan b，就賠上了 300,000 條百姓的生命。

紀念館原地曾是死者受難、埋土的野地，走過時，我腳步別是沉重。從紀念館走出來，要經過一處「和平公園」（我立時想到，日本人至今也未為大屠殺認過罪，哪來和平？）才到主要出口。公園立有一塊巨碑，碑下蓄養了一群白鴿，自是寓意和平。當天的訪客來了一小隊中國人民解放軍列隊進館，好不威武，待出來時他們立即散去，有的吸煙，有的高聲閒話，更有幾個在巨碑下爭相擺姿勢拍照。

看著這些年輕的戰士笑得可人，我心裡暗自替他們高興，他們沒遇上 1937 年的日本兵，也避過了國共內戰的一劫……

33. 太白遺風

本以為大城市之間的火車才會擠，誰知早上由南京到相連的馬鞍山市的仍是那末擠，我開始懷疑，中國同胞不止 13 億。

馬鞍山市在南京西南側 30 公里外，它與淮安、揚州、鎮江、滁州、蕪湖、巢湖組成「南京都市圈」。揚州我跑過了，走一走馬鞍山，算是對金陵古都的地緣多一點理解，還有因為它靠在長江邊上的「采石磯」，據說是李白埋土之所。

才相距 30 公里，可是火車要走個半小時，買票時我已感到奇怪。出發時，車仍是向東，仍在京滬線上，一時間我真的以為自己上錯了班車，心裡也有點失望，之前我還以為火車會沿長江邊向南走，讓我不費力便可以盡情觀賞滾滾江流。過了大約 15 分鐘，車子才往右向南拐，然後穿過好些新起高樓，南京市真那麼大，火車總跑不出它的懷抱？後來回家網上看，我才知道往馬鞍山的「寧蕪線」要先沿著京滬線在紫金山背（北）走到東端樓霞區拐右向南，繞著紫金山的東側直走至秦淮區的「中華門」站稍息再行。

中華門是南京舊城南端的要門，1937 年 12 月 12 日，日軍便是從這裡攻陷南京，然後展開一連 6 個星期的大屠殺。火車花了差不多三句鐘這樣走了一圈，不知是否想旅客多感受南京百年的創痛，然後於歷史的傷口處回首鍾山，向先烈致敬？

馬鞍山市的火車站很小型，陳舊灰暗，應該是一路走來少作更新，它還殘留著新中國草創時期的粗糙、簡陋、直接了當，連出口處都祇是鐵閘一道，輕輕鬆鬆。

香港新界的馬鞍山原本是個沒落漁村，近年急促發展成新市鎮，連專屬的鐵路支線也有，火車站現代得很，算是香港之冠。南京都市圈的馬鞍山，名字雖然一樣，景況完全兩極，像是給遺忘了

的，怪不得我在南京站買票時，要將「馬鞍山市」重複說了兩次，年輕售票員才想得起來。

旅遊書說馬鞍山取名於楚漢相爭時，「西楚霸王项羽被困垓下，四面楚歌，败退至和县乌江，请渔人将心爱的坐骑战友『乌骓』渡至对岸，自觉无颜见江东父老，自刎而亡。乌骓马思念主人，翻滚自戕，马鞍落地化为一山，马鞍山由此而得名。」香港的馬鞍山亦是取名於山峰的馬鞍形狀，卻少了份歷史的深沉。

是不是這份歷史的深沉拖慢了馬鞍山的現代化我不知道，但火車站前的廣場三面環抱，卻甚有迎客的好意，它頗似歐洲小鎮的古老火車站，平和、含蓄、慢條斯理，卻仍是很中國式的人聲喧囂。

采石磯不難找，火車站廣場有專線公車。公車先跑過一排的兩三層高舊樓，街上全是建築材料店，我不及細數，看來甚麼物料、器材都有，我便醒覺到這是個正在建設中的城鎮，而且好像很趕。

過了差不多十分鐘，公車才駛離那密集的建築材料專賣區，豁然便見四周豎了新式的高樓，圍著一個仿似大湖的水域（後來回家在網上看，才知那是一條叫「永豐」的河），像湖的那段是河中闊開的部份，風景秀麗，氣氛安詳，「火車站原來是個幌子！」我感到一陣驚喜。

采石磯自古都是南京的軍事屏障，朱元璋起義時說過：「取集慶（即今南京）必自采石始。采石重鎮，守必固。」之後，他亦大破元軍於此，很快便駐於南京建國了。馬鞍山，哪會容易看得懂？

我更看不懂的是「馬鞍山鋼鐵集團」，這家集團數年前在香港股票市場上市鬧得沸沸揚揚，這家造的鋼建過了南京長江大橋的舉國知名企業竟是那麼平庸、毫不起眼、毫無生氣的。然而，「馬鋼」的規模確是很大，公車卻要用十多分鐘車程才穿得過它的compound，然後拐了個彎便進了「采石磯小鎮」。我下了車，步過鎮上的主街——唐賢街，往江邊走很快便到「采石磯風景區」。

采石磯風景區的唐賢街是條頗有趣的街子，兩旁多是小吃店，賣著燒餅、拉面之類，店名多刻在深棕色的木板上，有些還雕上了花紋裝飾，間隔著大字寫上的「太白遺風」牆畫，商業得還有點雅意，街上雖然有不少攤子，叫賣聲卻不吵，我想可能因為李白墓（一說是衣冠塚）就在附近吧。街上最商業化的是街心一家裝飾得金碧輝煌的酒樓，金光閃閃足有三層高，與街尾殘留的明清式牌樓著實有點錯配。

李白早年天縱英才，任俠疏爽，亦曾得君王愛憐，「願一佐明主／功成還舊林／西來何所為／孤劍托知音。」中年以後經歷安史之亂，他一直報國無門，「天涯失鄉路／江外老華髮……歲晏何所從／長歌謝金闕。」61歲時的李白更曾經流落江南，無所歸宿，於金陵一帶可憐兮兮起靠故人賙濟過活，一年後便病死於當塗縣（今屬馬鞍山市），葬於采石磯（一說是當塗青山）。怎說，在這裡，李太白遺下的仙風，多少帶點哀愁，怎會是對酒當歌？

采石磯風景區最著名的「太白樓」（或叫「謫仙樓」），唐人李陽冰的《重修太白樓》記：「重樓聳峙，檐宇飛揚，雕甍畫棟，爛焉生光。」李白晚年投靠當塗知縣李陽冰，而李本人又即將退隱，「臨當挂冠，公又疾亟。」

李白亦因此感到前路茫茫，精神極度困擾，連杜甫也同情，「不見李生久／佯狂真可哀。」你說，在這個心理、財政狀態底下的李白，會不會於雕甍畫棟中把酒吟詩？

傳說李白「著宮錦袍，遊采石江中，傲然自得，旁若無人，因醉入水中捉月而死。」是文人想像也好，是真實也好，采石磯倒像披了層薄薄的面紗，迷迷離離。園區是收費的景點，50大元，如果純是為了「太白樓」我就不肯花，最想看的還是到山頂俯覽長江的奔浪。果然，由山上眺望，極目千里，很容易明白為甚麼臨終前的李白，還可以寫得出「淪老臥江海／再歡天地清」了。

　　園區確實很大，前有山林雅苑，後有山崖棧道，我想非花上兩三天不可以盡興，可惜明天我便要離開南京返港，無奈之下便決定還是要到江邊走一走，一償宿願好好親近揚子江。山下沿采石河出江口方待著一列屋子，順著斜陽，樸實無華，村民一就是閒聊，一就是婆孫倆耍樂，河畔花叢中亦有年輕小情侶依偎嬉笑。

　　到江口處便見兩三小魚塘，網撒在斜陽下，飄飄搖搖，疏漏下的水勶，閃閃如含情的目光。看著如此的景緻，我呆了一陣子才被機車的響號聲提了神。順著機車方向走才發現一處渡頭聚了很多機車、旅人。問排在前頭的一位寬容長者他們是否等渡輪，他點頭，還用手指著對岸的一個黑點。我再問一天有多少班，「大約一兩個小時一輪」，「多少錢？」「1元。」我原本以為，過江不尋常，是很費事費錢的，原來這麼便宜，這麼簡單。渡輪樣子像軍用的登陸艇，當船頭的檔板放下，跟著一輪機車駛出，我才明白渡江根本不是甚麼浪漫的事，祇是尋常往返，斜陽下手挽行李的身影，吐露了歸家的渴望。

　　馬鞍山市回南京的火車最晚開七時半，我趕得連吃長江河鮮的時間也沒有，祇好在火車站廣場附近的便利店買了瓶說是本地特產，名叫「采石磯」的白酒，然後匆匆的過了安檢，在低矮暗黃的大堂找了個位子坐下。疲軟的我告訴自己，若果火車又誤點，便要喝了那瓶「采石磯」，讓自己放浪一下，感受李白死前的「孤猿坐啼墳上月／且須一盡杯中酒」，解一解向晚歸途時的寂寞。

　　竟然，今晚火車是準時的，還沒有那麼擠！

第四篇

北京

徐悲鴻做了三年院長便離世。

很多人都說他幸運，不用進牛棚。

蔣兆和的命運，可就坎坷得多。

34. 北京・站

年輕時，我和大學同學們總愛說「不到長城非好漢」。

我們常夢想坐火車到北京，可以看到黑黝黝的火車頭，冒著白雪雪的水蒸氣，乘載著塞外的衛士，擁著偉大領袖的肖像，勝利歸來。可惜的是，我40歲前一次也沒到過北京。

2012年元旦剛過，由香港到北京，我坐的是飛機，因為較坐火車便宜。旅店在東城區「北京地鐵站」附近，由機場乘機場快軌至市內總站「東直門」，轉地鐵二號線，不用45分鐘便到。出了站，拿著地圖找方向，回首便瞥見「北京站」三個大字聳立在一座恢宏的建築物上，少年時候的夢想，30年後才圓，走了不同的路軌。

到了酒店看電視我才知道當天是「春運」首天，怪不得剛才地鐵那麼擠，人那麼趕，行李那麼阻路。電視新聞不斷更新售票的情況，還有專輯教人小心行李，不要落得有家歸不得。在京城，春運果然是頭等大事。我的京城之旅，今趟已是第三趟，好想到「北京站」走走，心裡說不出的興奮。

六百多年來，除了明朝初期和中華民國時期，北京一直都是國都。可是，國土上的第一條鐵路，卻不是在這裡築起，也不是中國人擁有。

1876年，當三、四十萬中國人被騙、拐到美國西部當鐵路苦工時，英國人也同時在上海建造中國第一條鐵路，「吳淞鐵路」，晚了英國人家鄉世界第一條鐵路半個世紀。當時的中國人，認為鐵路是妖物，破壞風水。火車開得到北京，還要等到下個世紀1901年。那時，大清帝國剩下10年的國祚，築鐵路的錢，還要向洋人借。之前，無論李鴻章、林則徐、魏源、徐繼畬這些跟洋人打過交道的大臣怎說「造火輪車，以石鋪路，熔鐵為路，以速其行」，老爺子、

老佛爺就是不聽。

今天的「北京站」建於 1959 年，是紀念共產黨建國十週年的京城「十大建設」之一，第一張車票，是主席拿的。大樓上的「北京站」三個大字，也是主席寫的，可想而知車站的「含金量」。可惜的是，春運期間，車站月台要驗票才可進入，不能看到白雪雪的水蒸汽，我祇看得見車站外廣場的一大排臨時售票櫃位，和湧湧的人頭，對照著主席的大字。

車站都 53 歲了，中國人，仍是要等。

說實在的，春運歸家的人群，比想像中沒那麼洶湧，秩序也不見得擠亂。可能是因為換掉了腐敗的部長，鐵道部今年加了很多渠道售票，票量、班次亦多了。當然，這些都是中央電視台說的。新聞也說，網上售票經常出亂子。去年，鐵路春運，載過 2 億人次，這麼多人，一起返鄉，想必是世界第一。

世界第一的還有廣場側的大屏幕，不停閃爍著班次票量，「有」、「無」的跳動，比電影還刺激。我想新的鐵道部長應該不太壞吧。

火車，在中國人心中，總是有朵陰雲。六十多年前，老舍寫了篇短悍小說〈火車〉寫夜裡火車趕路，「車出站，加速度。風火交響，星花四落，夜黑如漆，車走如長燈，火舌吞吐……」最後火車失火出事，死了 63 人，都是趕著歸家過年的。

北京站，是照「斯太林式蘇維埃建築風格」建造的，設計講求方整、巨勢來歌頌偉大革命。車站面向「北京站大街」，筆直的大路，看不到盡頭。今天京城，爭相聳立著現代建築，都是西方頂尖建築師的傑作，年過半百的北京站，看著有點過時。如今盛世之下，中國人都站起來了。

我不解的是，那麼多的人，連歸家都那麼苦，那麼……

35. 北京・新

　　1998年我第一次到北京，是趟大隊旅遊，招待我們的是兒子的姨媽國內生意拍檔，自然加倍熱情，訪的都是古蹟名勝，長城、明陵、故宮、頤和園……每天都像上歷史課。

　　那時，對我來說京城還是個古都。整個旅程，連吃的都是古早，那時我真愛老北京，不曾想過北京的「新」。

　　有天，我們大隊到「人民大會堂」看表演，領隊指著對面的一片園林，說政府正在考慮在那裡建造一所「國家歌劇院」（後來正名為「國家大劇院」），還要「浮」在水上，法國人設計，很現代化。聽著，我說不出是歡喜還是憂忡。中國富起來了，但為甚麼要建洋建築，且還是個 opera house？領隊笑說：「新主席愛聽歌劇。」

　　自上世紀90年代起，現代建築陸續聳立京城，古都穿起了潮服，我想還是有趣，總覺得長安大街上50年代的蘇式建築太過規矩、嚴肅。現今資本主義都接受得來，誰怕幾套洋服？2012年我第三次到北京，真想看看古都穿起洋裝的樣子。可是行程祇得4天，與其甚麼都看，我想不如專一的看，多點欣賞，多點拍照。歌劇院在古都心臟，當然是首選。

　　我說「多點」，也是多點角度、多點光度的意思，所以去了三次看它，不一樣的時間、不一樣的氛圍。來前 google 時，我留意到歌劇院在夜裡燈光通明，結合著水面倒影，非常漂亮。所以第一次去，選在黃昏，卻忘了北京太陽下山得早，而長安大街又真的很長，我像夸父般趕到時，太陽已歸家了，祇剩下掩映的餘輝，夠我圍著它匆匆的審視。不多久，我便喜歡上這隻「鳥蛋」。

　　其實，當初北京人喚它作「鳥蛋」是心存不敬的。任誰都可以看得出，橢圓形劇院除了外型跟周遭四方規矩木獨的建築著實不相

稱。歌劇院建築師 Paul Andreu 在一次訪問中說：「I expect quite a number of people in China will say they don't like it. But a creation is bound to be something that disturbs.」歌劇院外牆是鈦造的，將周遭也反照過來，在我眼中根本不是 disturb，而是融合，我讓經過的警衛看我剛攝的照片，他笑著點頭。

鈦造的小小眼鏡框也貴得嚇人，何況大歌劇院。建築成本 32 億元人民幣先不說，光是日常營運、維修少說每年也要 10 億。不知是否要省錢，歌劇院晚上沒有燈光通明，我拍得的夜景，祇有暗暗的進口，竟然與整體不相稱，平凡得教人出奇。劇院建造途中因同一建築師之前設計的巴黎戴高樂機場 2 號 E 大樓天頂塌了，驚恐起來歌劇院要加建部份支架，造價超支。不知是否這個原因，門前進口大堂造得那麼寒愴，失禮新主席的題字。

世上祇有壞了的蛋才會浮，可以想像當初北京人對它的恨意。若果他們可以從入口這邊看，他們必會認為它像飛船，準備接載人類飛往世外，我暗自想這不是很多中國人的夢想嗎？現代建築，講求越軌，想像無限，正是自由的追求。奇妙的是，當時的當權者，力排眾議，大膽破格，引進現代建築，卻沒有想過，Modernism（或是 Postmodernism）就是要挑戰 status quo，挑戰權威。歌劇院與人民大會堂並立，anti-thetical 得很。我想 1989 年春夏之交時當權者若有此識見和胸襟，劇院旁的廣場應該不會流那麼多血。

怎說，大劇院 —— 和跟著來的京城現代建築，鳥巢也好，CCTV 也好——能夠在古都聳立，都是表現了一種求新的精神。我不是當權者肚內的蟲，無從知曉他們首肯這些現代建築時的心理狀態。有一點還是可以肯定的，他們沒有像清末老爺子們對火車的惶恐，看來今天的當權者毫不抗拒新的科技，祇要是可以牢牢控制得住的便可以了。二百年前的皇帝，沒有想到鐵路會是國家經濟的動脈，今天的當權者一定明白，宏大建築是國家經濟的表彰，重要的

是，它永不會跑脫。

20 多萬呎的大歌劇院內，有 3 個廳堂，共有 5,473 個座位，有人計算過，每張座子約值 50 萬人民幣。

然而，作為 travel photographer，我不去想這些。鏡頭底下，建築師像要告訴我們，他比誰都欣賞京城的晚霞，他的巨蛋，不衹是浮於水面，也是沉醉於中國的詩情畫意中。

建築師 Paul Andreu 是法國人。19 世紀下半世紀湧起的現代主義中法國人對風景畫有著獨特的見解，不像英國畫家 Constable 般一味追求鄉郊的寧謐，而是認為人間世的風景自有其生命，如 Cézanne 的筆觸，多把俗世的物事畫得躍動，與大自然「共舞」。顯然，Andreu 的確想將大劇院融入自然環境中。我敢說，若果宗白華仍在世，他也會說建築師深得中國藝術的神緒，意境為先。這說，可能連建築師自己也不知道。

Andreu 的主要作品是機場，所以走進大劇院有一種「通關」的感覺和須要。他認為進入 opera house 不同於到超市，應該有一種莊重感。所以劇院內部的「亮點」，是通道頂透明的玻璃，讓湖光掩映。漣漣水影亦隨著日光的移動，幻化不同的景象。

建築師似乎忘記，看歌劇多是在晚上，水影便要靠燈光（月光不是晚晚都亮吧！），無論多亮麗，都已失卻了自然感，那便顯得矯揉造作。不過，有點還是肯定的，它營造了「昂貴」的感觀，我想這可能是當權者的目的吧。

大劇院建成以來，門票收入連日常營運也付不起，需要中央和市政府大幅補貼，這種昂貴感觀，得來不易。可以想像，拿著高價票進場前經過水下，必有無比的暢快感。

劇院的大橢圓頂設計，必要精密的數學計算，名堂大有來頭，叫 Ellipsoid。2004 年，Paul Andreu 之前設計的巴黎戴高樂機場 2 號 E 大樓天頂倒塌，他就首先被指計算不準。雖然事後證實清白，

也害得建造中的大劇院停工，花了個把月重新審視數據，最後還要補上加強支架，超支完成。Andreu 的現代中國夢，險些破滅。大劇院，本身就是 drama。

我望了水光良久，祇看得灰濛一片，我想可能是京城出名的風沙的關係。

建築師可能還沒有將京城的風沙計算在內，大劇院的玻璃和金屬外牆好惹沙塵，而中國人最怕的就是清潔，我想到過北京的多有留意過街上滿身灰塵的車子都會同意。車子主人會說，車子今天清潔了，明日又再惹灰塵，倒不如省水省功夫。國家的大劇院，怎省？

Andreu 說得對，opera house 跟超市不同，進入前者要有特別感。建築師沒說的我反而覺得水頂通道有其象徵意義，要進來的人先要洗掉凡塵，淨卻俗世煩憂才可以靜聽天籟。藝術，不就是這樣的嗎？

今天我訪時，參觀的人不多，水頂之下，很少有人抬頭看天，他們三五成群，各自趕步、拍照、大聲談笑。

36. 北京·空

　　進京前一天，京城飄著雪，我滿心歡喜，以為有雪可賞。心想攝影機一定會很忙，還問自己，四天會否太趕？

　　飛機降落時，窗外一片灰濛，我忘記了京城常鬧風沙。記起《駱駝祥子》裡，老舍寫祥子狠拼風沙的場面，「有時候起了狂風，把他打得出不來氣，可是他低著頭，咬著牙，向前鑽，像一條浮著逆水的大魚……」噢！四天，夠了。

　　早春，北京仍是凍，早上零下六度，害我賴床久了，便遲了到大劇院，看昨夜結了冰的湖面祇剩下一線雪白，卻仍很動人。

　　劇院圓頂透光，其實並不新鮮，二千年前在羅馬已出現。除了實用，還帶有宗教性。光是神的創造、指引。

　　在腳下這個無神論的國家對 opera 的欣賞，甚至是膜拜，我看著有點諷刺。雖然說北京 opera house 的官式名稱是 National Center for the Performing Arts，但大劇院很自豪地將其與世界頂級 opera house 的「結盟」展示出來，告訴我們，這裡的頂峰，也是國力的頂峰。Paul Andreu 當然懂得新富起來我顧客的心意。

　　Andreu 的作品多是國際級機場。他自立門戶之前，是巴黎戴高樂機場主設計師。Old habits die hard，大劇院的大堂活像是個候機室，祇是少了椅子、專櫃和人來人往。它的空間感由此顯得更強。少了機場的匆匆人流，大堂很靜，沒有流動的光影，空氣像凝定著，使人容易忘記時間的荏苒。

　　我大學唸哲學和心理學，當天身處這座現代巨構，我即時的解讀是建築師要「disturb」的除了視覺，更是我們的存在意識，機場的空間是為了流動，這裡的是為了靜下來。光陰原來可以抓著、聽到的。此刻，我才明白梁思成說建築是「凝動的音樂」是甚麼意思。

我聽，故我在。

法國人早在 17、18 世紀已迷上中國文化工藝，並創了 chinois 這個字，好像中國來的都是美好深邃。劇院反映建築師可能讀過一點《莊》，「人生天地之間，若白駒之過隙，忽然而已。」

大堂的每個轉角位，都有不同光陰的投射，每走近一步，光影便跟著變化。在大劇院走是個旅程，卻不用上飛機。

聰明的是，大堂的牆身富有木的質感，使人感到一種實感，不讓旅程跑往太遠的未來。

可是，不聰明的是炫燦的光影，室內玻璃反映過來，disturb 得過了頭，建築師老是忘不了機場。

京師出了名是文化之都，書店媲美大學圖書館，大劇院的書店應該不失禮吧。

原來光影是幻像。書店丁方二百多呎不到，書架堆逼得高高，架上多是練習樂譜，其它書名多是甚麼「100 首必聽的古典樂」、「如何讓兒子做莫扎特」。不要說英文書，連像樣的 gramophone 模型也沒有，可以買得到的祇有塑膠造的小模型……比香港文化中心大堂小書店賣的還要貴。

我想，這也不能怪法國人。書店的老闆應該是中國人吧，大堂經理應該是根正苗紅的幹部吧，這裡的中國人顧客應該比洋人多吧……中國人當家作主，搞展覽炫耀自家文化也應該是自家人嘛，所以也不叼洋人的「光」，搞燈光比法國人還法國。我以為去了東莞看燈飾展。

大劇院最輝煌耀目的成就，據展示說，是圓頂支架祇用了 70 多天便裝好，「中國速度」揚威全世界，甚麼都要快。

可能是中國速度的要求，進口水頂通道旁的演出節目展覽廳弄得要像機場 duty free，顧客買了便走。中國速度，會不會也是節目收科的速度？

廳外的水影，會是掩映著 Paul Andreu 的吐血嗎？

建築物的「光」，我想不祇是用來眩目，也是照亮 dignity，是對藝術至高的尊敬。

我不懂得建築，但愛看偉大的建築物，無論是古典的或是現代、未來的。他們都有一個共通點，就是把天上來的光，看作成智慧的啟迪，生命的擁抱。屋子不祇是藏身所，也是通往永恆之路。

我走出大劇院時已是午後，才發覺風沙已退。京城落日得早，夕陽底下，劇院給照得像所大教堂，金光閃爍，在無神論的國度裡。

37. 北京・吃

1998 年我第一次到北京，給寵得像個小皇帝。

我家和外家受邀旅訪京師，接待單位全包，吃的都是天下名菜，美味得連主席的家鄉菜也顯有點失色。京師的珍味，平生第一次嚐到，盡吃不完，飽後的回味，我準帶點罪疚，回家吃了一個星期的素。

六年後我第二次到北京，談生意，又是給招待得飽滿，早飯也有鮮魚和肥雞，忘了去年的禽流感瘟疫。

老弟曾在京城工作過幾年，吃得似個地道，告訴我到北京最好是涮羊肉，還有燒羊腿，更不要忘記「全聚德」……

2012 年我第三次到北京是為了做美術史研究，學校資助，旅店祇有三顆星，附近祇有胡同，全聚德我不敢上。卸了行裝，才不過中午，我隨便在胡同走走，好吃館子不少，有山東、四川、正宗北京涮羊，街邊還有燒餅、炒栗，連台灣荷葉蒸雞也有，荷香飄過，想吃我卻怕一個人吃不了。北京人真的耐寒，零下五度，還在館子門外呼客。京師土話難懂，豪情卻明亮。

隨便上了家水餃店，老闆問要吃一斤或半斤，我才醒覺一個人在旅途上，最怕是吃。沒有人給主意，也不能多點、多試。菜有多好吃，說也沒誰聽。

鋪子食客不多，都是上了年紀的，今天是星期日，胡同零落得很。這趟我在北京的第一個晚上，沒有主意，我隨便在旅店附近的小店吃了碗牛肉面，還有一支青島，才不過 10 塊錢，都不計較味道了，吃完快走。不知怎的，這夜睡得還好，醒來便又想到吃。

旅店租廉，連早餐 400 港元一夜。早餐西式自助，還有米粥蒸包，可是甚麼都是涼的，咖啡也是。旅店宿客多是洋學生，吃得頗

為得意。早餐單價 48 大元，我不期望烤鴨燒羊，祇望吃點地道，還要是溫的。

我出了酒店，胡同口小館子的濃濃水蒸氣，光是看已暖，我即時後悔剛才吃了個半暖早飯。

午飯吃在王府井，小吃街人頭湧湧，多是站著吃，擠得我拿不定主意吃啥。早上跑了趟空，要做的事不成，想坐下來細吃，好好籌謀。我找了個陽光底下的位子，要了碗羊雜刀削面，老弟說過一定要嚐。

少年時學著叔伯表哥喝啤酒，愛「青島」的淡，更愛「雪花」的名字。後來不知怎的雪花不見了，獨困青島。我第一次訪北京時喝的是茅台、二鍋三鍋，第二次來喝廉價紅酒。今次來尋回了雪花，像失散了的戀人，異地重逢，伴著古都美食，人生幾何？

我選了家山西鋪子，surprise 很快便來了。盛菜用的是膠盤子，我心裡先涼了半截。店子裝潢得很有古意，卻連個泥黃瓦碗也捨不得，我真心希望他們把省下的錢都補在菜餚上。

羊雜切得細碎，沒有嚼頭。湯還可以，不濃不淡，隱隱還帶點羊羶。麵條肯定不是鮮削，整整齊齊，像台灣產的乾貨。連啤酒共花了 37 塊，我才發覺自己始終是個遊客。

晚上，我做回遊子，上胡同裡的小館子，真想吃點地道，涮涮鍋子。坐下來，看著角落的一家大小歡天喜地的點這點那，心想一個人涮鍋有點怪怪。

涮鍋店的菜單密密長長，我懂中國字，卻不懂中國廚子，真的不懂他們如何練就一身的天下名菜功夫。沒主意底下，我隨意點了紅燒牛肉。厚厚的牛肉，肉軟汁香，份量恰好，滿滿的青椒，信是慷慨的廚子，讓好漢終於吃到好菜了！連酒才 24 大元，我還想再吃，可是鄰桌的鍋子泡得很沸，電視機也吵，便消了吃意。

旅店很近「王府井」，乘地鐵兩個站便到，徒步不消 15 分鐘。

我每趟來北京都好像要走一走王府井大街，第一趟是吃烤鴨，第二趟是買包裝烤鴨，今趟不想吃烤鴨。

很多人都說，「王府井小吃街」是訪京必到，香港人不會錯過。我到時然有熟悉感，除了廣東話特別響亮，人擠得比香港銅鑼灣還要滿，還有香港來的小吃，撒尿牛丸、咖哩魚蛋……這裡雖是人多，步履卻不像香港人的急，我想這裡必是蠻多好吃，要一一嚐過才算是老饕好漢。剛來的可以先吃炒栗，開了胃口便來蒙古烤羊串，四大串才 10 元，不飽的還可咬四個煎餃，吃得下的話還有現成的烤鴨，吃不下的可以買包裝的回家，甜品當然是冰糖葫蘆，拿著串子站著吃，就是風味。吃完隨手掉進路心的垃圾桶，方便得很。看著滿街的大垃圾桶，我想京城的官，不但懂吃，執政真的為民。

聽說王府井大街滿佈警察，明的暗的都有，我主意拿不定，怕吃時不小心，羊串掉在別人的頸背，給抓去坐牢。最後，我還是敵不過蒙古肉香便違背美食智慧，著意找檔少客的，吃時還要低頭緊看，怕吃出了禍來。

肉烤得剛好，有羊肉的嫩，還有我喜歡的羊肉羶味。怕祇是沾上過多椒鹽，奪了原味道。

大漠缺水，馬上英雄怎會愛鹽，還要那麼的重？吃了一半，我才發覺欠點酒香，幾番努力下才可以擠得出街外，買了罐雪花啤酒，老闆娘從櫃子取出來給我時，不是冰凍的，她說將酒待在風中，很快便涼，如此可以省電。我才想起胡同的小館子都是將啤酒擱在門外，要時才拿。

重椒鹽壞了羊味，暖啤酒壞了氣氛。

2001 年，我初到新加坡定居時，澳洲來的小羊脛賣得便宜，我常用紅酒燜，慢火地要兩個小時才成。弄多了，便成自家名菜，宴客多煮，愛其嫩滑耐味。往後，小羊脛貴得嚇人，年來已成桌上珍品，我便少吃了。今天在古都吃得狼藉，有點歉疚。

心定了下來，我才發覺滿街是香，卻渾濁得很，難以分別，也難以享受。對著爐子久了，不要說臉皮難受，恐怕嗅覺也會失靈。

離京的早上，太陽亮得很早。中西夾雜的旅店早餐仍是涼的，我吃了一半，終於難忍便去吃胡同的小籠包。挑了個近門的位子，看街上的過客。包子端來時，剛巧有客人拉門進入，一陣寒風攝來，包子特別的暖。

包子很白，跟上海灰灰的不同，皮也甚厚，我以為廚子取巧，以麵粉代肉。我吃了一口，雖然湯汁不多，肉有點乾，但包子皮卻是出奇地軟熟，我立時感到古都的冬日早晨的溫柔。吃到一半，我再要一籠。

【後記】我初訪「王府井小吃街」後 7 年，即 2019 年，它已閉店升級改造為高級商業區，是不是新領導人怕了那裡的羊羶味和叫賣聲我不知道，祇怕我下趟訪京時缺錢找吃。

38. 北京・臉

神州美食，大江南北好菜，京城都有，中國真大，我肯定京城的廚子不會全是本地人。王府井小吃街，多的是遊子，斜陽裡，好看的不是食物，而是人臉。

老實說，街上食物擺得紛雜，看著都是饞相，小吃好像不用錢的。我愛弄飯，為的是疼吃著的人，煮的都是幸福。小吃街滿是弄飯吃飯的人，我倒想知這裡的廚子怎麼感受。煮和吃都那麼急忙，不問鹹苦，每天做著同樣的事情，嗅著同一股味道，看著同一般的饞相……

常識告訴我們，找好吃的要找人多的店子。我想這還不夠，專注的廚子弄的總不會餿，誰會毀掉自己所出？我看到有家鋪子少人光顧，心想可能是要價高，然而廚子卻沒有憂容，也不呼客，還是那麼專注，遠鄉的美味柔柔飄過，可惜我這個遊子先已飽了。

繁雜的小吃街，我倒同情這裡弄吃的，不停招呼要吃客人，喘不過氣，客人爭相付鈔，吝嗇的是稱許。滿街攤子，少說也有過百，整整的列著，像排排的囚牢。擺著的除了紛陳的食物，還有張張的倦容，晚陽底下，照得落寞。小巷裡，渾雜的不祇是濃濃的肉香，還有各自的鄉愁。

在京城待過的人，相信沒誰會比齊白石更想家。齊白石是湖南人，初到京城時已經 39 歲，他之後再花了十多年周遊天下，到 53 歲才定居京城，一住 40 年，直至終老，享壽 93。在京城，齊百石畫了很多家鄉的事物，蟲子瓜菜，天真爛漫，看的無不歡喜。老人原名「純芝」，「白石」是故鄉名字，「白石鋪杏子塢」，大師的家鄉，像畫。

大師畫了大半生畫，都是學著古人，畫的都是「雅」畫，不問

人間，到不惑之年他才要還俗。老人說是「衰年變法」，我認為其實是返老還童，回復一片童真，畫的盡是塵世的「小」事。

今趟我到北京作學術研究，要到「中國美術館」看畫，它正在展覽近代六位大師的作品，白石老人的真跡，我還是第一次看到，更引我注目的，反而是更少看到的任伯年。

任伯年比齊老早出生 24 年，1840 年，中國水墨已畫了千多個年頭，清代晚期時很多人都認為它已頹墮委靡。任伯年的畫卻生氣活現，傳世的是人物畫。中國畫在宋代以後都不重視人物（除了神仙、仕女），肖像多是記死人的，多供拜祭用。傳統畫家關注的是世外山水，畫的都是神仙高士，藝術高雅，俗世的人事不用關心。中國美術館藏任的《趙德昌夫婦像》人臉用上了顏色、陰暗效果，加強實感，人物的表情自然，很有生活感。雖然沒有記錄，我細看下更相信畫家是對著真人畫的，有血有肉。任伯年跟京城沒甚關係，平生多活躍於上海，對西畫多有接觸，還多了分幽默感。

民國以後，徐悲鴻說要改良中國畫，要寫實，要多寫人物。他看不起明清畫家，除了明代的徐渭、清末的任伯年和齊白石。徐悲鴻本身的畫藝不是絕頂，一流的是他（對中國古畫）的眼光。

任伯年生得幸運，家裡長輩都是名家，他大伯父任熊的《自畫像》我最喜歡。

任熊一生不甚得意，他的《自畫像》把所學的傳統筆法憤然壓扭，畫得自己衣衫不整，露出筋肌，故意失禮。畫面光暗分明，藝術家的挫落，身體說了出來。任熊沒有習過西畫，卻比徐悲鴻早半個世紀尋回失落很久的人臉，告訴我們，人是有感覺的，每個不同。

我的論文理論是，清末至民國時期的有為畫家，將中國畫從世外帶回人間，不信永生、世外，承認人的 mortality，畫人臉是對生命的一種尊重甚至歌頌，因為人誰無死，life is only a journey，畫家記下的是旅程中的一刻美麗或苦楚。館內任伯年、蔣兆和的蟻民

告訴世人，死亡並不可怕，活著就是幸福。

館內我再看其它大師，李可染、潘天壽，蔣兆和都吃過文革的苦，能活過來是中國美術的福份。任伯年、黃賓虹、齊白百活不到文革，是大師們的福氣。美術館藏的，除了大師的畫，還有他們的喜樂與酸苦。

雖說蔣兆和的水墨人物寫實感強，但其作品題材多是蟻民，少有其它，一生都貫徹著一種模式，也沒有技法上的突破，嚴格來說，將他與其它五位大師並列，有點拼湊。不知怎的，今次展覽沒展徐悲鴻的畫。

徐的水墨人體，比誰都膽敢超越傳統。不知為甚麼，蔣兆和就是不畫人體，我看過的祇有一幅《搔背圖》，裸得背部，不肯見人。徐悲鴻的問題是概念先行，沒有齊老的率性自然，更糟的是，他一生都東奔西跑，成名過早過急，缺了黃賓虹的專注。話說回來，徐的馬，如齊白石的蝦，也是一絕。北京已經有座專館紀念徐悲鴻，但它在 2010 年 9 月已關閉，重開無期。

美術館展覽的除了大師，還有學生。我碰上了「中央美術學院油畫系第 16 屆研究生班作品展」。中央美術院成立於 1950 年，首任院長就是徐悲鴻，這班新進畫家，說上了便是徐的徒子徒孫吧。徐一生都致力美術教育，因為他相信蔡元培的美藝教育可以拯救一個民族的靈魂的信念。徐在北京、上海、南京、杭州多所藝術學院教過畫，「以西畫技法改良國畫」，貫徹始終。國畫源遠流長，說實在，徐悲鴻的「改良」，怎說都算是開風氣之先。

我個人認為，徐對中國近代藝術最大的貢獻在油畫。吳作人、艾中信、董希文、現任院長靳尚誼，都是他教出來的油畫名家。徐堅持以素描寫生為一切畫技的基礎，人體少不了。徐悲鴻嚮往西方的（新）古典，他畫的人體畫，現在回看，總有點落伍。

徐悲鴻做了 3 年院長便離世。很多人都說他幸運，不用進牛

棚。蔣兆和的命運，可就坎坷得多。文化大革命時，水墨都是「黑畫」，跟其它大師一樣，蔣兆和被關進牛棚，不得作畫，天天寫檢討，「死」過不知多少回。最後，蔣捱不住便自薦為主席畫像才吃少了苦頭，往後還畫了許多工農兵，歌頌新中國。

2009 年的一次秋拍，蔣的主席像賣了 386.4 萬元，報上說，蔣兆和的畫是最好的投資，因為同場蔣的另一幅《中國人民站起來》賣得 1,904 萬。蔣卒於 1986 年，一生畫了不少京城小人物，若他活得到今天，我想，還有一幅他還要畫的，許是《中國人民富起來》。

如今，很多中國的畫家也富起來了，美術館的建築卻顯得過時，配襯不起內裡的國寶。我但願，大師們在天上，還要保祐中國人的靈魂，要讓他們好好地看畫看未來。

得聞美術館要擴建，我滿心歡喜，想那起碼也可拆掉美術館旁的舊象，添點新美藝。

走時，館外夕陽正好，不捨夾雜著唏噓，我心想，中國還有很多命要革，例如館裡此起彼落的手提電話鈴聲、大人交談聲、小孩嬉笑聲……

39.北京・毀

　　說徐悲鴻活不到文化大革命是他的好運有點悲涼。事實上，他留下的作品遇上了文革還是要革掉的，最後得周恩來暗裡保護在北京故宮，一待 13 年。

　　1953 年，徐悲鴻死於腦溢血，主席和總理都說徐是愛國的。此後，新中國的歷史權威給他打了個印：「偉大的愛國主義藝術家」。

　　1928 年，徐悲鴻從法國學成歸國，用了兩年時間，學著法國新古典主義最推崇的歷史畫章法，畫了幅油畫《田橫五百士》。田橫是秦末齊國貴族，漢初劉邦稱帝後招安田橫，田不肯仕漢便在漢京自刎了，噩耗傳來，田手下的五百壯士也隨其主自斷而去。徐悲鴻畫的是田橫赴京前跟壯士告別的情景，連自己也畫進了去。從此，世人都說徐忠義愛國，我就是不解。

　　畫的水準如何且先別說，以中國歷史正統觀，甚至是唯物主義歷史觀看，漢劉已定天下，田橫誓死不肯跟隨中央政府，怎說也不是忠君愛國吧。打個比喻，1949 年後，跑到台灣的，在主席眼裡，怎會是愛中國的？

　　徐悲鴻跑過很多路，大半生都在奔波，直至 1946 年在「北平藝術專科學校」當了校長才定了下來，共產黨執政後，還讓他當上了「中央美術學院」的院長，一統天下藝林。新中國，他肯定愛。

　　1949 年以前徐悲鴻罵國民黨，都有文字記載，他卻又在重慶侍過 8 年，在南京也當過中央大學藝術系系主任，吃過國民黨的糧。我膽敢說徐悲鴻是個 paradox，死守寫實主義，一生卻從未像蔣兆和般畫過蟻民苦眾。他活在戰亂中，卻又不學高劍父，寫過戰爭的可怖；他說國畫頹敗，文章卻寫得像古人般模樣。徐的性格像個鬥

士多過藝術家。不過,有一點還是明白的,徐一生省吃儉用,餘錢都花在畫畫和藏畫上。

現今北京的「徐悲鴻紀念館」有他私藏中外古今畫作千多幅,其中的(仿)唐代吳道子畫的《八十神仙圖卷》是他的至愛,此卷徐於1937年在香港從一名德國婦人購得,1942年在昆明躲避日軍空襲時被盜。兩年後,徐始在成都花了20萬元和自己的數十幅畫贖回。名畫的轉折,對照徐的一生。

1919年,徐悲鴻24歲,經蔡元培推薦,獲國家資助赴法國學畫,兩年後,公款停匯被逼遷往德國柏林暫住省錢,1923年初,公款才匯到巴黎,徐得以回法,學畫至1927年回國,先在上海授畫,兩年後移居南京,未幾轉任「北平大學藝術學院」院長,上任未及半年,辭職返回南京。1933年開始,徐多次赴歐辦畫展,1934年到意大利,親睹文藝復興藝術奇葩,為之傾倒。1936年,往桂林創辦「廣西省美術學院」。1937年南京失陷,「中央大學」避走重慶復課,徐悲鴻緊接授畫。1946年6月復員南京,徐養病多時,始轉任「北平藝專」校長,1950年再任新成立的「中央美術學院」院長,事業最高峰,一時無兩。

期間,1939年徐應Tagore(泰戈爾)之邀,往印度講學一年,作水墨大畫《愚公移山》,再飽覽喜馬拉雅山風光。因日本軍封鎖回國海路,徐被逼赴緬甸尋陸路回國,不果,轉赴新加坡、馬來西亞,賣畫籌款抗日。1942年,日軍兵臨馬來亞半島,徐悲鴻冒險坐船回印度經緬甸進雲南。當時剩得兩班輪船,日本人炸毀一班,徐坐的是另外一班。他返國前將新作百多幅埋於新加坡,和平後多番尋找,不知所蹤。

徐悲鴻幼時家境貧困,常跟父親流落他鄉,靠寫字賣畫為生,跑遍了家鄉附近的無錫、常州、溧陽……年輕時兼任三處中學教畫,每天往返,都是用腳行走。20歲時,徐決意離鄉謀生,從江

蘇宜興，徒步走到上海，百多里路，預示著他下半生的轉折。我常想，若果徐悲鴻不作畫家，改作 travel writer，肯定是一流的。

英國牛津教授 Michael Sullivan 專研中國藝術史，看不起徐悲鴻的畫藝，卻說徐的 sense of purpose 是其同輩中罕有。事實上，其後中國美藝教育，徐的 sense of purpose 貢獻確實不少。不知是否無定旅途的磨練，徐悲鴻最值得尊重的，是他對美藝教育的堅持，和一往無悔的寫實主義精神。

Sullivan 批評《愚公移山圖》品味不佳。細心地看，徐悲鴻畫人體，用西法，對著摸特兒作稿，真實感強。故事主角愚公、村婦、村童都是用中法，人樣是想像出來，很平面。若果這就是中西合璧，那便是西的寫實混中的寫意，有點創發，但為何寫實那半是印度人樣？通常的解釋是徐悲鴻在印度作此畫，當然用的是印度模特兒。既然題材是中國的，徐又為何不等回國照中國模特兒的樣子畫？可以說，徐悲鴻所了解的寫實主義，祇停留在技巧層面，有點「拿來」。

無論怎樣，《愚公移山圖》是現今北京「徐悲鴻紀念館」的鎮館之寶，而它的館長是徐的第三任妻子廖靜文。徐悲鴻死時 58 歲，留下才 30 出頭的妻子，還有一千二百多幅作品、千多幅私藏。廖靜文祇保留徐的一本素描冊子，和一幅《六馬圖》，照徐生前囑咐，將所有的都捐了出來，用徐的舊居作個紀念館。紀念館在北京站附近，70 年代因為發展地鐵要地拆了。文革後，廖靜文親自寫信給主席，主席才親自批准在北京西城區現址建了新館。徐悲鴻的畫，也有個飄蕩的旅程。

2012 年春我到北京，紀念館已關閉了兩年多。看到的蕭條景象，教人唏噓。紀念館所在地正作危房處理，前途難料。過去多年，廖靜文一直籌劃擴建，市政府早已批了館旁的二萬多平方米地，廖靜文還差 9000 萬元。

在紀念館藏的《愚公移山圖》是水墨畫，徐悲鴻還畫了同一模樣的油畫版本，不知怎的給留在新加坡。2006年夏天，北京一個拍賣場中，它賣了3,300萬人民幣，油畫終於回國（或偽冒？），在某個剛富起來的家中。

今天，中國的拍賣場，徐悲鴻三個字隨便也值千萬，假的也要。今天，廖靜文應該有90歲了，一生保守著徐悲鴻的legacy，她到84歲時才將自己保守了大半生的兩件徐悲鴻作品拿出拍賣，因為紀念館缺錢。

1982年，廖靜文出版了《徐悲鴻的一生》，大師的一生，廖寫了30年，因為她的首批手稿文革時期全給毀了。

紀念館對面是北京西城區的購物大街，人車爭路，過馬路真要拼命。看著橫闖著的巴士，我遲遲不敢過路，剩是看車窗反映著寥落的紀念館。

40. 北京‧緣

2012 年冬我到北京研究徐悲鴻，除了看畫，還要請教專家。

約好了「中國美術研究院」退休教授郎紹君。現今凡是唸中國美術史，中外名家合寫的《中國繪畫三千年》是最好的導讀，內裡近代的一章是郎紹君寫的。

中國人感情一向豐富，古人講忠君，今人講愛國。新中國早年，甚麼都是愛黨愛國，歷史研究也是，藝術家的政治忠誠重要過作品，作品都是同一個面孔。文革以後，郎紹君重新審視近代中國畫史，放下口號，作品先行，帶來一股清風。他的《論現代中國美術》，劃了一個時代。

郎家在朝陽區惠新北里，我乘地鐵從北京站去，30 分鐘便到，附近除了「中國美術研究院」，還有「視覺藝術館」、「魯迅文學院」、「中國現代文學館」，書香濃濃，文質彬彬。我到時，郎教授正在舞墨寫字。

第一代研究徐悲鴻的人都說他偉大，因為他愛國。郎紹君說要看徐的兩面，不要衹聽他的理論，還要看他的實踐。教授同意我說，徐是個 paradox，講得太多，實踐得少；然而他的歷史地位又真的很重要，不是因為「主義」，而是「教育」。談得起勁時，我提到一篇新近發表的〈徐悲鴻形式語言的改良〉，說它代表了研究徐悲鴻的第三代，理性和深入。原來作者華天雪是郎的學生，我手上的是她的博士論文的摘要。

教授二話不說，打了個電話，不到十分鐘，華博士便到。我告訴她，在她的論文裡，她答了個很重要的問題，究竟徐悲鴻改良中國畫的甚麼「形式語言」？即在技術層面上，徐的畫藝改革的重點在哪裡？

　　我對她說我的研究得靠她的洞見，認為她是第三代的代表，祇問學術。而我？年紀不計，但願趕得上是第四代吧。

　　華唸完碩士後，在中國美術研究院再花了九年才拿到博士學位，現職研究主任，看著她的樣子，我更加堅信，讀書真可以使人年輕。談著看著，老師與學生，仿如父與女。一代學者，有了傳人，教人欣喜。

　　1953 年 9 月 26 日，北京，徐悲鴻逝世，徐的一位遷住台灣的舊學生聽了噩耗，閉門哭了三天。學生的名字是孫多慈，她還為老師服了三年喪。

　　徐悲鴻一生有過三個夫人。17 歲時，父母之命，徐逃也不了，被逼和一位農村姑娘結婚。徐悲鴻 20 歲時離鄉，留下妻小，兩年後，妻子病逝。

　　第二位徐夫人蔣碧薇，徐在上海早期已認識，當時蔣跟別人早已訂婚。徐的髮妻死後未滿月兩人便相約私奔海外，蔣往後跟著大師東奔西跑好多年，好多黃金歲月。

　　1928 年徐悲鴻學成歸國，事業才剛起步，蔣已經常埋怨徐終日溺於畫事，冷落了她，不久，更與別人私通。期間徐蔣多番離合，至 1944 年才正式簽字離異。

　　徐悲鴻在歐洲用所學（寫實主義）畫技畫中國題材，在當地少也闖出了名堂。

　　1926 年他畫的一幅——可說是成名作——油畫《簫聲》就是蔣碧薇作模特兒，那時她確是清麗可人。此時徐悲鴻兩袖清風，常以夫人作畫，兩人卻常為金錢問題吵鬧。

　　徐悲鴻一生畫的人像，最多的卻是孫多慈。

　　1930 年 9 月，18 歲的孫多慈來到「南京中央大學」旁聽徐悲鴻的課。很快，徐便常約她到其畫室為她作畫。不到兩個月，徐便向朋友訴苦：「對孫已有戀愛傾向，惟不知對方的態度如何？」此

後徐孫師生戀逃不過蔣碧薇的多方阻擾。

1938 年 7 月，徐悲鴻登報聲明與蔣碧薇脫離同居關係（徐蔣從未正式註冊結婚）。8 月，徐託朋友拿聲明往見孫父求娶孫多慈被拒。「師生關係不能打破」，孫父的說話，埋了一段姻緣。孫多慈後來嫁了個喪了妻的國民政府高官，1949 年便遷到台灣長住，後更在大學教畫，1975 年她 63 歲死在美國。我沒有看過她的畫，聽說她一直保守著老師的教導。

1949 年蔣碧薇帶著與徐悲鴻最終離異時所拿的 100 萬元和徐畫 100 幅、兩個徐姓孩子，跟情夫去到台灣，此後再無結婚，靠拍賣徐畫活到 1978 年，死時 79 歲，遺願將所剩徐畫全部捐給「台北歷史博物館」。

徐孫苦戀 10 年，適逢亂世，聚少離多。有一次，徐悲鴻在桂林收到孫多慈寄來的一枚紅豆，卻沒有半個字。徐悲鴻以前在《孫多慈像》題過：「慈學畫三月，智慧絕倫，敏妙之才，吾所罕見……」一枚紅豆，道盡女兒心事。

孫父拒婚後不久，將孫多慈送到香港，一年過後，孫給徐寫信，說後悔當日因父母反對，沒有勇氣和他結婚，但相信總有一日兩人會再相見。

徐悲鴻寫信給朋友說：「我不相信她是假的，也不相信她是真心的。總之我已作書絕之。」此時，徐悲鴻與蔣碧薇已分開了多年，他還寫信給蔣母，說準備將那枚紅豆鑲成金戒指，轉贈給蔣，以示跟孫多慈決絕之心。我說，徐悲鴻是個 paradox。

1994 年，台北歷史博物館舉辦首次「徐悲鴻展覽」，已近古稀的廖靜文第一次踏足台灣，跟記者談起孫多慈時她平靜地說：「這是一個悲慘的故事，就是有情人未成眷屬。」

大抵，徐悲鴻是有福氣的，廖靜文嫁他時才 23 歲，少他 29 歲。徐悲鴻一生奔波，身體積弱，第三次婚姻給他安定下來，他更而登

上事業最高峰，1953 年徐 58 歲死得雖說是太早，卻避過了一場文化大浩劫。還有，孤獨的廖靜文，一直保守著他的 legacy。

　　徐悲鴻一生中愛過的女人中，他畫得最少的卻保有他的最多，也許，這就是廖靜文的福氣。

41. 北京 · 聊

2012 年冬，該訪北京的第一個早晨，寒風凜冽，我急步走出旅店，即時便看到路旁報攤賣報的娘子穿得厚厚，罩口的布拉得高高，煞是有趣，便想跟她拍個照，好說明京城的風沙。看她正跟人聊著，我不好意思打擾，便站在一旁等候。良久，看她和買報的聊得連他的狗兒也不耐煩，扯著主人要走，然後緊接的又是來找聊的一幫，冷風吹走了我的興緻，反正賣報娘子明天應該不會走。

在胡同一家小館子吃餃子，菜還未到鄰桌已在爭論，新來的客人——我——是個日本還是韓國人。當我拍照時，他們還肯定說我是個記者。我轉過身跟他們拍照，告訴他們我是從香港來的，他們有點困惑，提醒了我的普通話水平，我於是慢慢地拼音：「x—i—a—n—g—g—a—n—g。」聽了，他們互望一下，才笑了出來，跟著齊聲問：「Xiānggǎng zài nǎ？」很重的鼻音，聽不出還有沒有「er」。說完他們便問我年紀，一個猜 40 多，一個說 50 吧。若果不是看了五隻手指，他們這頓飯，肯定我請客。走時跟他們握手道別，說了句「pao chong」，他們都在笑，我看他們碟子仍滿。

轉頭時見館子角落有人孤獨對窗吃飯，猜他不會是地道吧。北京人愛聊，老舍最明白，一本《茶館》，便聊上半個世紀，從清朝聊到民國，國家大事、個人恩怨，都灰飛煙滅茶水菜飯之間。

「總之，這裡是當日非常重要的地方，有事無事都可以坐上半天。」老舍的名劇，大多發生在茶館，是「一句台詞勾畫一個人物」的好戲。在老北京，國家興亡是聊出來的。就算沒有茶，碰面就是要聊。可能就是這個緣故，北京話很重鼻音，聊世事無常，不煞有介事不上心。此時我恨我的普通話，到了京城，除了點菜，甚麼都不敢說。

　　我的大兒子在新加坡唸過幾年中文中學，說得一口不錯的華語，三年前帶他到上海，去年到台北，我老抓他作翻譯。如今我一個人在京城不敢聊，祇有光羨慕。直至到了故宮，可能是皇廷懾人，也可能是看到煙飛灰滅，總想聽聽真實的聲音，總想找個人聊聊國家興亡。因此，訪故宮時我便跟著一些導遊團，聽歷史的波濤。

　　聽了一些都是百年恥辱、民族大義，我都不懂，於是便找個偏廳看看有沒有白頭宮女細話當年。

　　宮女找不到，白頭的是佟先生，他正伴著一對洋夫婦，說著流利的德語。聽他的語調，高低抑揚，不似是在介紹，倒像是在討論。我心想，他會不會是個大學教授？當洋夫婦跑開看其它東西時，我問白頭先生是不是中國人。「当然是！」又一次提醒我，我的普通話真爛。其實我想問的是他是否「dé guó huá qiáo」。

　　原來，佟先生的德語是在北大外語系學的，他反問我怎聽得出那是德語，我說因為它不像英語。我問他那對洋人夫婦是否他的朋友，他想了想便說：「帯了他们几天，已成朋友了。」我明白他的意思，便說要給他拍照，他非常合作，怎擺都行，還給了我電郵地址，著我回家電郵照片給他，還鄭重地教我他姓的是「佟」，應該唸「tóng」，不是「dòng」，他還強調「佟」是滿族大姓。我竟然在紫禁城和滿族大姓聊過，滿心奇妙。

　　從故宮神武門走出來，給個四川來叫 Alice 的少女跟上，說要找外國人聊聊（她一定看錯我是日本人），好練英語。她的英語說著也算流利，她推著單車說要到前頭找間 café 坐下和我好聊。我想在京城喝 coffee 怎通，便說還要拍照，便謝了四川姑娘，拍了她一張照便算，Alice 彎有笑容。之後我沿途拍了幾張城頭落日，回頭時見她伴著個年輕洋小子，推著單車，邊行邊聊，看不見我。

　　在 café 聊，的確不是中國人的事。法國人也愛聊，在咖啡館，在酒廊。始於 16、17 世紀，法國人愛聚在一起討論政治文化藝術，

以顯示其知識水平、品味身份，後來便發展成為 salon（沙龍），品評人物、藝作，以至政事。後來在 18、19 世紀，沙龍更成為法國選拔畫作的最高殿堂，入選的畫家，身價百倍。徐悲鴻在法國學畫時，也曾入選過。

聊，我相信，可以說出一個民族的心底話。

老舍的《茶館》「時常有打群架的，但是總會有朋友出頭給雙方調解……經調人東說西說，便都喝碗茶，吃碗爛肉面……就可以化干戈為玉帛了。」試想，如果文化大革命都衹在茶館裡進行，那會多好。

順著故宮的高高紅牆，看著平常百姓向晚回家前的閒聊，京城的歷史，有誰更能說得清楚？

告別京城的當天早上，我決意要給賣報娘子拍個照，好運的話還可跟她聊一聊，問她怕不怕冷。終於，我還是要待她跟過路的聊上半天，才快快的給她拍了張照，跟她買了份報紙，要一元五分，我給她兩元，說不用找，因為今天我要回 Xianggang。她沒作回話，闔了眼便睡，京城風猛，我沒有怪她。

在往機場的快軌上，冬陽正好，旅途上的人，聊得開心。看著他們，我明白得到，中國人，能聊就是幸福。

42. 北京 · 看

　　我今次到故宮是要看畫，進了去才發現展畫的「武英殿」關閉了，原因沒說。

　　武英殿在紫禁城的側旁，偏離中軸線，也偏離了線上的人流，我站在側廊回看，皇城真大，感覺自己似是斷了線的風箏。

　　1998 年我舉家遊北京，故宮當然要去，「中國人一生起碼一次」，人看我看，皇帝的事嘛，甚麼都要看，回家甚麼都記不著，祇靠照片證明曾經到過。

　　如今，我一個人到皇城，不用趕，既然付了費，看畫不成，便看別人，看他們的「看」。

　　1998 年，電子相機不是沒有，用菲林還是較便宜。如今連手機都可以拍照，人手一部，舊皇宮內我看到手機此起彼落，似是要招皇帝皇孫的魂。我忽發奇想，為何不找些演員，扮扮皇帝，反正現今中國，連蛋都假。說不定，真找著唐國強穿起龍服，大家肯定以為雍正大帝應召回魂。

　　我看著不明白，難道現今所有相機都有防震？你爭我湧，拍得怎好，也不會像紀念品店賣的明信片清晰吧。噢，明信片不可以即時上載，我真是！

　　還是，中國人都愛群眾運動的呢？人家做的，老子也要做，主席以前說過群眾永遠是對的。多年前我在倫敦工作時，老闆兼營旅行社，聽他說過，日本遊客的生意最好做，每到景點，下了車拍過照便走，整整齊齊，從不離隊，也不發問。80 年代，是日本人天下；如今，都是中國人了，改變的是導遊語言，不變的是遊客。

　　皇城倒不盡是人頭，偶爾也看到有人慢慢地找角度，耐心地等待光線。有一位洋女子拍成了便對我眨起單眼，似是同意我信的：

photography is a lonely business。她嫣然一笑，又矍過去了，像快門般。

中國人不祇愛看，也愛窺。窺起來，也像古人。中國建築，從來不重私隱。

古人相信，人皆可以成堯舜，聖賢當然坦蕩蕩，非禮勿視。不能說古人這種說法有問題，祇是過於理想化，不解人類本性。其實想深一層，這說法也不全錯，食色性也，可以說古代哲人太了解人性，一代又一代教導我們要識禮守禮，祇要人能夠克己，天下就會太平。古人大概不懂得，魔鬼誘惑的威力。

細心地想，這種通通透透的設計，不正就是「正大光明」的反映嗎？皇帝老爺子是聖賢，執政為民，做事光明磊落，怎會怕窺？可惜的是，皇帝祇得一個，公公滿城都是。

更糟的是，皇帝老爺子也愛窺。

皇城始建於明代，大內密探也始於明代。率土之濱，莫非皇帝探子。1636 年皇城易主，少數統治多數，自然 paranoid 得很，防漢人反清，不靠密探，還要靠誰？

雍正出了名的省儉，他辦事的「養心殿」窄細簡陋。他也是出了名 paranoid，最會用探子。那時沒有 internet，百姓不懂翻牆，想他一定不像今天的領導人那麼忙。少費神，窗明几淨，真的可以養心。一間小書房，窺探了天下。

真的不知道，是否這種窗明几淨的建築精神，再混上了皇帝老爺子的 paranoia，就培養了中國人愛窺的性格。然而，在我來說，這種設計很好地便利了 photopgraphy。

法國人發明 photography 時，紫禁城的老爺子是道光皇帝。他跟洋人打了幾場敗仗，1842 年簽了《南京條約》便讓洋商洋貨進了中國，連攝影機也是，在上海，攝影更是時髦。京城裡，老爺子連火車也怕，何況是攝人魂魄的攝影機？老爺子怎會照像。

　　現今流傳著最早的皇城主子的照片，是慈禧太后 70 大壽前後時拍的。攝影師是當時駐法公使裕庚之子裕勳齡。1903 年開始，裕公子拿著從法國帶回來的攝影機，花了兩年時間，拍了很多老佛爺的照片。誰說老佛爺不喜歡新的東西？幾年前，有人竟然找到老佛爺 50 歲時的照片，洋人拍的。

　　今天拍攝皇城應該不用兩年的光景，看著冬日斜陽，我想四個季節便可，老爺子不在，省點功夫。1842 年，道光皇帝打敗了仗，給中國帶來百年恥辱，直至如今盛世才可以「吐氣揚眉」。1949 年，共產黨打進京城當家作主不久，便拆掉大段舊京城牆，一新氣象。我常想，紫禁城的恥辱，為何不一起全部毀掉？還要拿來己用，登皇城樓上開國，耀武揚威？

　　在故宮，讓我們窺看得見的，是恥辱，還是光榮？

43. 北京・門

故宮，很多門。

若不是給新中國拆了，天安門前該還有「中華門」。天安門後便是「端門」，才到「午門」。現今遊客穿過了「太和門」，皇城最觸目的「太和殿」便到。每道門深有十米，像隧道，我每過一道，總有點寒意。

明朝的臣子不好做，見皇帝老爺子時說了不中聽的話便要挨棍子。走這麼多門，可能就是要讓臣子多多盤算今天皇帝老子愛聽甚麼，好保屁股。不幸若果真要推出午門斬首，這麼多門，有點時間好望老爺子忽發慈悲，刀下留人。

梁思成說這個設計，像叫人看畫，每過一門，看風景流轉，重複中卻有變化，如樂章的進行，雕樑畫棟，紅牆綠瓦，便是音符。梁思成說這是故宮的美，中國建築的美。

古代做朝廷大官真辛苦，三更未過便要殿外聽召，走這麼多門，心膽俱裂，哪來心情看畫聽樂，況且天還未亮。對朝廷大官來說，進皇城未必是美事，皇帝老爺子哪又怎看呢？皇城最後的主子溥儀就說過，它是一座監獄。

在電影 *The Last Emperor* 裡，少年溥儀得知生母去世，驅著單車要出皇城，衛士趕緊關上大門，無論小皇帝怎嚷，誓死不開。電影的導演 Bertolucci 是 Freud 的信徒，影像富有心理分析意象，那道城門「隧道」可以說是象徵女性陰道，大門關上，皇帝的夢胎死腹中。

聽梁思成的話，我所以多看門前門後的景象。他說故宮是一個群組，互有關連，雖然經歷了兩個舊皇朝，卻組織有緻，風格統一，因為都是嚴格按照明清兩朝工部訂下的「營造法式」。

　　試想，明清兩代，經歷五百年，若果沒有嚴謹規則，任令每代的「設計師」自由發揮，怕留下來的不會是今天的佈局和樣子。危險的是，代代的重複，便會千篇一律，沒有生氣。梁思成教我們每走幾步，每過一門、一殿，便要「瞻前顧後、左顧右盼」，讓時間慢慢流動，進入不同的空間，欣賞不同光影、輪廓、色彩的變化。

　　我以前第一次到故宮，看的多是帝家的珍寶，聽的都是宮廷的恩怨。今趟來到，聽梁思成的話，順著起伏的音符，看的都是光影的幻變，信步閒庭，看歷史在舞動，閃爍樑柱磚瓦間。

　　故宮的中軸線上，立了六座宮殿。「太和」、「中和」、「保和」是前三殿，是樂章的主題，明亮而突出。過了「乾清門」，後三殿便出場了。「乾清宮」、「交泰殿」、「坤寧宮」欠了前三殿的雄奇，卻秀麗可人，各有風姿，是樂章的變奏。如果說前三殿帶給觀者的是雀躍和興奮，那麼，過了乾清門，便是悠然與輕鬆。帝王家，尋常路。

　　溥儀三歲登基，皇帝祇做了三年，1911 年，失了帝國，仍保得住皇城，六年後賴遺臣張勳復辟，國土卻祇有紫禁城，出不了午門，皇城仍是個大牢。民國 14 年，北平換了主人，軍閥馮玉祥把清代最後一位皇帝趕出皇城，一了百了，那時，溥儀才 19 歲。Bertolucci 拍他出城那一幕，六個大兵推開神武大門，戴著墨鏡的溥儀緩緩出城，腳步沉重，有人叫了聲 Your Majesty，溥儀側步避過，演員尊龍的 timing 和 pacing 一絕，憾人心魄。最後城門開了，墨鏡底下藏的卻是驚恐、彷徨。

　　我到了神武門前準備離去，卻有點猶疑，還有點不捨，發覺也有三兩遊人徘徊欲返。帝皇風景，過眼雲煙，不禁讓人回首慨嘆。1950 年代初，新中國政府便決定拆掉差不多 40 公里的古城樓牆，倒掉 1,100 萬噸的磚土，一代一代的築建，六百年的驕傲，今天祇得紫禁城「殘」在。

　　當時，梁思成極力反對拆掉古城樓牆，理由不祇是文物的保護。他看到古都多年都是帝王家，公園景山百姓沒份兒。他認為新中國既然為人民服務，那就應該多建公園鼓勵百姓多走出胡同，逛逛城樓。他建議將舊都城樓改為公園，多建涼亭、花池、供人休憩，兼可臨高眺望六百年的滄桑。如今，the rest is history。

　　我走出神武門，護城河結著延綿白雪，好不壯觀，隔岸還有人放風箏，卻寥寥祇得三兩，帝家樓上，好不寂寞。梁思成想望的 40 公里綠帶，如何美妙，落得祇是空中樓閣。

44. 北京．輪

走北京故宮真要坐轎子。

由「天安門」徒步走到「神武門」，直線不停地走，少說也要半句鐘，何況門券 50 大元，我總要學梁思成，「瞻前顧後、左顧右盼」，如此才值回票價。走六百年的路，我粗略算算過，三個時辰少不了。

神武門外我碰到大夥兒雜亂地招客，多是客車司機，一定是看準出來的都會腳筋疼痛。坐三輪車返王府井才 3 塊，著實便宜。

可是我還想要看點胡同風景，唯有推卻三輪車伕，首次踏上紫禁城下河側的北河沿大街，走走看看。

1950 年代初，新中國要拆舊城牆，其中一個理由是要找舊磚子建新房子。大街上，我遇上的房子倒還新淨，不知是否那時建的。我意會到新中國比舊的更愛紅，紅帽子疊著樹影，紅牆外的自行車惹得我好奇，車上的是個老外。

18 世紀初，法國人已發明木輪自行車，沒有鏈條，頗難駕駛。今天模樣的腳踏車，要到 19 世紀中葉英國人不斷改進，至 1889 年待充氣輪胎出現才大體完成。上海最早於 19 世紀中已輸入自行車，京城卻遲了半個世紀。

電影 *The Last Emperor* 裡，少年溥儀踏著自行車宮內行走，頗是得意。自行車是小皇帝的英國人導師 Reginald Johnston 送的，教他的不單祇踏車技術，更是科學精神。那輛車子，會不會是皇城第一部無人知曉，肯定的是，兩個輪子，載了小皇帝前半生的第一次「自由」。

溥儀可能是最早在皇城踏過輪子的人，可惜的是，他的輪子從未跑過宮外的街頭。今天的百姓比他幸福。

忽然間，我問自己為何沒有想過在京城租輛單車走走，像三年前在三藩市般闖蕩天涯。（見下一章）才發現大街上真有單車租賃鋪子，而且不少，看著我有點後悔。唯有安慰自己，京城路險。

清末民國早期的自行車都是洋貨，自然價貴，相宜的單車租賃因此早於民國時期出現。

1949 年後，中國便成為單車大國。所以我說在中國踏車是危險的是有點不實，國內單車專徑到處都有。到京城，不踏輪子，真有點浪費。唉，下次吧。

沿著街繼續走下去，我驀然看到輛載貨的三輪腳踏車子，熟悉得很。

少年時候，暑假我多在深圳老爸家鄉渡過。那時，神州一片火紅，我的祖母是個勞動模範，赤著手就拉起木頭貨車，從公社運送新鮮瓜果到火車站好送香港。我和小叔幫忙推車，今次訪京我在路上偶爾看到這樣的車子，不禁唏噓。

六四之後，神州開放，深圳走得最前，建設最快。我也奔波海外，少了回鄉。五年前，祖母病危，我從新加坡趕回深圳，見街上到處高廈名車，三輪腳踏車幾乎都不見了。不久，我因事返新加坡，祖母猝然謝世，她一生勞動，享壽 98。在京城街頭，我看著木頭貨車輪子，恍如隔世。

說京城車險，也不是沒有道理。我不曉得京城有否輪子載客規定，在香港，單車是不准載客的，可是街上守法的仍然不多，我想單車實在好用。

可能是單車大國，單車尋常都有，我訪北京時卻少見載客，所以有一次當我見到一家老幼都坐在輪子上，不禁莞爾，信他們必是趕著回家做飯，溫暖得很。

大街往下走，不期然我又回到天安門廣場。

廣場前的「長安街」確是寬廣，連坦克車都走得過。單車專道

也不遑多讓，可是現今腳踏車比汽車寥落了很多，不及 1989 年春夏交加之間般川流急趕，載人救傷滿街都是。

輪子，你還記得嗎？

45.北京·擠

今趟在北京，我要找地鐵，是「逼」出來的。

前兩次到北京，我不用找路，在旅店門口跳上朋友的車子便是。那時沒有在意，原來京城也有易找地鐵，說來慚愧。

由東城區到西城區，從 Google Map 看，不出 10 公里，心想的士費應該不貴。我怕自己土話不靈便打印了張地圖，的士找了 3 次，都說看不懂地圖。零下五度，我始終要找地鐵。

北京地鐵站易找，旅店前轉過彎便到，我滿心歡喜，可是看到進口處的寒傖，心又涼了半截。一怕車廂陳舊，二怕進了迷路便出不了來。此刻，我真的懷念香港的 MTR。

這種感覺，以前在上海我也有過，當時浦東已經發展上來，車廂甚是光鮮，可是，地鐵站口多是寒傖，跟大都會的形象很不相襯。北京人樸素我知道，今天盛世就有點難以置信了。回頭也難，我唯有繼續探險北京地鐵，心想堂堂首都，地鐵站總會有路線圖吧。我以前在倫敦住過，路線再怎麼多也難不倒我，靠的就是清楚明白的路線圖。

當看到北京地鐵走線的佈局有點像倫敦的一刻，我便放心。

中心走線，由東至西貫穿市內主要景點，王府井、天安門。由南至北，以兩條主線貫穿東西兩側，像個「井」字。聰明的地方是圍繞著市內心臟地區的循環線，多點轉線的設計，簡單方便，不易走失。

北京地鐵始動工於 1969 年，比英國人建的世界第一條 underground 晚了一百年，當然新淨得多。

我找了要去的站，暗暗地練好拼音，買票時還著意說多幾次目的地，售票員忙著點頭，好不耐煩，也不見他按了甚麼鍵子，收

了我 2 塊錢，從手上的一疊車票，派了一張給我。後來我跑多幾趟，才知道在北京坐地鐵，任何路程，一律 2 元，真是皇恩浩蕩。就這樣，我就原諒了地鐵站出入口的寒傖。

可是，和香港的 MTR 一樣，北京地鐵還有不可原諒的地方。

MTR 不是世界領先，但起碼握手環還未掛上廣告；首都的進步得多，能夠掛上、貼上的空位也有廣告。乘客像北京填鴨，廣告要硬啃。北京車費平宜，可能要靠密麻廣告補貼。香港車費出名的貴，還要我們眼睛受罪。難聽地說，列車像是賣淫，身體賣得就賣，每一寸都是錢。在香港，看電視免費，因為有廣告，為何地鐵還要收費？看電視還好，廣告時間，可以如廁。（說來，很多北京地鐵月台，都有公廁，祇是濕暗。）

大抵，地鐵高層和廣告公司的老闆們不用坐地鐵。他們不會明白，車廂那麼擠，回家那麼倦，誰會看廣告，看了心情又怎會好？

Stanley Kubrick 的經典電影 *A Clockwork Orange* 中的主角是個暴力青年，醫生給他的治療方法是強逼他每天不斷地看暴力鏡頭，連眼皮都上下勾起來，不得合眼。最後，青年不單祇對暴力麻木，對生命更是。

對著地鐵無處不在的廣告訊息，幸好我們還能闔上眼睛。我在北京地鐵能看得到的，「人」祇是擺設，廣告看著我們。

我懷疑，視像空間單一化就是現代人對環境冷漠的原因。軌上旅程原本可以讓我們感受空間、時間的變化、等待歸家的溫馨，以至思考存在的意義，現今滿是商業催逼的地鐵旅程不斷提醒我們：「你，祇是個消費者；我，祇關心你的錢包。」

有位京城朋友說過，搞娛樂要到上海，搞文化要到北京。王府井有頂大的書店，但在北京（和香港）的地鐵，卻少見人看書，看的都是手機、iPad，連自己的行裝也懶理。我以前客居倫敦時，看到很多人坐 underground 時還可以專心讀書、看報。

　　1950 年代初期，新中國政府要拆舊城牆，其中一個理由是要擴建車路。當時人口不過四百萬，汽車也不多，主要的交通工具都是腳踏車，當時的領導人果有遠見，料到今天京城會擠。

　　2011 年的一次人口普查，北京常住人口已逼近二千萬，跟倫敦看齊，人擠車堵。

　　京城可能有點特別。十年前五個本地人才有一個外來的，現在三個中已有一個。北京地鐵多行李，我本來以為是春運的關係，但很快便發現，往返北京火車站的路線行李都那麼多。

　　像香港，北京地鐵站的月台都劃有進出區域，好讓停車時到站的乘客先下車。我的經驗裡，京城列車停站，五次祇有一次對得準劃界，反正都擠，上車下車人人都不讓，煞是熱鬧。有趣的是，眾人推推碰碰間，我卻沒聽過惡言相向，大概京人真趕，沒時間吵架。可能，北京還有點文化擠不掉，生活逼人，罵也沒用。

　　擠在車廂裡，最有意思的還是後面準備下車的會輕叫一聲「下車」，前面檔路的讓不讓路也沒怒言相向。乘客祇有左逼右退地讓後面要下車的走出車廂，過程自然、快捷，我也從未見過有人下不了車。很快，我便掌握了其中奧妙，不慌不忙，祇要擠得位子，靠群眾力量，便不會走站。

　　我在北京坐地鐵，都是逼出來的。

46. 北京‧牆

　　離別京城的早上，陽光出奇地亮麗，讓我想起還有未告別的「朋友」。

　　看過大劇院的午陽，也看過它的黃昏，我還未看過它的早晨。在北京最後一天，我第三次跑去看大劇院，不捨得像個戀人。

　　大劇院的對面，就是「人民大會堂」，我從未如這次般靜靜地看它。以前舉家來時，接載旅遊巴就停在前階，下了車一伙人便湧著走，我祇看過它內堂的大，沒留意過它外表的剛。梁思成說它的偉岸就是因著它門前的十根柱子，整齊而統一，重複而不單調。此趟遇上少有的明亮，晨光底下，我看得清楚欣然。

　　當初規劃大劇院時，甚麼都可以，就是不能高過大會堂、不能騎在人民頭上。今天看來，在視覺上是有道理的。第一次，我支持黨的決定。相對著，兩座互望的巨型建築都有個共同作用，是讓大群人聚合，然後一齊拍掌。大會堂內裡的薈聚，決定國家的未來；大劇院內的歡笑是嚮往國家的幸福。大會堂內的戲假，大劇院內的戲真。一假一真，辯證得很。我忽發奇想，當初反對大劇院的人為何沒說它像墓。

　　大劇院別一方是個四合院，晨光掩映，我忽然想起，還未好好跑過京城的胡同。聽說北京胡同七百多年前元朝開始出現，到今天已有 3 千多伙。在籌辦 2008 奧運期間，因為土地徵用、美化市容、地產霸權、whatever，每年就有 300 條胡同消失掉。

　　也有聽說過，北京市政府已經努力保育了 300 條胡同以作為旅遊重點，甚麼歐式咖啡店、酒吧、仿古茶館都有，我旅費有限，更加不敢去。更有聽說，北京胡同標誌著本地的社區文化。我反而想問，胡同內都是四合院，四合院都是有牆圍著，一家四堵牆，一條

胡同巷子，前後左右都是牆，沒有 communal area，何來社區？

我對北京胡同認識不多，卻感受甚深。第一晚，我獨自在旅店旁的胡同小館子吃了碗牛肉麵，吃後在館子拍照，廚子笑著問我何處來，我答他從香港來，他問香港冷不冷，我說不比京城冷。「小心著涼！」廚子靠窗對我揮著手說。

共產黨建國初期，雄心壯志，信念清晰，就是要推倒重來。走出紫禁城，才會發覺以前皇帝老爺子真的離人民多遠。舊政權的城牆不祇是用來抗敵，而也是用來蓋人民的臉。新政權要推倒城牆，我想像得到，主要不祇是搞建設，而多是作為權力象徵。我想，梁思成就是不懂政治！

反對推倒舊城牆的梁思成計算過，要拆掉差不多 40 公里長、10 米厚的城樓，要用一、兩個野戰軍，用炸藥不停地炸毀城牆也要多年。炸後的灰土，清理也要 83 年。梁祇看到古城的美麗，看不到的是新主子的決心。

梁思成和林徽音生前居住的四合院舊居就在東城區我住的旅店附近，雖然不是文物保護單位，但已登錄準備受保，起碼也是項「文物建築」。2012 年 1 月還未結束，它已被購有地權的大財團拆掉讓路新經濟。

2008 年，北京主辦奧運，全世界都看到，沒有甚麼可以阻擋共產黨的一往無前。他們的信條是，歷史的演進是靠鬥爭，不是靠改進。「舊的不去，新的哪來？」我但願相信，在新主子心目中，拆掉舊胡同，就如拆掉舊城樓，都是為百姓好的。祇是，如舊時代一樣，百姓沒有參議權。推土機堆倒的不祇是泥牆，也是權利，甚至希望。

旅店旁是「蘇州胡同」，我看到的卻不是水鄉的秀麗，而是一片殘破與無助。如果胡同裡連小小一個公廁也要那麼寒傖殘破，連洗手盤都沒有，抬頭還可看路人，我真寧願相信推土機。

孫隆基說得好,在中國文化的深層底處,我們對排洩物的處理,還像個嬰兒,總渴望別人會代自己處理好。殘留的,擺著便算。

我不是說反話,無論舊城多好,還總有留著點子孫的不肖。詩意般的樓牆,冬日正好,轉角卻是撈錢的鋪子,不求保育,祇求利錢。以前生活在倫敦時,我家在保育區,掛個衛星電視接收碟也不許,不用說開鋪子了。

到了機場,時已入夜,肚子剛餓,我卻不想花錢,便學著大夥兒買了個便宜不過的康師傅紅燒牛肉碗麵,用機場提供的熱水燙了來吃。吃著(仿)古早味,世界頂尖設計師的現代機場裡,我看到新中國的奮進,感覺卻總是給甚麼堵了。

第五篇

三藩市

Napa Valley

這使我回想起這幾天到訪過的酒莊，
使我迷醉的都不衹是酒，
也是藏酒的籬牆。

47. 酒鄉在望

英倫新世紀才子 Alain de Botton 說過，旅行的最大樂趣，是出門前的期待，在實際旅程碰到的，往往使人失望。

其實，2007 年我到三藩市一遊，事前沒有甚麼規劃，也不算是期望已久。以前的美國旅訪，留下的印象都不太好，祇有 New Orleans 那趟例外，因為那裡的 Jazz 和僅餘的法式風情。911 之後，就不用說了。

911 發生時，我在新加坡一家電視台工作，跟美國電視台有合作，剛巧有位 producer 從 L.A. 來，說很喜歡新加坡，美國愈來愈商業化甚至不安全，暗示我給他工作機會，但我沒法 match 他的美元收入。後來知道進美國要脫鞋子檢查，我更沒有興趣光著腳踏足彼邦。

2007 年秋天我收到闊別了差不多 30 年的 D 的一通電郵，說某天她 google 時找到了我的個人網站。那時才知她已在香港駐三藩市經濟貿易處任高職。那年香港免了紅酒進口稅，想這一位舊友必定近廚得食，走遍加州的酒鄉，嚐盡美酒，心裡羨慕得很，便跟她談起酒鄉的事。

個多月後，我辭掉了工作，想到遠方跑一跑，太平洋彼岸的酒鄉 Napa Valley 便湧上心頭。到三藩市前，我忙於搬家，由新加坡搬回香港。跟著便帶 15 歲的兒子搭火車去上海看看中國的未來，然後卻在那裡掉失了錢包、證件。因為補證須時，那天心恐趕不及回港再往美國，當即電郵 D 說可能來不了。

可幸的是，錢包證件當天便失而復得（見前文上海篇），三天之後我登上了飛機出發往酒鄉，在飛機上，卻猛然醒覺，自己一直沒有著實計劃過整個行程，去 Napa Valley 的 route map 也不

曾 google 過，不用說找旅店訂房了。Life is a journey 嘛，唯有自我安慰，隨遇而安吧。在台北機場轉機時，發現它有點破落，我醒起了台灣這麼近，自己還從未到過，life is a strange journey，便逕往航空公司專櫃，查看可否在回程時多留台北幾天。我買的是特價票，不可改動，「Taiwan is not yet a journey.」我告訴自己。

我拿的是英國公民護照，到美國不用簽證，想應該很快便可以過關，像以往一樣。今次審視我護照的移民官是年輕的黑人女子，見她剛才快快地讓前面的印度夫婦通過，我想不到自己有何問題。她將我的護照翻了幾翻，上面連 Bhutan 和 Cambodia 的印都有，她不會懷疑我是個冒牌 travel photographer 吧。竟然，她示意我到身後的一個辦公室等，沒有說為甚麼。

辦公室內有四五排椅子，前頭擺了張高高的桌子，有個穿了制服的白人在審視文件，他示意我先放下護照再等。室內還有三兩人在呆坐，也聽不到尖叫、求救聲，我便放了心，這裡不方便嚴刑拷問吧。

不過 5 分鐘，一位胖胖的白人女警拿著我的護照問我為甚麼它的封面脫了色，國徽也不見了。我答是有趟旅程回家因倦忘了護照仍在褲袋中便給洗了。聽了，她帶笑地說世上最便宜的假護照也不會造得這麼爛，說完便示意我可以入境。

其實，護照弄成這個樣子也有好些日子，間中也會有關員好奇問我。有時我故作幽默，都會說遇上了海嘯，便輕鬆地過關。後來想到，那實在對 2004 年那次印度洋大海嘯的受害者不敬，之後改說在倫敦忘了帶傘子。

我以前到過美國公幹幾次，全是在三藩市轉機的。印象中，三藩市機場是美國西岸空運的樞紐，應該配置、服務周全。今晚出了海關我才發現機場沒有訂旅店的專櫃，喪氣得很。這樣的小事，我想也不能找 D 處長，唯有在機場的電話間找黃頁。

　　花了半個晚上，我找到的旅店樣子有種熟悉感，在荷里活電影中經常看得到，這裡都喚作 motel，有給人偷情的、也有給人躲藏的，更多是謀財害命的。最驚心動魄的那一套，應該是 *No Country for Old Men* 吧。

　　美國，我這個老漢是不是來錯了？

48. 人約黃昏後

　　來美國前我在上海發現了早晨，今天卻在三藩市發現了黃昏。

　　約了舊同學 D 在市中心吃晚飯，她工作得晚，著我先到市中心 Market Street 逛逛，說那裡很好 shopping。

　　三藩市臨海，黃昏頗長，我在街上蹓躂，看到黃黃橙橙的燈光緩緩地亮起，跟漸退的晚陽留下的藍天交接，燈光在由淺漸深的藍天底下，愈亮愈艷，頓時，我便知我來對了。那天，離聖誕節還有兩星期便到。

　　我是個不愛熱鬧的人，香港的聖誕燈飾，不要說拍照，從來我都懶得專程去看，祇會因著下班駕車回家時駛經觀塘繞道，隔著維多利亞港遠眺海島那邊的燈飾，卻由於專心駕車，不敢分神細看，偶爾下班得早，還可以趕上華燈初上，天還未全黑時的 twilight，在此「魔幻時刻」，聖誕燈飾，無論如何的俗套，藍黃相襯，還是好看。

　　雖說是聖誕燈飾，Market Street 的卻少了香港濃濃的商業味道，可能是新舊相間的建築物的掩映，給燈光反映出不同的效果，充滿節奏感，色彩富有層次，完全不像香港那般總是玻璃幕牆，整齊一律，單調乏味，若說璀璨，在我的成長的記憶中，東方之珠的濃艷祇是公式化得像張明信片。相對地，三藩市今夜這裡的景像，仿如一幅 Cézanne 的畫，躍動的色彩，無拘無束，舞於風中。燈光閃爍間，我走在街上，如走進樂譜中，聽詩人的吟唱。

　　可能因為聖誕還未到，這時行人不多不趕，可以讓我放任地拍照，我也顧不了多少儀態，蹲著、半跪著地隨著人物的移動尋找此刻城市氛圍的節奏。如同我剛來之前在上海，人間光影的躍動使我忘記了時間的消逝。正陶醉間，雀躍的我才驚覺天已黯黑了。

收好了照相機，還未到約會時間，我向著晚飯地點走，看看除了金銀手飾、時尚衣飾還有甚麼驚喜。路過了一列名牌鋪子，我老是找不到驚喜，心怕待會跟 D 晚飯時沒有話興。

驀然，在一間眼鏡店裡找到自己一直想要的圓型眼鏡框，徐志摩的「招牌 look」。近年時興方型，我從香港找到新加坡，找了幾年都找不著，所以看見了就不假思索便買下來。付賬時才留意到老闆是華人，便和他攀談起來。他從台灣來，姓許，還給我打了個折，笑著讓我拍照。

照後，許先生問我從哪裡來，是否專程來三藩市渡聖誕？我答不是，是為了探舊友，還要訪 Napa Valley。聽了他問我是到哪 valley 哪個鎮，我霎時不知怎答，祇說我想拿他的電郵地址，待回到家時將他的照片，連同我戴上新眼鏡的樣子，電郵給他。

滿心歡喜也夾雜著疑惑地從眼鏡店走出來，我才猛然意識到，誰說這裡的燈飾不商業化，立時醒覺起美國本身就是資本主義的「天堂」，祇是，香港的聖誕燈飾熱烘得像個推銷大員，這裡的卻是默默的小店老闆。這裡的人似乎明白，燈光不用奪目，醉人便好。

晚飯偕 D 吃法國菜，我們的 duck leg confit，脆脆的鴨皮竟然是油炸過的，我便立即要求更換。我跟 D 解釋，Duck confit 是「慢食」的經典，鴨腿浸在加了 thyme 的鴨油中用小火慢煮兩個小時，涼了連油在室溫中儲起至少兩個星期（一說是三天）。吃前將皮煎或焗香便可，油炸祇會逼走肉汁，肉便很乾。到菜換來時，我跟老同學抵著空肚子已談上了四分一個世紀，上次碰頭，在 1984 年。

這也許就是「慢活」，祇是，D 還要趕歸家。

待我回到旅店，我才留意到 front desk 的一棵比我還矮還累的塑膠聖誕樹，樹底的禮物盒也很疏落，一陣寒意乍然霎過。

使我欣然的是，經理先生即時還記得招呼：Good evening, Mr. Tsui! Merry Christmas.

49. 會飛的繆思

記得以前上大學時 D 言談伶俐，落落大方。這趟當我千里而來探望她時，不期然感到一種莫名的安全感，三藩市應該不會太為難我吧。

三藩市可說是個山城，道路此起彼伏，荷里活電影最刺激的飆車場面，多是在這裡拍攝。對汽車來說，三藩市的路，可說是個極大的考驗。

我從來都認為左駕汽車是錯誤的設計（美國的車禍率，世界領先），多年前有一次偕同事到此公幹，他以前在英國上大學，持英國及國際駕駛執照，慣於右駕，一下飛機便逕往租車載我往旅店，剛上公路便出事，驚嚇了一場。所以今天我不打算於此駕車，反而想騎單車征服久聞的 Streets of San Francisco，慢慢看這個山城有多難為，有多奇妙？

旅店附近剛好有單車店，租車每小時 8 美元，雖然不算是平宜，但我想山城這麼大，不踩上大半天不夠。單車店還附送市內地圖，有不同的單車遊路徑選擇，往返金門橋的最蜿蜒曲折，合我口味，我二話不說便向大橋進發。

早上陽光正好，撲面的風有點刺，反而更激起我的鬥志。車上我忽然想起自己在香港最長的單車旅程都不過三五小時，很少上山，多是環海，今趟兩者兼得，便教自己不要錯過沿途風景，好好細味異鄉。果然，上路不消半句鐘，便給密密的鳥鳴聲吸引往一小碼頭。

我先停了單車，取出攝影機，手心滲出了汗，不知是因為體溫還是體顫，心裡明白，這是個攝影的黃金機會，也是個久候的挑戰，我在香港從未遇上過。

　　碼頭似是荒廢已久，三兩本地人或是釣魚，或是網蟹。轉了個彎，我便看到橋頭兩旁的土牆，排滿了沙鷗，和一些我不懂名字的海鳥。太平洋的浪聲好聽，夾雜著鳥喊聲，感覺似是給我的歡迎。

　　我用的是廣角鏡頭，從攝影機的觀景框察看，碼頭顯得特別闊大搶眼，長長地伸展出海像有 50 米，像支等待射出的箭。我想這樣的設計可能是故意的，從這裡離開的遊子，上船前趁箭還未發，可以好好回首，默默告別家鄉。早上的陽光在山城背後遠遠的照亮，很有意思的景象，我告訴自己，碼頭雖然好看，但不要錯過了沙鷗。

　　就這樣，我在三藩市一彎舊碼頭跟海鳥們來回追逐讓我拍攝，釣魚的還在釣魚，網蟹的還在網蟹，卻沒有機械聲，也沒有旁人圍觀。對我的相機最有興趣的，反而是沙鷗，嚇跑了不旋踵又飛回來，純熟地著地，然後慢慢地轉個身，讓胸膛迎著海風，然後驕傲地展起翅膀，像在告訴我，「剛才飛得那麼急，不好意思，再來拍多一次罷。」

　　於是，三藩市的沙鷗，在和我一番「互動」下變作是我的繆思，讓我的 photography 有點 difference。今早的偶遇更讓我明白到，遠遊異鄉的奧妙就是可以任性隨意點，讓甚麼都可以發生。或可以說，旅遊有益的是，異鄉經歷讓我們明白，世界不祇屬於人類。

　　我從來沒有深深感激過人類以外的「動物」。在山城，我不單祇感激海鳥們的「合作」，也感謝牠們給我的靈感。跟那些愛秀的沙鷗追趕了差不多一句鐘，我方才明白，牠們似是要告訴我，山城也屬於牠們。這給了我一個提醒，要拍攝沙鷗的海灣，而不祇是海灣的沙鷗。

　　驚喜了半個早上，不捨也要捨，我告別海鳥，向大橋進發。

　　三藩市地標「金門橋」應該是 travel photographer 的噩夢，因為太多人攝過了它，太多好作品出現過了。所以再上路時，我不太

著意看橋，反而多留意到灣沿的樹梢，順著不息海風而彎曲，像是伸手要擁抱整個山城。我突然想抓個途人來問，這裡立在地震帶上，隨時崩毀，你真的不怕？

單車經過了一轉淺石沙灘，有人或是獨自跑步，或是攜狗散步，好一幅 Vermeer 的畫，我領會到，日常瑣事，祇要專注地做，便可動人。我忘了先前的問題，卻彷彿聽到他們的答案，「山城要毀，我也會慶幸曾經於此活過。」

50. 樹影

來三藩市之前我在上海發現能夠讓單車融入日常生活的才是一流城市。這天我騎單車往金門橋的路上，我更加堅信，一流的城市，不單祇是圍著汽車而活的。

說來有點弔詭，「金門橋」的建造，就是為了方便汽車行駛，今天，它卻是單車客必到之地。這使我想起巴黎的 Eiffel Tower，硬繃繃的鋼鐵建築，日子久了，竟帶給人間那麼多的想像，一生人總要登上過它的頂峰才算看過世界。一座建築物，變卻是旅遊前的期望、到達時的興奮。實用性長出了浪漫性，誰可料到？

說它是 photographer 的噩夢真的沒錯，網上說金門橋是「the most photographed bridge in the world」。隨便網上搜一搜，便可看到萬千張漂亮如仙境的的相片，雲端上的金門橋，看似是通往天堂之路。

單車到了橋下，我已覺有點倦，才不過 3 小時，真有點擔心能否捱上 6 小時。天堂的路嘛，誰說易走？單車店晚上 7 時便關門，翌日還車要多付 80 大元。

橋下的小屋是單車客的小天堂，天堂路遠，我決定先在這裡充饑解渴，好讓我回一回氣。小屋內除了餐室，還有售紀念品的小區，待售的除了金門橋的歷史圖片、書籍，多是本地土產、手工藝品，數量卻不多，也不奪目，不像香港的海洋公園的林林種種。店裡的空間多是留了給桌子椅子，戶外更多，客人不是看書讀報便是你說我笑。

咖啡雖好，我喝上了兩口它很快便涼了，我想能在如此的一處庭園稍息，不用咖啡因，也夠提神。我瞪著漸近的大橋，心情卻複雜起來。

金門橋除了吸引單車客外，還有尋死的人。據說它是世上最多人選擇離開塵世的地點，實用得嚇人。我有點畏高，在橋上時祇顧猛力踏車，不敢往下望。可惜沒有計時，我可能是至今最快過橋的單車客。事後回想，若果我真的嚇死在橋上，官方可能會為我置個紀念銅牌，刻上「金門橋的美麗尚且連畏高的人都吸引到來，你們又何必往下跳。」

說實在的，在橋上，我祇顧踩車，低頭就衝，看不出它的美麗，離山城又遠，祇有海藍一片。單車店給的路程簡介說，再往前走，便是 Marin County，我怕超越三藩市範圍，回程不易，便轉過身來，向山城歸去。

我選的歸程卻不是從原路折返，要在來時橋頭的相反一方順著海灣線走，然後拐個彎，穿過一個說是山城的 central park—Golden Gate Park，才進入 downtown。我暗裡祈望，這個 central park 不及紐約的大。

踏上歸途時我回頭看，才發現這座巨型鐵架的柔美。沒有聳聳的偉岸，少了翻天的霸氣，卻像新發的苗芽，神氣地從油油草綠中長出來。我看到它跟 Eiffel Tower 的分別，後者「建築」在巴黎，Golden Gate Bridge「生」於三藩市。

不捨也要捨，我的視線終於離開金門橋，讓它淹沒於層層樹影中，我走得愈遠，愈覺它是一棵樹，根植在每一個路過遊子的心底。路走得愈倦，樹影愈深，我愈要走完這段路。橋不正是這樣等待著我們嗎？當走到窮處，它總可以領我們到彼岸。

可能是風的關係，Golden Gate 是個易怒的海灣，金門橋建造於 1930 年代，那時汽車不多，今天？

也可能是風的壯猛，這裡的樹，姿態雄奇，像是海風的見證、海風的呼喚。尋路間，我想像他們張緊的樹枝，指向我的歸途。

再捱多半個小時我便來到一片樹影婆娑的海角，驀然發現了一

家臨海的餐廳。我在店外泊好單車，老成的經理不嫌我風後的襤褸二話不說便領我到窗前一檯空桌坐下，然後默默地讓我盡情驚賞無極的海藍。跟著，我便吃了平生最美味的 Caesar Salad，還有飽滿的炸魚、一杯 Californian Chardonnay，算是給自己征服半個海灣的犒賞。

結賬時，經理帶笑地告訴我，前面的路不易走。

51. 魔鬼的恫嚇

海角餐廳經理的警告不是隨便說的，原來 Golden Gate Park 的確比紐約的 Central Park 大，好像永遠走不完。

我一向認為，對遊子來說，單車是任意闖蕩的上好工具，是保衛地球的戰車。簡單地說，它是自由無畏的象徵。穿越 Golden Gate Park 時，我卻想過放棄它。真的，午後的倦怠，像計程車公司派來的魔鬼恐嚇著我，前面的路更難走。

讓我抵得住魔鬼的恫嚇是橫貫公園名叫 John F. Kennedy Drive 的車路，路很寬很挺直，還有疏密有緻的樹影。書上說它比紐約 Central Park 大五分之一，但看起來還要浩瀚，我想除了因為我剛發的酒意，再加上可人的樹影外，主要還是因為其外圍少了聳峙的高樓。

三藩市位處地震帶，樓房多是矮矮的，氣派不大，反而造就了一片祥和寧謐之氣。公園中，有個 Japanese Tea Garden，非常應景。可惜我才剛吃飽，還要趕路，祇好錯過。

三藩市向西，斜陽特別閃爍，像是兒時晚飯前母親呼喚返家的光景。我加緊地踏車，但是魔鬼的恫嚇還是真的，我唯有減慢車速。瞬間，我忽然輕鬆下來，慢慢享受樹影和鳥語。

單車出了公園，祇到了山城的腳下。單車店是在另一邊的山下。我無由地想起了地震，這裡的祥和寧謐似是提醒我，好景不會永在，要來的始終要來……

交通燈前我抬頭一看，前面起伏三個小山丘，車路跟著的起伏活是仙女的綢舞，夕陽光影裡，像向我招呼，我的單車輪子哪肯罷休？上落山丘起伏間，真的感覺像舞。

要完成的始終要完成。好不容易，才將單車交還，店員問我遊

過哪裡，我答：「Heaven and hell！」，他哈笑著向我搖一搖拇指。我立時感到幸運的是，像波浪般起伏的馬路，除了考驗了我的心肺功能，也讓我支撐了差不多 7 個小時，當然中間花了時間看海、攝影和午飯，怎算也破了自己的紀錄。

此刻華燈初艷，我心想總不能就此回旅店，灑個熱水澡，吃個漢堡包，然後倒頭便睡。我一直認為人在旅途，睡覺是一種浪費，看著燈黃漸亮，我便想到了 Jazz。

來前，問老同窗 D 三藩市有哪家 Jazz club 可讓我消磨異鄉的晚上。不多久，她電郵我一些館子名字，那使我想起，以前在大學時的一個週末晚上，為了表示點 difference，邀她往灣仔的「藝術中心」頂樓的音樂小館聽 Tony Carpio。

之後，我們好像沒有再回去過。

差不多 30 年都過去了，我還是愛獨個兒喝酒聽 Jazz。在 D 的電郵裡她推介的 San Francisco Jazz Heritage Center，原來離旅店不遠。Center 名氣很大，紀念 30 至 40 年代三藩市的 Jazz 盛世，堪稱「Harlem of the West」，與紐約爭艷。可是時光不再，現今它除了紀念館外，主要給一家叫做 Yoshi 的日本 wine bar／restaurant／Jazz bar 包裝在一座 60 年代 Bauhaus 風格的建築物裡，很有 retro feel。剛踏過了不知多少公里單車路的我在想，完成了這趟旅程，然後賞酒聽樂，實是不枉。

買票時，看到 Chris Botti 的海報，說就是當天演出，我想真的走運，算是我用單車征服半個三藩市的犒賞吧。售票員卻告訴我，Botti 前個星期來過。這個晚上，他是在 Yoshi's Oakland 表演了。海報說得很清楚，祇是漏了我的累眼。

Oakland，山城的對岸。在三藩市，Golden Gate Bridge 不是老大，往 Oakland 的 Oakland Bay Bridge 比它長差不多一倍，初到山城的遊客多誤以為它就是「那條橋」，因為它更長、更 visible。

若不是今天的單車苦旅，我必會跳上的士⋯⋯

雖然，這夜演出的是從巴西來的，如雨灑般的鼓聲卻讓我更享受上落山城後的疲累。那個時刻，那種舒暢，使我明白到，旅遊是要尋找異地的陌生和實感，向晚時的倦累不正就是要讓我感受生命的真實嗎？

52. 酒鄉的路

　　三藩市，又名「舊金山」，19世紀中期時已經有十多萬中國人在這裡受僱（多是受騙）於此一是淘金，更多是鋪築鐵路。胡金銓生前就計劃以此作題材拍攝一套史詩式電影《華工血淚史》，可惜他早逝，終不能成事。

　　來時我不曾想過交通問題，美國嘛！滿以為這裡的鐵路很方便，到舉世聞名的酒鄉 Napa Valley 必有火車，來前一直期待沿途山谷酒莊的美景，以為到三藩市時往火車站買票便可安然到達，不用緊定行程，往返隨意。誰知，網上我找到的建議是最好僱limousine 從機場直接去，不打算僱車的可以乘計程車。一百多公里，坐巴士去還要中途轉站，好像一日祇得兩班，一早一晚。

　　電話裡的 D 笑我不懂美國，說這裡沒有汽車不行。剛巧她因公務而認識的一位當地人在市內辦事，當夜便回酒鄉。更剛巧的是，他車子有位。而最剛巧的是，他的叔叔有小屋出租，可以給我打折。

　　他是 Mario，20 來歲，高大英俊，笑容可掬，像個電影明星，在他的臉上我看到了加州陽光。出發前，他領我到附近的商業區一家頗高級的會所試酒，我暗裡惶恐，不要未到酒鄉便喝掉了我的酒錢。Mario 在接待處拿了兩張類似信用咭的咭片，給我一張，說是試酒的電腦記錄咭，喝一杯刷一次，走時付錢，這下我更擔心。

　　會所酒客不多，都穿得筆挺，一看便知是附近上班一族。圍著不同酒商的專櫃或喝酒或談笑，氣氛很寧恬，沒有觥籌交錯，沒有十五二十。喝酒的多與賣酒的平靜傾談，細說酒後的印象，或詢問酒莊的葡萄品種。Mario 告訴我，此地的有閒有錢一族喜歡先試後買，買時整箱整箱，所以試酒時必要細問，且多試多選，「Wine is personal」，他告訴我。

Mario 還說自己沒有酒莊，祇做買賣，所以經常跑這些場合，好了解市場。看他喝酒時的專注，和跟侍酒的談話，內容雖然泛泛，見他如此年輕，我便給他的認真態度 impressed。暗裡祝他前途美好，同時亦希望他此夜的駕駛態度同樣專注。

當我還擔心酒錢，不敢，也不知如何多選時，Mario 領我到近門的一處專櫃，試他們的 Pinot Noir。我偏愛 Pinot Noir，興緻便高了起來。使 Mario 興緻更高起來的還有待酒的漂亮面孔。

Mario 問她是不是從香港來，她答是台灣人，在 UCLA 唸書，課餘兼職侍酒。Mario 便問她這麼忙，丈夫不介意吧。「I am not married」，漂亮面孔說著漂亮英語。我暗想，酒不用多試，Mario 已得到他想得到的答案了。

漂亮面孔還有個漂亮名字，「恩美，May」。Mario 說很好聽，問偪她的酒莊在哪。她寫了給他，還有她的電話號碼，然後給我們添酒，不用刷咭。Wine is personal.

Mario 跟恩美說自己也是個酒商，經常要跑香港，「The Chinese market is huge!」Mario 問她畢業後會不會入行賣酒。她說自己唸建築，學成會返台灣，美國太冷。我立時醒起便問她認不認識附近眼鏡店老闆許先生。她點了點頭，沒說甚麼。反而，言談間發現她跟 Mario 在香港有個 mutual friend，甚麼家族的太太，May 大學同窗的媽媽、Mario 的客戶。頓時，我真以為自己活在 Facebook 裡。

May 正準備給我們再添酒時，Mario 便說要上路，拿了我的電腦咭付錢，害得我要將剩下半杯如絲般的 Pinot Noir 牛飲下肚，有失斯文。跟 May 互祝好運時，我抖了抖。今天晚上，我真的需要運氣。

一百公里的旅程，可以發生很多事情。

53. 酒鄉的甜

地球好像休止了。

酒鄉的清晨很靜，還未到 7 時，陽光漏過了窗，預告異鄉美好的一天。Mario 昨夜送我到此安頓之後告別時含糊地說今早 11 時左右會來找我，卻沒說一起吃早餐還是午飯。我想酒鄉的人最重視的還是晚餐吧。

肚子不餓，我隨便吃了個蘋果，是 Mario 叔叔——小旅店的老闆——昨夜給我預備的，還有些乳酪、果汁。蘋果出奇的甜，我驀然想起，在酒鄉我應該找田裡的葡萄吃，那才算是親歷過酒鄉。剛出門，雀躍的我即感到一陣寒意，書上說的果然沒錯，葡萄要在日夜溫差較大的田地裡生長才可釀出美酒。

出門不消一分鐘，我便闖進了不知誰家的農莊，便急著找葡萄來吃，待回家時可以吹噓，說我吃過了 grape on the vine。Alain de Botton 錯了，旅遊給我們最大的樂趣，不祗是事前的期望，而也是事後的憶述。當然聰明的他會說，因為兩者容許我們想像，而後者多了聽眾。

葡萄果然很甜，真的很甜，超乎想像的甜。幸運的是，今趟竟然給我找到（疑似）Noble Rot，我不假思索，便摘了來吃，忘記了它其實是一種名叫 Botrytis 的真菌，專門在葡萄秋收後侵蝕餘下的葡萄，盡吸了果子裡的水份。葡萄惹上了菌，水份少了，甜味更強。不知何時，法國人發現了這些結菌的葡萄釀出來的酒超迷人的甜，便拜 Botrytis 為王。

有甚麼更可證明上帝的存在？我想，祂應該也是愛酒的。不，我應說祂愛的是靠 Noble Rot 釀出的極緻 Sauternes 甜酒。

吃了乾瘦的葡萄我不知是否真的是 Noble Rot 還是甚麼，但有

一點肯定的是，果皮上的白帶是菌類，因為吃後不消半句鐘，我便要趕回住處大解，水湧地。此時，我才醒覺，冬天不是酒香的季節。

Mario 果然不準時，近午才到，急急的抓我去吃早餐，在鎮上最忙的咖啡室，看他不停地跟這位那位打招呼，我肯定沒來錯地方，心裡慶幸 D 給我找對了人，我不需要導遊，祇要地道。雖然 Mario 有點不守時，我心沒有怪他，在酒鄉，我想誰會早起？

「You wanna try C.I.A.?」Mario 呷著大杯的 Cappuccino 問我。當然，他說的是 Culinary Institute of America，愛吃新式西菜（或愛看 Food Channel）的都應該知道，C.I.A. 是美國的美食少林寺。

Mario 駛過了一處林蔭，黃綠相隔，陽光穿插，公路有此美景，我還是平生第一次遇上。以前我在新加坡生活時最愛駕車，就是因為那裡公路上的林蔭，在陰晴交替間閃爍得像是天籟的音符，歸家是無比的暢快。

不同的是，酒鄉的樹，讓金黃的陽光灑透，像告訴遊子，不用思家。Mario 告訴我，美國最大的酒商之一 Beringer 就在前頭。我喝過 Beringer，除了 Pinot Noir 其它沒有甚麼驚喜（當然，祇限於超市大路貨），祇知它是美國名牌。然而，經 Mario 此說，我反而有點雀躍，我在千里之外喝過的酒，原來是在這裡釀的。後來，我在書上讀到的是，Beringer 已經不再是單一酒莊，它給大企業收購後成了企業品牌，酒質統一了，葡萄從哪來都不重要。Mario 你說，wine is personal？

在冬陽初暖的 C.I.A. 外園，客人不多，我心慶幸，碰上了好時節，不用等空檯，肚子鳴得像敲琴。

我們點了唯一的 tasting menu，三杯加州香檳伴三道菜。到桌的卻是乏味的海鮮沙律，和焦了的海鱸，然而甜品是我喜歡的 chocolate mousse，欠的就是一杯 Sauternes。我立時心想甜品還可以預做，不像沙律、煎魚要即時烹調，對學生來說，熱廚房肯定是

個壓力煲。

　　Mario 說那都是讓學生多鍛練，不要介意。我當然不會介意，心想我其實在吃風味，然我不知英文怎麼說，所以沒告訴他，祇一路飽足地笑。

54. 酒鄉的傳奇

　　Mario 的叔叔出租給我四面綠色園子裡的一間 300 呎不到的小屋很別緻，單層木屋漆上了淡黃色，很有電影感。我感覺它好像是臨時搭建出來拍電影的，沒有裝上暖氣，害得我夜裡在屋子中老是發抖。每天租金 100 大美元，Mario 說在旺季時要 300。才猛然醒覺，我在錯誤的季節到了酒鄉。

　　寒寒的冬意沒有冷卻 Mario 的興緻。可能是剛在 C.I.A. 喝了三杯香檳的關係，午飯後他便扯著我說要帶我看「The legend of Napa Valley」，Schramsberg 酒莊，笑說那裡釀的香檳很出名。

　　說來慚愧，我對 Napa Valley 的認識衹是從香港九龍塘近廣播道的百佳超級市場開始，廿多年前，架上已有 Mondavi 的酒。工餘約朋友在附近吃晚飯，順道我多會買瓶 Mondavi Pinot Noir 佐餚。除此，不記得還有沒其它紅酒是美國來的，不用說 Schramsberg 香檳了。

　　那時沒有 Wikipedia，我衹是覺得 Mondavi 唸起來好聽，而法國來的很難唸，價錢也貴。我對 Napa Valley 的嚮往，像是少年時候心底渴望遠遊的興味。

　　到 Schramsberg 的是條頗長的山路，沿路的樹長得很高，冬日裡，樹枝多禿了，看起來像瘦削的老人們排列著等候向訪客訴說往事，一種蒼涼感襲來，我暗想那怎會像是香檳的家？

　　酒莊由德裔移民 Jacob Schram 於 1862 年建立，Mario 說它跟 Napa Valley 一樣老，走來的路一樣艱辛。因為那個時代的美國人不愛喝葡萄酒，還有 20 世紀 2、30 年代長達 11 年的禁酒令，更不要說後來的大蕭條和大戰了。

　　聽著，我想起了少年時追看過的一套電視片集，荷里活來的

《時光隧道》。我想那時 Mario 還未出世，所以沒跟他說話，祇是暗自期待時光的灑落。

車子拐了幾個彎，穿過一排密林後，我們便到達主樓，是座舊式的三層建築，冬日陽光底下頗現傲氣，我想愛酒的主人應該頗感自豪吧。

Schram 歿於 1905 年，兒子 Herman 繼續經營，卻捱不過 20 世紀初的一場酒業災難，著名的 Phylloxera Plague，一種專吃葡萄樹根、樹葉的飛蟲 Phylloxera 把北美洲的大部份葡萄園毀掉，酒鄉曾經是個死城。

Herman 於 1916 年賣掉酒莊，此後幾經轉手，都是慘澹經營。直至 1965 年才由一對厭倦了城市生活的夫妻，Jack and Jamie Davies 買了下來，準備生活在泥土上，那時酒莊凋零已久。

現今的主樓修飾得很光鮮，大堂似是個小型博物館，比五星酒店大堂當然不夠豪華，卻還要高雅。Mario 說他來了不知多少次，有事沒事每次都有新鮮感，像喝頂好的香檳。牆上掛滿了很多黑白照片，載的都是大人物的到訪。

1965 年的新主人比起舊主人更大膽，用法國傳統的 Méthode Champenoise 釀美國香檳。說他們大膽是因為當時的美國人不喜歡喝香檳，認為有汽的酒是兒戲，要喝也喝法國貨。

Davies 夫婦的勇敢嘗試，終於在 1979 年得到肯定。當年中美建交，周恩來回訪美國時，Nixon 請他喝的就是 Schramsberg 。此後，美國歷任總統招呼大人物時，多用 Schramsberg。多得這裡說不完，大家網上找。

我本來不解為何香檳要在山巔上釀，Mario 領我參觀岩洞裡的酒窖時，我便意識到那是個天然冷庫。Mario 說因為這裡多風，流動的空氣帶走了濕氣，非常適合香檳釀製時所需的「second fermentation」以產生誘人的汽泡。

　　我似懂不懂，但看到一排排的香檳列在牆邊，像默默等侍下一次總統大人的歡宴，我便明白到酒窖要的便是冷、靜和煩囂的隔絕。Schram 的眼光真準，Davies 的膽量真大。今天，他們的香檳（嚴格來說，正式名稱是 sparkling wine，理由問法國人）最便宜的也要六、七十美元一瓶，比法國同級的還貴，算是美國人的驕傲，Schram 加上 Davies，在 Napa Valley。

　　回程時，我特意讓 Mario 獨自駕車下山，好讓我慢步賞賞路邊的禿樹，再穿越一次時光隧道。

55. 酒鄉的靜

　　說來算是大鄉里，當我抵達 Napa Valley 時 Mario 告訴我，我們其實是身處 St. Helena 而不是 Napa 甚麼時，我還以為難逃中國人的宿命，老是給洋人「賣豬仔」。倦了，我也懶得去琢磨，周圍的靜謐，也不怎嚇人，祇是寒意逼人，我點起屋子裡唯一會發暖的煮食爐，倒頭便睡。

　　後來我讀了本叫 *NAPA: The Story of an American Eden* 的書才認識到 St. Helena 祇是 Napa County 其中一個小鎮，Napa Valley 的名稱涵蓋山谷周圍的酒鄉，是書上說的伊甸。

　　我那時想，Mario 真的是神的寵兒，給投到如此的好胎。

　　一夜無事，醒來精神少有的飽滿，我順著冬日晨光散步和拍照。我投宿的小屋近處原來有處小型火車站，我說「小」其實真的是小，連月台也沒有，不用說售票大堂。祇見一架貨車卡呆立一旁，便意會到這條路軌應是載貨用的，我立時便幻想著火車滿載美酒穿鄉過市的景象……後來，Mario 告訴我，火車已很少用，運酒的是大貨車，跑公路。

　　現今說在 Napa Valley 坐火車就祇有是登上 Napa Valley Wine Train 上一邊享用美酒美饌，一邊飽覽窗外酒鄉美景，在旺季時才有，車票也貴。當我問 Mario 有沒有享受過，他祇取笑我：「You've come in a wrong season.」我暗想，若在旺季，他還有空伴我跑這跑那？

　　St. Helena 活像是西部牛仔電影裡的小鎮模樣，主要是木柱木板搭建的兩層高樓房，祇是沒有簡陋破舊沙塵滾滾的感覺。這裡馬兒牛仔不見了，換了是名車和名廚。槍聲，當然沒聽到，早上連囂喧的趕路聲也聽不見，我懷疑眼前的祇是一幅市政廳大堂掛的一幅

紀念照。後來有一次，Mario 扯著我往市政廳，給我看大堂的一幅當地的舊地圖，說若有天他發了達，第一件東西他要買下來的便是它。聽著，我看到十年後的 St. Helena 鎮長。

St. Helena 聽起來似是個地中海小鎮，跟西部牛仔形象有點不乎，Mario 也說不出個所以然，祇答可能這裡早期的移民多是意大利人。事實上，Napa Valley 開發成為酒鄉以前，在 17、18 世紀期間，曾被西班牙、以至後來的墨西哥軍隊佔據過。Napa 這個名字，亦是西班牙人將當時的印第安土語「wappo」漸轉而成，意謂勇敢、英偉。

這些歷史資料，在市政廳的展示便可讀到，但我一向以為，小鎮的往事，應在小鎮的書店找，尤其是舊的。

這天早上，我獨個兒在鎮上的大街上尋覓，竟然給我找到一家舊書店，內裡書架滿滿擠擁在丁方三、四百方呎的舊室。女店主約五十歲，全身穿黑，除了鼻樑上的眼鏡，活像是 Annie Leibovitz 鏡頭下的 Susan Sontag。她耐心地聽了我說要趕快認識酒鄉的歷史，二話不說便建議我讀一本 *NAPA: The Story of an American Eden*，可是怎說也不肯給我拍她的照。（我想她真有讀過 Sontag 的 *On Photography*）。

捧著厚厚的書，想找家咖啡店坐下來細讀，我順著陽光走，不期然看到一座泥黃石磚砌起的屋子兀自享受著晨光。我走近時才看到名字：Terra，我頓時記得以前寓居新加坡週末逛書店時看過一本精裝的 cookbook，拿上手便捨不得放下卻又捨不得買，祇記得它的封面的餐廳照片跟我眼前的景象幾乎一樣，我訝然得像走進了幻境。好，今夜就來嚐一嚐酒鄉的頂級名店，一邊看書，一邊美食。

想必是金融海嘯的關係，當晚的客人祇有我和另外三、兩對，很靜。

就此，我吃了一道平生最美妙的 Black Cod，魚皮煎得香脆不

用說，最要命的是，雪白的魚身焗得僅熟，flake by flake 的在口中慢慢溶化，添上日本清酒煮過的木魚汁，含蓄的配搭，互相輝映。店主／主廚是日本人，聽我讚好便走出來道謝，沒有溢辭，謙抑得像深海的魚，我開始相信，日本人最懂得魚。

其實那天早上，我已給 Terra 小窗的陽光投影吸引過，站了良久，光羨慕窗內的人的幸福，沒有留意它的名字，拍了張照片後來也給一個介紹 Napa Valley 的網站採用來代表 St. Helena，茫茫千里，總算有個知音。

連夜讀著剛買的 NAPA，瑟縮在床上，他鄉的往事，夾雜著自己的憶記。此刻，酒鄉的無聲，不知是久違了的寧謐，還是總不曾離開過的寂寥？

【後記】捱得過 2008 年那場世紀金融風暴的 Terra 終於在 2018 年夏天結業，原因據說是聘請不到理想人才以替補因負擔不起酒鄉急升的生活費用而被逼離開的舊部，老闆又不甘就此僱用庸材，反正都享受過整整卅年美好如酒的時光，便欣然「退休」了。

56. 酒鄉的教父

我對 Napa Valley 的嚮往，不單祇因為酒，也是為了電影。

中學時代我初學看西片，印象最深刻的是 *The Godfather*。後來，知道電影歷史性的成功，一夜間將導演 Francis Ford Coppola 變成千萬富翁，然後讓他在 Napa Valley 買下了酒莊，過其自由自主的生活……

我承認，因著他，我確實發過當導演的夢。

若說我對此次酒鄉之行真有具體期望，除了重晤多年同窗 D 之外，還有少年時對電影偶像的一次「口腹」的致敬，就是要喝 Coppola 釀的酒。故事，要由三藩市說起。

若是留心的話，在市內 Columbus Avenue 的一處不起眼的街角，很容易便會找到 American Zoetrope 的招牌，說是當年 Coppola 製作 *The Godfather* 時的前期策劃及後期製作中心。

Coppola 發跡以後，亦憑此為據點擴展其電影王國版圖。他買下酒莊後，American Zoetrope 的心臟便移植到了 Napa Valley。Columbus Avenue 的舊址，便改置成為培訓中心，栽培後進。我中學畢業後，曾想過越洋赴美國讀電影，卻因缺錢未成。

American Zoetrope 向街的一部份已改建成 wine bar，賣的當然是 Coppola 酒莊的出品，到時我才發現其等級頗為繁雜。酒錢有限，我祇好選些基本（不要說低級）的。Californian Chardonnay 是大路，Coppola 的沒有特別的驚喜，口感頗薄。意大利人多愛紅酒，我想他們是少了法國人的陰柔和耐性。

約了 D 於此飯前淺酌，才發現她對酒敏感。想她還要為香港招徠酒商，必是苦差。然而，一向伶俐的她卻說，她不喝酒才會令她更 impartial，免了官商勾結的嫌疑。

這裡除了 pizza 及一些 pasta 之外，食物無甚可觀，「我倆還是另找別處，這裡祇適合新進電影編劇、導演之類尋找靈感、或夢想明日的輝煌，我們不好打擾。」老同學還是往時一樣的伶俐。

翌日，不喝酒的 D 當然不會伴我到電影大師的酒莊，我暗裡懷疑她必定私下雇用 Mario 作我的嚮導。不是嗎？Mario 似是早有預備，不等我明言便載我到近乎傳奇的 Niebaum—Coppola 酒莊。我們抵達園外大閘時已是向晚時分，他先讓我下車拍照，還笑問我有沒有電影感。

開始時，Coppola 祇是想找處安逸鄉郊讓他專心創作，當他夫婦倆碰上酒莊原址的 Niebaum Winery 時，它已是破毀不堪，幾經轉折才買了下來。大導演雖然祖籍意大利，對酒的釀造卻無甚熱衷，為的祇是 Niebaum 代表了 Napa Valley 的開拓精神才安頓下來，自然地，因著他的知名度，掛了他名的酒很快地熱起來，可以說，Napa Valley 也因著而爆紅了。訪 Niebaum—Coppola 的人，不是愛酒便是愛電影，說少了也是愛熱烘。今天，進酒莊前我問自己，愛的是甚麼？

Coppola 的酒在香港少賣，間或碰上的也不便宜，我之前在 American Zoetrope 喝到的印象不深，所以對他的酒其實也沒有甚麼特別的期望。反過來說，我也許不是 Coppola 期望的那種可以隨便喝上 200 大美元一瓶的顧客。我今天涉水跨山到來，真的以為可以在酒莊碰上酒莊主人，然後告訴他，*The Godfather* III 於 1991 年的奧斯卡輸得真是不值。

Niebaum 是個從芬蘭來的航海家，1879 年他來了這裡便決意不還鄉，之後更建立了自己的酒莊，往後卻一直慘澹經營，還逃不過歷史的淘洗，最後祇剩下了破落的府第。Coppola 初買下它時還未醉心酒業，他執意要完成他華格納式的巨構 *Apocalypse Now*，卻換來了 Puccini 式的哀曲，差點散掉 Don Corleone 留給他的財富，

像電影般驚險浪漫。

　　最後，他還保得住酒莊。

　　Mario 告訴我，幸運的話，若我們逛酒莊途中碰見了一個滿臉鬍鬚的胖子悠閒地在嚐酒，不要問，祇要信，眼前的必是酒神，Napa Valley 山上來的，名叫 Francis Ford Coppola。

57. 酒鄉的蒼茫

　　法國人釀酒最講究「terroir」，認為一地的 micro—climate 對葡萄的成長有微細並決定性的影響，一杯酒可以嚐出一片天地的交結。我沒有這賞酒本領，在酒鄉卻深深感受得到，天地的交結，釀的不祇是酒。

　　我和 Mario 來到 Coppola 的酒莊時，雨剛好停了，近晚的天空像是為我這個遠方來客添上點閃爍，我正沉醉間，反而是 Mario 提醒我要趕快攝影下來。我想大導演真的沒有選擇錯誤，電影是要講情調的，難怪他——以至他的女兒 Sophia Coppola——拍的電影，調子總有點鬱鬱蒼蒼。

　　可以預料的是，酒莊的大堂佈置陳設必是跟電影有關，入門最搶眼的是主人於 1988 年拍的 *Tucker* 片裡的主角所創造世上第一部置有安全帶的汽車。電影說的是真人真事，車子名叫 Tucker Torpedo。生於 1948 年，原本是汽車銷售經理的 Preston Tucker 窮其一生，以更快、更省油、更安全的新設計向當時底特律的三大汽車集團挑戰。「汽車霸權」底下，結果不問可知，Tucker Torpedo 最終還是夭折，Tucker 破了產，鬱鬱而終。大堂的展覽廳擺著電影中所用的那一輛，外形設計很有動感，真如一支待發的魚雷，今天看著還甚雋拔。

　　電影的副題是 *The Man and His Dream*，那當然是大導演借題發揮、夫子自道。他起家的 American Zoetrope 獨立於荷里活大片廠之外，因此設於三藩市。自 *The Godfather* 讓他發跡以後，他毅然全資投入一向夢想的史詩式電影 *Apocalypse Now*，最終敵不過市場的規律，票房慘敗，他差點連酒莊也要賣掉。諷刺的是，到最後關頭，他還是要勉強地接拍 *The Godfather* III 才得保身家。始終，

他比 Tucker 幸運。

2008 年我到訪時，Coppola 把原先酒莊 Niebaum－Coppola 改名為 Rubicon Estate Winery 已有兩年，用以突出其酒莊主打的 Cabernet Sauvignon 的 Rubicon label。Rubicon 是意大利東北一條小河，古時羅馬帝國東征西討，戰將們回兵羅馬時祇可屯於 Rubicon 以北，不得逾河，以防叛變。公元前 49 年，有個北征的將軍凱旋回羅馬時順勢帶兵過河，肅清政敵，統領帝國。將軍名叫 Julius Caesar。除了拍電影，Coppola 釀酒也要史詩式。

1879 年，一位名叫 Gustave Niebaum 的芬蘭人在此地建立了 Inglenook Winery。種的是從法國帶來的 Cabernet Sauvignon，後來證實此是最 versatile 的品種，新的紅酒世界從此獨立於法國的美酒帝國之外。1975 年 Coppola 夫婦買下的祇有地權，Inglenook 的 label 還屬 Niebaum 後人。Niebaum－Coppola 幾經擴展，Coppola 於 1995 將 Niebaum 後人分拆零落的 Inglenook 領地收購合併，2011 年時大鬍子導演終一償宿願，購得 Inglenook 的命名權，酒莊改為今天的 Rubicon Estate Winery，像告訴世人今天的主人重生了一個久遠的傳奇。

這些故事，當然可以在試酒時聽酒廳經理娓娓道來，Mario 跟他談酒莊的歷史還起勁過談酒香。經理先生也真的口舌便給，像部活字典。美國人，真的甚麼都講專業。經理先生還告訴我們，酒莊主人閒時真的會走走看看，垂詢客人的意見。主人堅持用有機農法，而且親力親為，不像大明星們買下酒莊，多祇作私人派對、假期消遣。

可惜的是，主人今天不在家，不然碰面時我會告訴他，*The Godfather* Ⅲ 本來真的可以傳世，祇是用上了 Sophia Coppola 演 Michael Corleone 的幼女。更使我有點氣憤的還是酒莊主人多以女兒的名字作其一些美酒出品的 label。Sophia，雖然好聽，怎看都

似是香水的名字。大抵天下的大鬍子國王都疼小公主吧。

　　帝國的輝煌，當然要配一個像樣的博物館。酒莊大堂的側室的紀念館甚有格調，雖然比大堂的紀念品售賣部冷清，然而，這樣的情境最合我意。

　　我著意的請 Mario 持杯靠在高寬的窗前，讓我學著 *The Godfather* 電影三部曲的高反差光效給他拍照，算是對大鬍子導演的一個小致敬。Mario 仿似看懂我的心思，表情頓時沉斂起來，專注地凝望灰濛的窗外。

　　窗外的，會否是你明日的美酒帝國，Mario？

　　出了大門，才忘了試飲 Rubicon Cabernet Sauvignon，Mario 問要不要回頭，我說省錢還好，酒鄉還有很多路要走。望著空空的濕漉漉的停車場，鬱鬱蒼蒼的暮色中，我暗自慶幸，此身飲罷「有」歸處……

58. 酒鄉的王子

Napa Valley 是個英雄地，Mario 怎會沒有他的帝國夢。

在酒鄉逍遙了三天後，Mario 才告訴我，他自己也有釀酒的。可能因為知道他祖籍意大利，所以聽到他這麼說我也不感到驚奇。我感到奇怪的倒是為甚麼他要等到今天才告訴我，是否一直在測試我的的酒量，怕我喝光他釀的酒？

昨夜的一場雨把早上的天空洗得光鮮，田野綠得可愛，我的手腳沒前兩天的僵。我告訴 Mario，今天最漂亮。

Mario 的酒窖在一望無際的葡萄園的山坡上，我問他的葡萄是否這裡出。他笑著搖頭，告訴我他是第一次釀酒，學著大路子在市場買小酒農種的，和大酒莊的過剩果子來釀。他還說這裡大部份的平價酒，都是如此出品，聰明的還會花點錢找個設計師搞個創意 label。「Marketing is everything.」他的創意是瓶子的設計，高身細口，專人逐瓶吹的。若果他第一天便如此告訴我，我真的會認為他是吹的。

酒窖的另一邊是個橄欖園，樹影婆娑，我告訴 Mario：「It's angels' pinic ground!」他笑著點頭，我問他待會可否在此試酒午餐。「We are no angels!」他答。

這個酒窖的釀酒師是 Mario 的 buddy，酒窖的主人免費讓他們藏酒，反正數量不多，祇 20 個 barrels。所以 Mario 自己也不常跑這裡，來了也不敢造次，免招人誤會他喧賓奪主。聽了，我便輕聲說話。Mario 告訴我，這個酒莊產的是高價貨，間中亦讓客人辦酒會。「That's millionaires' picnic.」Mario 笑說。「Some day, I'll have my party here!」我說到時不要忘記給我電話。「I'll be back!」

Mario 的 buddy 叫 Messimo，是個帥哥，我真的以為到了意大利。我從來都認為上帝不是公平的，而且祂根本是個意大利人。在 Napa Valley，我得到證明。

Messimo 與 Mario 是中學同學，跟他是拍檔形式合作，利潤對分。我問年輕的 Messimo 當了釀酒師多久。他說在這裡先當了 5 年學徒，然後跑去 UC Davies 深造釀酒，兩年前畢業回來便當了釀酒師。我屈指一算，他比酒莊內的貴價藏酒還要年輕。

言談間，我感覺到 Messimo 比較內向，不及 Mario 健談，便說他們是 perfect couple，他們便哈笑起來。Messimo 跟著引領我們進酒窖，照面的是兩大不銹鋼儲酒庫，光潔的金屬感頓時使我意會到 Messimo 今天釀酒，不用脫鞋子了，自動化取代了浪漫化。

我問 Mario 他的 20 個 barrels 可以賺多少，他說一個 barrel 可以釀 25 個 cases，他們的總產量是 500 cases，give or take。每 case 12 瓶計，共是 6 千瓶，以每瓶 1 元純利計，利潤總共是 6 千大美元。聽著，我終要承認酒其實最終還是一種商品。少數怕長計，美國最大酒商 Gallo 就是用這種方法營運，以量取勝而稱霸的。

Mario 說這不是他的主業，因為由種葡萄到釀酒都是 hard labor，在在都有成本。他認為「The big money is in the auction」。他的主業是搜購舊藏酒，然後在香港拍賣。我問他哪來這麼多的貨源？他說美國有很多人繼承了祖宗的藏酒，卻不懂欣賞，也不懂價值，祇愛現金。金融海嘯也幫了他一個大忙，很多 bankers 都要低價出貨……聽著才醒覺我忘了問 Messimo 酒的 varietal。原來是我不太愛的 Merlot，嫌它過於嬌柔。他給我喝了少許，覺酒身還嫩，帶有點青草味，成熟了應該不錯。我立時領悟，Mario 確是 marketing 天才，專人吹酒瓶，才六千多瓶，卻可當 limited edition 來賣。

我預祝他們成功，還要他們承諾，要用我給的他們拍的合照作

他們的官方圖片，還說當明年秋收時，我會回來跟 Messimo 學釀酒。「That's the right season!」Mario 笑說。

說是明年，誰又會說得準？然而，我還是很用心的跟他們拍照，鏡頭裡我看到兩個未來的帝國驕雄，所以特別讓 Mario 給我一個側面，他祇說小心不要拍下他的「雙下巴」，我請他放心，說他像個羅馬銅幣上的大帝。

我還告訴他，有天若果他的酒業大帝做不成，當個影帝也不會成問題，因為他有點像 Michael Douglas。聽了，他笑得開懷，也顧不得他的雙下巴了。

Mario 的老爸在鎮上的大街開了間男服店，賣的都不是甚麼歐美名牌，款式也無甚耀目，我試穿一件外套卻又真的很暖洋，價錢卻不便宜，我想如此好貨價高也有個道理，亦意會到，酒鄉始終不是童話世界。

老爸長得也像個明星。我告訴他，「Mario is the prince of Napa」。

「Oh, would that make me a king then?」父親問。

「Of course, dad. You are always my king!」兒子說。

59. 酒神在呼喚

見識過了 Mario 的小酒窖，像開了一扇窗，我豁然瞅見酒鄉的心扉。

不記得甚麼時候聽說過，新世紀流行的是「boutique wine」。甚麼 Beringer、Mondavi 都祇是遊客區，懂酒的人會去「boutique wineries」試酒。

今天我跟 Mario 說，不想跑大路了，他們的酒，回家在超級市場也可以找到。對我來說，Napa Valley 最富傳奇性的 Niebaum—Coppola 也去過了，餘下的，當要找驚喜吧。

聽著，Mario 立即把車子掉頭，再穿過 Napa Valley 的主幹 29 號公路，我想來回多少趟也不會看厭兩旁的樹影，黃葉透著白光，冬日早晨，塵世最美也不過如此。我把相機靠著車頭玻璃拍攝，Mario 自然地把車子慢下來，第四天，我倆間生起默契來，像山谷裡的風，很爽。

年輕的小酒商 Mario 起勁地驅著他的 Merc—G 往山上跑，路比第一天去 Schramsberg 還迂迴、還陡。我耳鼓有點鳴，便知道我們上了很高的山，我感到興奮，酒神在召喚。

從外看，酒莊的主建築不大，像瑞士的 chalet，它的不同處祇是用磚造的，有一種紮實的感覺，門前小台上擺了盆小黃花正享受著早陽。我問 Mario 這裡的主人是不是個女的，他跟我打了個眼色，掛的仍是招牌笑容。

Mario 說今天試酒不用付錢，因為這裡的少爺是他的 buddy。當他介紹我給少爺時，說我們幾天前在三藩市一個試酒會碰過面，我猛然記起他的名字，Alan，是個紮實年輕人，原來他是這裡的釀酒師。他個子比 Mario 的釀酒拍檔 Messimo 小，臉上的自信卻強

得多，我心想這裡釀的肯定不是 Merlot。

　　酒莊的名字 Viader 於我有點陌生，它原來是阿根廷的姓氏。酒莊由 Alan 的媽媽 Delia Viader 於 1986 年建立。Delia 成長於阿根廷，然後遊歷歐洲，醉心於法國美酒，來美國修完博士後便建立自己的酒業，主攻高檔市場。

　　不知是 Delia 的膽量大，抑或是她的錢包小，Viader 選在難搞（所以便宜）的山坡，得著的是讓葡萄盡享日照，果子多豐滿。Delia 堅持用法國傳統方法釀酒，幾年下來便闖出了名堂，今天 Delia Viader 已是活著的傳奇。她獨力撫養四子女，長子 Paul，興趣在音樂。次子 Alan，專注釀酒。三女 Janet，主理市務。幼子 Alex，努力學習中。

　　今天，女主人不在家，祇見 Alan 和 Janet 穿梭於酒客中。看樣子，Janet 還像個大學生，卻沒有半點羞澀，跟客人談酒，客人的專注把她的 professionalism 說了出來 。

　　園中還有 Alan 的妻子 Meriela 在打點食物，她漂亮得來完全像個荷里活明星。Mario 告訴我，她也是阿根廷人，我跟她在數天前的試酒會碰過面，當時以為她祇是 Alan 的女朋友，還在唸書。後來回家在網上查看，才知她是位有名的廚師。這家人，還有甚麼不令人欣羨？

　　網上還說，Viader 開始時主攻 Bordeaux 飽滿式的紅酒，站穩了腳後，便多元發展，更結合了法國 Rhone 和澳洲 Barossa 的方法來釀 Shiraz（法國叫 Syrah），出產了自己品牌的 Viader Syrah。在法國，Syrah 不登大堂（除了 Hermitage），卻給澳洲人弄得果香盈盈，連名字都改掉成 Shiraz，像是澳洲的國寶。美國人保留原名，卻不太重視它，視其為 house wine 級。Viader 的 Syrah 我沒有嚐過，祇看到陡陡的葡萄田，應該頗適合需要大量日照的 Syrah 生長。

Alan 給我們試的是 Viader 2005，69% Cabernet Sauvignon，31% Cabernet Franc，典型的 Bordeaux 組合，酒身頗厚，口感豐滿，果香不錯，然有點澀，應該擺上幾年甚至十數年才會更好喝。每瓶索價 100 美金，我想日後還會漲價。怎說，我仍捨不得買。

其它的酒我不知道，祇憑這裡酒客的笑容，我想也不用深究了。肯定的是，過去的試酒會中，著實少了今天的暢快和溫煦。

站在陽台上，遠眺蜿蜒的河谷，風吹過，我真的聽到，酒神在呼喚。

60. 酒鄉的黃葉

　　早起，我想起老師金耀基寫的《海德堡語絲》，說德國人愛散步，他們的海德堡 Neckar 河畔有段「哲人小徑」，滿是哲人的足跡。老師於 1985 年訪學海德堡時秋天剛開始，給了他對秋的「第一次驚艷」。他在一個早晨，隨著落葉，漫步小徑尋找哲人的腳步，悠然自得。我在一年後到歐洲流浪，也著意跑到海德堡，學著老師，踏著黃葉，漫步山腰上的小徑。回港後，一直都想找條如斯的小徑散步，總是徒勞。

　　趁 Mario 有事，我便想在 St. Helena 鎮上隨便走走，踏踏黃葉，順道散散昨夜的酒氣。

　　老師愛在小城散步，說「在小城閒步閒思，最能發現自己」。當然，St. Helena 不比海德堡古雅和深雋，我也沒渴望閒步半天便可以發現自己，能夠發現鉛華過後的真意，我已心滿意足了。

　　酒鄉多樹，初冬自然多落葉，想掃葉工人必是忙得不可開交。奇怪的是，他們不是一股腦兒地把街上的落葉全數掃清，讓早晨街上光光禿禿，反而不慌不忙，讓落葉「再坐一回」。不知是有心抑或無意，羅佈的黃葉閒散在路邊，構築起的景象，像提醒過路的人們，時光荏苒，好好珍惜。最使我驚奇的是，路邊閒散的除了落葉，鮮有其它。這裡的人，也實在愛他們的家園，連落葉也那麼依戀。

　　早晨的清爽，讓我的感覺也敏銳起來，我想這亦是旅行的好處。Alain de Botton 也說，旅行使我們對微碎事物多感興趣。他有一次到 Amsterdam，剛下飛機便被引路指示牌吸引，因為它上面的文字有異於他慣常所視的英文。異國風情，就在路邊。

　　黃葉的飄落頓時使我感到酒鄉的脈動，我著意細步地走，忘卻了 wine label。今天，我衹想看看尋常的百姓家，心境像落葉般的

飄然。

在香港，我們何曾留意過街角的縈迴？現代城市，甚麼都講求效律，甚麼都要自動化。街角的清潔，我們何曾問過，是甚麼人造就、何時造就的？St. Helena 的堆堆黃葉，不是告訴我掃葉工人的 absence，而是他們對小鎮的愛惜。此刻，我明白到，酒鄉的美麗，不祇在莊園的籬牆裡，還在黃葉飄落的地方。

在酒鄉，不是每個人都擁有天堂般的莊園，他們的家，雖然沒有酒香，難道就此不能把門庭打造得成自己心中的天堂嗎？

在恬靜如 Constable 的畫的酒鄉街頭，我找到了答案。

有人說，西方人的家園是他們的堡壘，是神聖的領地，任何人也不得僭越、侵犯。我記著這句話，拍照時特別戰戰兢兢，怕隨時有人向我開槍驅趕。在美國，槍殺 trespasser 是合法的，他們的憲法保障每一個人都有權保護自己的家園。算是總統大人，在美國，要進入尋常百姓家，也要得到戶主的准許，要不，當然是法庭的指令。所以說，在西方，有神的建築，有帝家的建築，也有「人」的建築。建築物，不祇是居停，也是人生於世上的憑藉。在酒鄉的街頭，我不祇看到了人的家園的美麗，也看到他們對土地的深情，因為他們懂得把門庭當作天堂般敬仰和依戀。在 St. Helena，我發現，天堂就在咫尺間。

這使我回想起這幾天到訪過的酒莊，使我迷醉的都不祇是酒，也是藏酒的籬牆。怪不得這幾天的試酒，重複地做我也不覺煩厭，就是因為酒莊本身的嫵媚。

上高中時，化學科老師帶我們一班去參觀啤酒廠，好讓我們親歷啤酒的製作過程、發酵的奇妙轉化。同學們最感興趣的，還是最尾的啤酒試飲和無限供應的炸薯片。記憶裡，那是一座敞大的酒廠。對了，在 Napa Valley 的世界裡，沒有 brewery，祇有 winery。

　　老師漫步海德堡時，Napa Valley 還未如火般的紅。三十年後，我偶然在 St. Helena 鎮上的一間地產代理公司看到一則廣告，小小的一個酒莊也要索價 200 萬美元。我心裡計算，若果將這筆錢單是買酒，港幣 100 元一瓶已是不差，每晚一瓶，也可喝上 54 年。我暗問，何苦來由要拔草剪莖，冬寒夏熱地釀酒，然後讓別人喝？

　　當然，逐門逐戶的去問，答案肯定是多樣。在我繁密而短促的 wine tour 中，我看到了酒莊主人對泥土的愛惜——home is paradise。葡萄美酒，是「生於此」的最佳見證，就是法國人說的「terroir」，人與天地的幻化、結合。

61. 酒鄉的告別

遊酒鄉的最後一天，我想做點特別的。

早前曾拜託 Mario 給我找家單車店，好讓我多闖蕩。他說鎮上唯一的單車店的老闆是他的 buddy。果然，老闆給我打了折，還不限時。今天，小鎮沒有大橋要征服，我問了老闆鎮上的 cemetery 的路徑，他有點詫異，我便告訴他，我想向酒鄉埋了土的英雄們致個敬。

請勿誤會，我不是濫情，我真的相信，過去幾天的快樂，是以前他們胼手胝足地一草一木打造出來的。何況，當時美國人不懂 wine。可以想像，Napa Valley 是勇氣和深情釀出來的。最重要的是，今天就算不愛酒的人到了這裡，信必也會如我般神馳，因為它是地上的天堂。我真的感激。

墳場離大街不遠，祇 5 分鐘的腳踏車程，我很快便看到它靜靜地列在平房區的側旁，像是尋常百姓的鄰居。我感受得到，鎮裡的人，還是捨不得埋了土的英雄和鄉里。

我一直深信，看一處地方如何對待離世的，便可看出它如何對待在世的。我給墳場周圍靜穆平和的氣氛感動得想哭。

對照起來，中國人在葬禮和掃墓時總想吵醒先人，多求保祐，卻把他們葬得老遠。這可能是偏見，然而我始終喜歡西方的葬禮（和墓園），思念不用喧囂，最深的哀傷不能言語，靜穆地告別是最後的致敬，然後一切都交到天外的無盡。

我不是基督徒，也不相信永生。塵世無論多好，最終還是一縷輕煙一坏黃土。今天，Napa Valley 的英雄們留給塵世的卻是酒香綿綿、無愁的日子。St. Helena 的墳場活像是個紀念館，單是看墓碑刻上的名字，許也看得出酒鄉的歷史。

　　果然，最搶眼的就是 Mondavi 家族，特別寬高的墓碑與墳頭很配合 Robert Mondavi 生前的 flamboyance。他不跟隨法國人混葡萄品種製酒的傳統，首創以單獨的品種來釀酒，並以 varietal 的名稱為標記、分類，此後便成為 New World Wine 的標準作法。

　　法國酒以酒莊命名，多有自家混法，對酒客是一種考驗，選酒時要靠對酒莊的知識和經驗，缺了便不知所從，唯有靠名氣、或是價錢。Mondavi 做的是突出 varietal 的自我個性特質，其實比法國方法更冒險，因為法式混種法可以利用配對的比例來調校酒質，風險便低，好處是酒的結構複雜，多層次感。Mondavi 的單一 varietal 釀法是優是劣，天下酒多，難作比較，但起碼是對葡萄品種本身的一種尊重。

　　Robert Mondavi 成名於 20 世紀 40 年代。1965 年，他跟弟弟 Peter 決裂，自立門戶，建立了現已成經典的 Mondavi Winery，其南歐修道院式的建築風格很別緻，Mondavi 酒瓶上的 label 都可以看得到。它亦可能是除了 White House 之外，美國最多人探訪過。

　　Mondavi 的墓園是重新改建的，也同葬了他的父母。我想起了 Mario 跟他的爸爸，明白意大利人總是顧家念親的，因此，我也原諒了 Coppola 對 Sophia 的溺愛，祇是不忍 Michael Corleone 終老時的蒼涼。

　　單車旅程跑得不遠，沒有數天前征服金門橋時的狂喜，然而別過墓園後，我總有點依依。

　　交回車後，我想弄點好吃的餞別 Mario。遂在附近的超級市場看看有甚麼好吃，驀然找到一些煙薰過的牛脛骨連髓，頗感新鮮，想也容易弄。小屋內的爐頭，之前僅夜裡開著來保暖，著實有點浪費，心裡一直抱歉。

　　付錢時，小胖的收銀員問我是否會員，我答不是，她問我想不想參加，我坦白說我不是本地居民，她若無其事地說那有啥關係，

填上個名字，即時省錢。如此，她為我省下了差不多 30 大美元，遠鄉真好。

　　肉已薰過，準備功夫省了也好。煎香洋蔥、煙肉粒，再加 Californian Chardonnay，滾過後倒進番茄醬，添些 fresh thyme，慢火燜肉，20 分鐘便成，Mario 帶來的兩瓶 Mondavi Pinot Noir 給喝得空了還吃不完。走時，Mario 還帶走剩菜，說明早再吃。

　　早上一覺醒來，屋子還剩酒香菜香，窗外不變的嫩陽，我緩緩收拾好昨夜一桌子的狼藉，到整理行裝時還特意放好昨日超級市場領的會員咭。

62. 世上已千年

怎也要回家了。

跳上了 Mario 的戰車，除了心情，行裝也沉重起來。Mario 有點莫明，我便告訴他昨天散步時在鎮上大街的拐角處找到一家頗大頗雅緻的書店，賣的都是新書，很多是關於酒食旅行的，撿上手便捨不得放下，而且書店助理長得溫文爾雅，Napa Valley，連賣書的都有仙氣，所以我不自覺下便買了整袋子的書。

Mario 笑著問要不要多留幾天，我祇好告訴他餘錢都在書店花光了，然後反問他昨夜的剩菜早上還好吃嗎，他點了頭，還問菜是甚麼名堂。「Marrow Mario!」我答，他聽了便哈笑起來給我打了個眼色，還說今天的午飯他請。

約好了 D 在三藩市唐人街，Mario 在他手掌般大的衛星導航器輸入地址，說了一聲「Let's go!」我便開始回家。那個導航器，Mario 花了 300 元買，說是很準確的，讓他可以在旅途上不用分心找路，他便可以聽電話，甚至發短訊。他經常上路，連電腦也少用。上網費時，他說，「Business don't wait.」我忽然想起，來時我特意不帶電腦，St. Helena 鎮上也好像沒有網吧，自己也懶得去找，活得還是那麼稱意，除了晚上的寒顫。今趟在美國我祇用過電腦一次，就在 D 的辦事處 google 如何往酒鄉。事後回看，都有點枉然。

午飯的店子很熱鬧，D 說是三藩市最著名。密密的中文字和哄哄的廣東話，霎時便把我在酒鄉吸收的仙氣驅散，催我重返人間。可幸人間還有美食，不出所料，雀躍的 Mario 先點了生炒排骨、臘味芥蘭，他說至愛 Chinese Salami。我要蒜茸蒸大蝦，D 推薦招牌黃金蟹，Mario 還要點鼓油雞，我真的懷疑他早上根本沒有吃過昨夜我倆吃剩的「Marrow Mario」。

　　一桌子的好菜，道盡了中國廚子的千年功夫、適應能力，還有難斷的鄉愁。

　　我印象最深的是那盤閃爍的大蟹。蟹用的應是當地的 Dungeness，我在灣區拍攝沙鷗時見人網過。Dungeness 肉厚味鮮，比我以前寓居新加坡時吃過的「國吃」chilli crab 用的 Sri Lanka 來的 mud crab 好上不少。Mud crab 不錯肥大肉厚，但蟹味不足，不然怎會用辣。這裡的 Dungeness 經過「走油」，肉汁保留下來，鮮味十足，要批評的是蓋上了太多炸蒜，炫燿得過了頭。

　　見 Mario 吃得開懷，我暗想中國人早已征服全世界，靠的就是廚子，不用軍隊。

　　有記錄的首批赴美華人，在 1820 年開始，20 年間，才 11 人。要等 1848 年的淘金熱，和其後的鐵路修建潮，中國人才蜂擁而來。19 世紀後期，在加州的中國人已有 30 至 40 萬人，給當時的美國經濟造成沉重的壓力，排華的情緒日益高漲。1882 年，美國國會通過第一條「排華法案」，停止輸入華工 10 年，其後於 1892 年再延長 10 年，到 1902 年更取消了時限。至 1943 年才得到放寬，然而，每年祇得 105 個名額。全面的解封，要等到 1965 年了。在這差不多 100 年間，在美的華人受盡歧視欺凌。

　　中國自元朝開始直至清末斷斷續續的實施海禁，除非得到朝廷格外批准，人民一律不許接觸海外世界，能往外地生活的都被視作私通夷狄，背叛祖宗。連中國近代第一位駐外公使郭嵩燾於 1876 年啟程赴英國就職時，亦被譏罵：「出乎其類，拔乎其萃，不容于堯舜之世；未能事人，焉能事鬼，何必去父母之邦！」到了今天，富起來的中國人，誰不愛綠卡？

　　三藩市的中國領事館，在清廷極不情願下才於 1878 年成立，比第一代的華工潮晚了半個世紀。至於美國，要到 2011 年才官式地為排華法案道歉。

　　菜還未上時，Mario 打了通電話，笑談了幾句然後交給我，原來是我和他七天前赴酒鄉前試酒時認識的恩美，她問我那夜之後我品過了多少瓶 Pinot Noir，我其實都忘了，便祇答「enough for a lifetime」。可惜的是，她有事來不了。

　　飯後告別 Mario，看著他抱著肚子跳上他的寶貝戰車，我心裡湧起說不出的離緒。認識他才七天，在 Napa Valley 跑這跑那，雖然說不上共過患難，總也算共過天涯。在無際的酒鄉，友情總帶點醉意。

　　D 駕車送我，路過唐人街，我看著街頭的蹣跚，心想中國人的路，走得特別艱辛。

　　十天前，剛到三藩市我便收到香港一家電視台相識的友人的來電，他們公司剛來了新 CEO，姓黃的「電訊神童」。神童在電訊界專長挑戰巨人，現在加盟一直弱勢的電視台，挑戰大台。朋友說必有一番景象，待我回港後，便會引見……所以，我在酒鄉的日子過得很暢快。

　　D 問我返家後有何打算，我便告訴她那次電話的內容。聽後，她遲疑了一下便說神童已經辭職，上任後的第 14 天。不知是否午飯吃得太飽，抑或是昨晚的酒氣未過，我的胃一路下沉。在仙境才不過七日，世上真似過了千年。Life is a strange journey.

　　機場話別，和 D 輕輕 hug 了一下，默然間再說不出話來。她仍然保有聰慧、忠誠與善良，歲月拿她沒法。

　　看著老同學駕車遠去，此刻我在彼邦，路走完了。

第 六 篇

石澳

我便笑說天后娘娘會保祐，
林珍卻說娘娘祇管大海，
若果連大戲也關她的事，
恐怕忙死。

63. 石澳的風

朋友老標在香港島南端的石澳村住了廿多年，他那裡的屋子，靠著石澳後灘，外人少有探進，像個世外桃源；然而，每逢假日，老標的鄰舍，卻是人頭湧湧，城裡的忙人趁閒跑來這裡享受風和日麗。每次到來，我總拉著老標到後灘的露天酒吧喝酒，看孩子們在灘上堆沙。如此，一星期的勞累很快便消退。

到石澳，車路祇有一條，彎多路窄，險象頻生。由柴灣或筲箕灣轉入大潭道上山時，我駕著車便開始有點提心吊膽。山頂的路有個分叉位，拐右沿著大潭道便逕往大潭、赤柱、以至香港仔。過了分叉直往便是石澳道，由「歌連臣角火葬場」開始，一路下駕車時我會不停提醒自己，死神隨時擦身。差不多到山腳前拐過了鶴咀角，便可以俯瞰石澳村景，豁然開朗，然後直駛過兩旁油油綠綠的石澳道便到主灘。

石澳道建了很多大宅門，人見得少，牆籬長得高，陽光灑落，是條金光大道。整段石澳道，由死亡蔭谷走到人間富貴，不消半句鐘，卻似是看盡大千，世界光景，瞬息不同。

奇怪的是，老標不愛戲水。我初以為他不懂享受石澳，從他的屋子踱到沙灘祇不過一分鐘，不戲水看著就是浪費。後來才曉得，石澳村的盡頭，再跨過一段淺灘石路，便到了大頭洲，那是老標的山外山。在石澳，不戲水還可以跑山。

山其實並不高陡，可能是風的關係，山上樹木都不高大、密集，山路也變得寬闊、明亮。停下來稍息，我才發覺海風頗烈，隆隆有聲，跟大埔吐露港相比是另一番天地。

吐露港兩岸有大埔、沙田、馬鞍山、荔枝莊包擁著，往東北的水路出口是長長的塔門海峽，坐船出港也要個把小時；石澳面向的

是寬廣的藍塘海峽，直出便是南中國海。兩種海勢，不同的風。

大頭洲不消半句鐘便跑完，風卻像吹了一世紀。遊子不多，我想因為愛石澳的人多愛戲水；愛跑山的人多怕石澳後山的風。

幾年前，我的小弟弟結婚了，慶典過後，還要找我跑到石澳後灘給新人拍婚照。海枯石爛，10月將末，新娘子還是勇敢地和風對抗。他倆從相識到結婚都差不多15年，始終如一，石澳的風怎猛，我想，還不及他倆感情的烈。

由午後到黃昏，新娘子不曾吭過一聲，到了伴娘朋友來時，天便漆黑下來，海風吹得更猛更涼，她倆才不得不問老標借了張毯子包著身子。

石澳的風，有著陽剛的猛烈，偶爾也有婀娜的嫵媚，山裏來的、浪裏來的各有姿采，怪不得從城中走來，路是那麼迂迴。

2008年，我從新加坡回港工作，老標以前共事過，自然又再一起合作。公司在吐露港旁大埔工業邨，往返石澳，每天共要花4小時在路上。新工作不消半年，老朋友消瘦得很，看著傷神。勸他搬離石澳，老是不聽，風吹不動。

一天，工作晚了，我便駕車送他回家，到達時他卻要請我喝酒。此時我們常去的後灘酒吧已關上了，我們便到主灘的一間西班牙式叫 Paradiso 的酒吧（Paradiso 不就是天堂嗎？我一生至愛的電影其中就有 *Cinema Paradiso*！）。

酒吧是老標村子裡的朋友開的，一進門氣氛便暖和起來。廳子外是露天的前園，連著沙灘，很別緻，夜裡看浪頭翻滾，聽風的哨叫，倦意都飛散了。

大埔吐露港以前是個漁港，風不猛、浪不急，漁民選此歸航造就了一灣的平和。每次駕車送老標回石澳，跑過曲折的石澳道，總覺平安難求。今夜聽浪頭上的風，趁著瑩瑩酒光，細說我倆生命各自的轉折。

　　以酒來論，若果說吐露港是柔柔的 Pinot Noir，那末石澳便是濃濃的 Shiraz，兩處都是喝酒聽風的好地方。

　　回家路上，再一次駛過山上森穆的火葬場，那麼多的過去，那麼靜的風。

64. 石澳的迷

石澳，對你若果祇是沙灘、浪頭、比堅尼、酒館和泰國菜，那麼你還有再去一趟的理由。

又或者，你還未儲夠旅費迢往地中海享受蔚藍海岸，看畫一般的山村小屋，藍的白的，互相依偎。若此，你下次去石澳時就不應一頭鑽進沙堆裡了。

告訴過你，老標不愛戲水，他屋子往後灘的小徑卻漆得誘人，以為真的到了希臘亞琴海，晴潔的藍天，照映著白色的門牆。

石澳村後的小徑子不長，轉角迎來便是黃沙和大海，幸運的話，你還可以看到海心有郵輪飄洋遠去。

若然你酒意不興，那麼腳下的露天酒吧便迷不倒你。坐著看海須要沉思或細語，若然你愛獨行，還可以多走一點路，沙灘岸頭的promenade，雖然短，也夠你舒懷。

是看人家的寫意，每天都有驚豔。隨意的油漆，紅裡透白，藍裡有青，每天都像花開。

若果你也住在這裡，真的可以忘掉汽車。老標在澳洲長大，曾是個petrohead，回港找了石澳村住下來，連駕駛執照也懶得去領。

對了，我說石澳村是住人的。老標卻經常笑說，石澳前灘是遊客的，他祇是個村民。

石澳村的歷史比殖民地香港還久，早來的是從大陸過來網魚的漁民，舊村子祇是暫居地，留下來的便種點瓜菜。1842年英國人來時，迷上了它的青綠和蔚藍，好癒深深的鄉愁。

英國人很快便在這裡建起了香港島上第一個golf field，為了整地，政府將零散的耕民集中起來聚於菜田陲邊，讓英國人在村外另一邊打球，好解鄉愁。今天的石澳村，背山環水，一片油綠，百多

年的寧謐，竟然是洋人無意間造就出來，是歷史的偶然，還是天賜的幸福？

老標祖籍上海，長得卻似是個洋人，澳洲成長，在這裡，鄰居喚他「鬼佬標」，熟絡得像個神父。這裡住上了很多真洋人，老標摯友中外都有，可惜他不是原居民，一人一票，說不準他真可以當個村長。

若果你是這裡的村長，我想你真的會為村子慶幸。百多年前的英國人，住在村外沿路的富饒，一心還想覓得富貴衣錦還鄉，石澳村祇是個拼湊，沒有條理，屋子建得雜亂。

原本的雜亂，在時光的消磨中，滋長了任意的空間。原本的暫住，今天蛻然變了可喜的居庭，散發著多色的陽光。住在這裡，不問國藉，祇要迷上，就是村民。

若果你是這裡的村長，我想你會閒得很，因為村子不用你煩惱，如何去打掃，如何去設計，村民自己會動手。

Alain de Botton 就說過，一地好看的建築，不用宏大而齊一，看似雜亂無序的，若果我們看得出心意，便可細味屋子裡的幸福。

住在城市裡的你，習慣了一式的房子，別人的規劃，可曾問過，是誰人的心思？時光消磨下，你還記得你家牆子的顏色、鄰家門子的模樣？

以前的英國人祇愛油綠的青蔥、錯落的光影，留給村民的便是起伏的土嶺。石澳村從來沒有平整過，屋子任意的靠立，路繞著屋，屋偎著路，兩相依傍，迷人的暖。對比著村外的大宅門，這裡的屋子，根長得更深，天長地久，很 organic。這裡沒有 town planning，毗鄰的卻似是心意相通，你紅我白，你歪我正。石澳村像是一團沒有指揮的樂隊，樂手各自奏著自己喜愛的音符，卻又如斯的愉悅。我想 de Botton 一定會同意，美麗的小城，幸福的居庭，不是 plan 出來的。

當然，石澳村也有破落的一面。

石澳雖說是遊客熱點，然而生意祇可做夏秋兩季，若果春雨遲走、寒風早來，那麼便半年不到。村口的一段，因著遊客的吃喝，也因著他們的匆匆，都搭建得頗為簡陋，缺了份歸屬感，自然就暗沉。可是，若果你能細看，暗沉巷子還是有緻，而且不髒。夏秋裡如鯽的遊客，換了季節，頭也不回，忍心得很，巷子裡的冷落，似是靜候遊子的歸來。所以，若果你下趟想來時，怕了熱鬧，最好在冬季，雖然人少，屋子的暖意，寒風吹過，特別的濃。說不準，你也許會長住下來。

若然，你真的住了下來，我便會帶酒來探你，好讓我迷上這裡的幸福，關上藍色門子，忘掉憂愁。

65. 石澳的福

石澳村的居民好像明白，海風每天都有，客人不是每天都來，最要珍惜的是村民之間的緣聚。

老標在村上第一個 landlord 是他在澳洲時老同學 Daniel 的伯娘葉太太。老標初來時病了一場，還是葉媽媽煎的藥管用，此後更多了湯水，租客好像找回母親。Daniel 跟著回港，老標和他好像一家兄弟。幾年前 Daniel 突然撒手，老標傷心得很。

Daniel 曾經在村子走得很前，常代表村民跟政府周旋，老標與他也曾搞過遊行，要求改善村子的衛生和醫療。今天石澳的可人，老標常說，Daniel 有大大的功勞，石澳灘頭，該有他的塑像。

葉家原來是村子的大族。葉媽媽 8 歲時已跟哥哥從大陸飄洋過海找著石澳村生根，18 歲便嫁了給 Daniel 的伯父。伯父後來當了村長，一做 30 年，退休時還領過殖民地主子的勳章，當時是村裡頭等大事。

伯父有 3 個兒子、5 個女兒，老二 Ray 自幼聰敏，家中他最能讀書。伯父本是個海員，經常到跑海外，深知教育的重要，便送老二往澳洲「悉尼大學」唸建築，在 1960 年代，很大膽。

1967 年，香港經歷了一場狂猛的騷動，英國人花了 1 年才鎮壓得住。之後，殖民地主子終於明白，香港不祇屬於英國人，本地華人再不能被漠視以至欺壓得住。因此，英國人統治的方法便由高壓轉變為懷柔，華人多了出頭機會。香港歷史學者 David Faure 稱之為「The 1967 Shift」，可以想像，轉變多大。

香港 67 暴動時，Ray 在悉尼也不好過，那時澳洲排華風正盛，幾經艱辛，Ray 才娶得白人女子，外家卻一直反對。事業方面，當時澳洲正努力攀上世界頂尖，搞了個驚世的 Sydney Opera House，

Ray 畢業後加入的公司有份參與建造。

1970 年代初，Ray 回港發展，殖民地亦剛好換了土壤，很快，他開了自己的公司。我問他那會不會是香港第一代華人開的 architectural firm，他笑得很滿，祇說 may be。

今天，Ray 喜歡別人喚他 Artist Ray，事實上，他畫的畫也有五星酒店採用過，他的事蹟也上過了不少報章雜誌。他住的屋子，自己設計，也不知上過了多少次電視。

骨子裡，Ray 也是個生意人。

40 年前，石澳村屋子雜亂老舊，Ray 便意識到，是時候發展村子了，父親是村長，與政府交涉，他比誰都容易。聰明也幸運的 Ray 抓緊了「The 1967 shift」，利用政府亂後的寬鬆政策申請改建村裡老舊屋子，況且英國人從沒有好好規劃過石澳村，所以地權十分易搞，就此，Ray 就一間一間的平價買下來，憑著他的專業一間一間的改建得蠻有特色，各有性格。2009 年我認識他時，在石澳村他擁有 15 間房子，而大部份都出租給洋人，因為「they can afford it」。

想起村裡繽紛的色彩，我問 Ray 是不是由他播種，他笑得很滿，祇說 may be。

1980 年代，香港經濟起飛，尤其是金融業，Ray 的很多租客不是 banker 便是 lawyer，都愛石澳的海。Ray 告訴我，那時灣裡多是遊艇，他自己也有過一艘。2008 年，環球金融海嘯，灣裡祇留下浪頭，Ray 靠海的屋子，看過很多滄桑。

1990 年代，香港準備回歸，一批人遠走，也有一批人進來，多是外國記者，多是 Ray 的租客，愛這裡的「Bohemian lifestyle」，房子多彩，村子秀麗。

Ray 一生受薪工作祇不過十多年，改建石澳村的房子後便不用再上班，駕起自己的遊艇縱橫四海，一次瀕死的意外之後，他便祇

在陸地上當起 artist，在家畫自己的色彩，閒時投資股票，午後帶兒子漫步村子，跟租客聊天。我問他有沒有想過當村長，他答不，因為自己野性難馴，說當個公關還可以，村裏朋友多，可以幫村公所籌款，「你是石澳特產，artist 加 business man。」我說得羨慕。

Ray 的祖屋在村子中心，還住著他的哥哥和嫂子，雖然有點破舊。哥哥一直是農民，跟我談攝影時，卻頭頭是道。當攝影師原來是哥哥年輕時的夢想，可是弟弟要往澳洲讀書，哥哥便要到田裡工作持家。

大抵，幸運總是繞著弟弟走。

Ray 有過三段婚姻，最後的太太嫁他時，他已經 66 歲，第二年便給他生了唯一的子嗣，中菲混血，他說是一生中最大的幸運，便給兒子改名「明星」，願望他一生燦爛。

別時，我問 Ray 他最懷念石澳的是甚麼，他頓了一刻，才說是兒時還沒有電燈的村子，晚上可以看星星。

我離開 Ray 的屋子時，霎時閃過一個念頭，有天屋主撒手，他遺下的屋子便應該改為紀念館，展覽主人生前的作品和他一生的幸運，告訴來訪的朋友，石澳村是處福地。

66. 石澳的炒麵

　　夏秋時到石澳村，在村口你總會遇上三兩小吃檔子，路過時我多看檔主的辛勤，少留意他們賣甚麼，然食物氣味隨著海風，總是誘人，過後我總會後悔沒有停下一嚐。

　　石澳原是個小漁村，缺少不了天后娘娘的庇祐。歲月的風霜，娘娘的古廟記載著。廟內掛著的牌匾，說廟建於清光緒十七年，1891 年，英國人來了已經 50 年，村民還記掛千里之外，紫禁城的皇恩。

　　可以想像，村子遠離殖民政府的權力中心，村民日出而作，自成一統。英國人百年來忙著建設維多利亞港兩岸，石澳避過了高樓大廈、車水馬龍。

　　石澳的天后廟前有一堂頗寬廣的空地，是村民的集散地，假日喜慶來時，村民夾雜著中外遊客，地道的嘉年華。村民說，這裡最重要的節日是農曆新年，然後便是天后誕，跟著便是 Halloween 和 Christmas，古廟堂前，好不熱鬧。

　　2009 年的天后誕，因為大學的一份人類學的研究論文功課，我趁機再跑來搜集資料和拍照。在場觀禮的人頭不多，且多是中年以上，我才記起，以往老標介紹我認識的村民朋友，多滿臉風霜。他們年輕時上學都要出城奔波，何況現今上班幹活？

　　天后誕前兩天，因論文須要找第一手資料，我便跟村民圍起吃午飯，座中結識了家住石澳村隔鄰的大浪村的容先生。他告訴我石澳村小，獨力辦不了天后慶典，還要大浪村和山腰上的鶴咀村合資合力才能成事。聽了，我好像被天后娘娘賜了張藏寶圖，給我的論文找到如寶石的亮點，二話不說立時約好了容先生午後到他家探望，聽他的和村子的往事。

　　1948 年，容先生才 26 歲時，中國兩個黨軍打得厲害，他隻身避難從汕頭坐漁船過來石澳。原本是漁民的他好會水性，便當起了全職救生員，吃英國人的糧，洋上司卻不懂戲水，所以很靠他。

　　那時，石澳前灘泳客不多，來的多是一雙一對，紅男綠女，尋找浪漫，泳術卻差。容先生救過不少人，有一次差點連自己也給遇溺者纏著拖往海深。驚恐過後，救生員怕了海，攜著妻子在灘上賣小吃。可是生意不好，石澳村的屋子他們住不起，便搬到現今較石澳僻遠的大浪灣，種菜養豬，生活倒還不賴。說著有勁，他指著屋前籬笆外，告訴我他的兩個孩子都是靠那塊田養大的，還高興地說，明年他的大兒子便要退休，吃政府的長俸。「在香港，打政府工才有前途。」容爸爸滿足地說。我回頭看到容老媽默默地做家務，偶然回頭看我們。

　　容先生是阿 Ray 老爸的同輩，在他的記憶中，Ray 老爸阿全是個很捧的村長。「英國佬唔理石澳村民，因為石澳唔係新界，阿全成日要同政府爭取，一做三十年，冇佢石澳冇今日。」我本以為他愛屋及烏，也喜歡世姪阿 Ray。「佢要娶個法國妹果陣，阿全都冇所謂，但係阿 Ray 就死都唔肯喺天后廟前擺酒，激死老豆，我聽阿全講過，早知將送佢去澳洲讀書啲錢買屋好過。」我立時想起了 Ray 的小寶貝，明星。

　　「不過，阿 Ray 近幾年都為石澳村做左啲好事，天后誕佢都有幫手籌錢，可能年紀大，人老了，都係鄉親最好。」我記起老標也說過，老村長最恨兒子不肯接他的棒作村子的頭兒，為村民爭取福利。

　　Artist 加 business man，誰可以說甚麼？可幸的是，野孩子還愛家鄉，Ray 做的祇是讓石澳的屋子變得更秀麗（和值錢）。始終，Ray 還是個野孩子，石澳村是他的 playground，我想他就是比誰都幸運，肯定是天后娘娘的眷顧。

　　公平地說，1970 年代 Ray 從澳洲學成回家時，確實看到村子的老化，問題是，中國人造的凡間建築，都祇被視作是 transitional，到世外才是歸宿。無論是否出於純商業的考慮，Ray 把一式呆板的村屋改建得繽紛，讓住著的人感受人間樂土，總算是功德。

　　告別容家，我順道到大浪村的沙灘走走。

　　相比石澳，大浪村的沙灘真的不敵，遊人泳客自然少得多，這反而造就了它的寧謐，讓風浪聲交響得澈亮，心想若我有天要戲浪，必到這裡。我抓起一手沙粒細看，留意到沙不及石澳的幼細，我感到它較石澳更有福氣，少人騷擾。令人唏噓的是，待大浪灘的沙給浪頭淘洗得幼細時，我想，遊人也會多了，大地也會跟著老去，阿 Ray 是否浪子到時也不再重要。此刻，我感到高興的還是容生容媽的滿足，這就夠了。

　　回到石澳前灘，待一小檔子忙過後我問檔子主人從哪裡來，他說是異鄉人，檔子擺了差不多半個世紀，每天賣的都是同一樣的東西，「遊客鍾意。」老闆說沒有兒女，夫婦兩口子還要幹活。我買了他倆齊弄的炒麵，跟其它顧客一起圍著檔子吃，味道不算是出色，風味卻濃。我想，歲月怎好，人總會老去，可以做的，就是兩口子一起弄點美味，一起享受清風。

　　石澳村裡的天后娘娘，妳也會保祐，賣炒麵的小檔子人家嗎？

67. 石澳的娘娘

2009 年 11 月 20 日，秋陽正好。這天是天后娘娘的生日，村民都為她辦派對，海風也爽然地參加，石澳村裡很多笑臉，黃的白的都有。

今天，除了天后，村裏還有另一位娘娘，我看她著實高興。

林珍，60 來歲，石澳村第一位女村長，已經當了整整 8 年。一生都活在村子中。年輕時嫁人，父親為她在古廟前堂擺了喜宴，天后娘娘見證。

喜宴擺了三個日夜，不是因為人多，而是要遷就城裡工作的鄉里和海外專程回來的親友。家鄉如此秀麗，大夥回家的日子卻不多，難得喜慶日子，除了吃喝，便是互相問好，互訴離愁。

婚宴過後，林珍一生都過得平安，心裡一直感激天后的庇祐，辦娘娘的盛會，她比誰都緊張。今天早飯過後，林村長便在廟旁的村公所打點，不苟言笑，像怕失禮在天的娘娘。

第一次觀賞盛會，我本以為村民祇要在廟裡上香、廟前舞獅、晚上看戲便可禮成，沒有想過，儀式如此周張、莊重。

拜過娘娘，一輪鑼鼓，獅舞過後，便為天后披上紅衣恭請上轎，凝凝重重地遊過村口，到在前灘公眾停車場臨時搭起的戲棚安坐，等待晚上紅伶出場。禮成過後，Ray 便介紹我認識村長，笑說我是娘娘派來的，村長立時含笑邀我上車。

路過沙灘時，林珍指著海面，告訴我她少時可以跑上父親的漁船，回看岸上的遊行，感覺像飛。那時海面多漁船，慶賀娘娘誕辰時，彩旗幡動滿海都是。「都好久沒有看過這種場面了。」村長的話有點海鹽味。

林珍說每年賀天后要花起碼 70 萬元，政府沒半分錢資助，唯

有村裡籌，多靠附近的豪門捐贈，近年經濟差，捐款都減了。「有時，我自己都會出點私己錢補貼。」村長還感激 Ray 的幫忙，搞點綽頭，找人贊助。Ray 昨天告訴我，他今年籌了五萬多元，金融海嘯下，也算有點成績。林珍與 Ray 一起在村子長大，各自走了很長很相異的人生路，今天，一起為同一個目標努力，林珍笑說：「娘娘有靈。」

天后娘娘在戲棚安坐好後，村民又是一輪參拜。我回頭看林珍獨自佇立一角觀望，八年的冀望，一生的虔敬。

典禮還未完成，「還有大王爺要請，陪天后娘娘睇戲。」村長說完便領著大隊進發，她分配好車子，然後對我說：「你是阿 Ray 的朋友，請先上我車。」

車內，林珍告訴我，從石澳到城中的車路很窄很險，經常有車禍，大王爺是請來保祐上路人的。駕著車的是隔鄰大浪灣的村長，黑實的他聽了便說大王爺是抗日時期請來的……

很快便到了大王爺的「本位」，在大路前的轉角，相比天后廟，他的坐堂卻有點破落，我暗忖，石澳村民真有點重女輕男。

雖然大王爺享受不到紅衣和鳳轎，香火一樣的綿綿，陽光透著樹影，像古琴絃等待撥弄，上天仿似有靈。

車內有人提起，兩天前林珍的大兒子結婚，兒子卻不肯學媽媽在天后廟前堂擺宴，聽著，我回望 Ray，給他一個眼色，他別過臉靜看窗外，我知道他想狂笑。

兩天前，林媽媽領著村民一起坐旅遊巴士到城中赴兒子婚宴，400 人，比今天還要熱鬧，「好耐未試過咁多村民喺埋一齊。」林珍說著，一臉的滿足。

參拜過大王爺之後，林珍好像完成了一項重大任務，放了輕鬆，跟身旁的人有說有笑。我從來都不推許拜神求佛，若事事都要尋保祐，生活便會祇在彷徨中，但此刻看到林珍如此適意，我便告

訴自己，有神無神，心安便好。

回程時，村長說辛苦過了，今晚看戲就輪到老倌們辛苦，門票賣得不比往年好，她坦然地說：「香港人愈來愈不愛傳統。」我便笑說天后娘娘會保祐，林珍卻說娘娘祇管大海，若果連大戲也關她的事，恐怕忙死。

然後，整車子的笑聲。

68. 石澳的傳承

石澳的天后娘娘看戲，客人除了大王爺外，還有太上老君。我到村口觀看舞獅接老君往戲棚，村長林珍說老人倦了，留給年輕人做吧。

此間的天后古廟，在香港不算老，記錄上香港最老舊的建於1684年，在新界屏山，石澳的娘娘比她年輕二百多歲。

可能因為沒有長輩在背後，年輕人的獅舞得起勁，我才發現，整隊雄獅，沒一個中年或壯年，果是後生可畏。看他們顧盼自豪，對比起早上抬鳳轎的村中父老那份嚴肅，我相信獅隊不在求保祐，而真的是在表演，討大家的歡心。

獅隊屬於「石澳青年體育會」，午飯時我問他們多久才聚起練習，答是一個月才一次，臨近節慶才練得緊密些。上大學時我也參加過獅隊，明白隊員間的默契是很難練得準，石澳的青年們真的很棒，他們在村口主街舞了差不多半句鐘，若果真要買票看，我一定付費。

美國人類學家 James Watson 專門研究中國民俗，他察覺到中國民間的葬禮，過程雖然漫長，但儀式細節卻沒有硬性的要求，多憑村裡的長者憑記憶說了就是，參與的人 perform 儀式，逐點逐點的恭謹、凝重，像被先人在緊看著。Watson 就此認為中國人的葬禮是一場 performance，履行儀式的準確性不重要，最重要是「做過了」。他的結論是，參與儀式的人是尋求 cultural identity——「我」是這家／族人中的一份子。我在石澳村看到的是——雖然不是葬禮——村民似乎想尋求一種身份肯定，「石澳人是這樣慶祝天后誕的，我在其中。」「大王爺，我們才有。」

午飯時，我問獅隊，「今天，月球都找不到嫦娥了，年輕人怎

會信娘娘？」

原來，我問錯了問題。

然後，我改了問：「天后誕為甚麼那末重要，今天不是假日，你們都要請假回來？」

「每年都預左啦。」

「高興嘛，仲可以見返啲 friends。」

「返來上支香俾娘娘，保祐我轉份好工。」

年輕人敲鼓鳴鑼，顯然是血氣方剛，舞得好看，當是自我挑戰。家鄉的天后派對，便是表演機會，表演前例必上香，是對天地的敬畏，生命無常，平安是福。

村裡的年輕人都往城中唸書、上班，才發現生活艱難，回家過節算是人生苦旅上短暫的安頓。村長林珍之前告訴過我，她年輕時也須要到城中工作，但很快便回鄉安頓餘生，她說是「天后娘娘的保祐」。

今夜戲棚裡，向娘娘禱告的人還多，有的久久不動，有的抱著孩子。我回頭看見 Ray 也抱著才 10 個月大的獨子明星忙著招呼進棚的人。此刻戲台還在佈置中，三兩小兒在台上玩耍，扮著表演，我趨近看，他們都不是黃皮膚，我問他們：「Who is Tin Hau？」「Chinese Christmas！」他們高聲笑說，跟著便跳下了戲台。

轉過頭，Ray 不知從何而來拉著個外籍年輕人說要介紹給我，三十多歲的 Sam，健康英俊，德中混血，是去年村裡的「Villager of the Year」，林珍題名的，村裡第一次獎給非原村民。Sam 原來是個 sound engineer，幫過老標在家搞錄音室，老標說他是個異類，甚麼都執著。

異類在村裡教小孩們如何安全戲水，老標說他月前還在石澳前灘救了個泳客，霎時我才想起電視新聞有報道。「Oh, you are a living Tin Hau！」我笑著對 Sam 說，心裡卻是認真的。

戲還未開始，台下前排已有觀眾焦急地等待，我問她們是否村民，她們答覆說不是。她們從城裡來，是當晚演出的老倌們的粉絲。我問戲會好看麼，「沒有關係，總之老倌好睇。」此刻，我恍然明白到，天后娘娘才不是神，是個明星，是個 icon。早上廟裡廟前的儀式，跟 religion 無關，參與的人，都在 perform，好壞都是戲一場。

I perform, therefore I am.

我的研究論文結論便說，華人民俗傳統的傳承，大都是將儀式演化成一種 performance，代代相傳，莊重中有活潑，古老中有現代。年老的人跟年輕的人的溝通，不靠語言，祇靠節慶，因為那時人心便會寬慰，甚麼都「冇所謂」，要的祇是大家一齊高興。兩代之間，還要用說話來溝通？娘娘自會保祐。

我的論文題目是：「The Show Will Go On」。香港，三百多年前已築有天后廟，今天仍在，靠的當然是年輕的血氣，和他們成長中的得著與錯落，重要的是 show 後的認同與慰藉。

沒錯，月球上再沒有嫦娥了。但是，石澳村還有天后娘娘，才一百多歲。

第七篇

清水灣

如此，瞎了的老 Ron 獨居多年，
說還會間中餵鳥，
雖然看不到黃花白菌，
還好仍聽得到小鳥吱喳。

69. 清水灣的浪族

香港新界南邊盡頭的清水灣的崖上生成了一座大學園，說來有點機緣。

1986年，香港政府籌建「科技大學」，考慮過的角落除了清水灣現址，還有屯門、粉嶺西、馬鞍山。幾經琢磨，最後還是定在現今的海角，毗鄰山上的一條寂寂無聞的「大埔仔村」。那時山崖座落處，本是殖民地軍營，基建良好，大學建成得快，不消5年。大埔仔村，隨著也變得很快。

大學選在清水灣，毗鄰早已生根的「邵氏片場」，和屬下的「無綫電視」TVB古裝場地伴著校園，頗具特色，仿如快活林子，象牙塔外的星光誘人得很。那時，TVB還未完全座落清水灣，除了戲劇組，其它部門還留在舊址九龍半島中部，獅子山腳下的廣播道，往返清水灣，少說也要個把小時。

科大翻土建牆時，我已在廣播道TVB工作了差不多兩年，在早晨節目當個卑微的製作助理，早起晚歸，於我，清水灣是個遙遠的地方。一天，在公司大堂碰上了J手忙腳亂地拉著行李，我便趕前幫忙。原來，她要駕車搬往清水灣。

在車上，J並不多說話，看她鬱鬱的神情，跟她在鏡頭前的歡容，雖然有點異樣，卻來得更真實親切。她讓車子放開了蓬，清水灣路上的風比我幸運，撥弄著她如浪的頭髮。那是我平生第一次到清水灣。

J的新居在大埔仔村內的一個小彎角，門前拔挺了棵大樹，緊密的巷子中，漏了點陽光，午後還清朗，照著她的可人，墨鏡也蓋不住的驕矜。她新來電視台，主持午間的婦女節目，早前我在電視上才第一次看到她，頓然感覺節目年輕起來。聽前輩說，她未滿

20歲時已是出名的時裝模特兒，拍了很多廣告，後來交上了一位頂尖廣告才子便「息影」了。說來，那是多年前的事了。難怪，我印象中有她的多姿，但總不知道名字，倒是早前在一個同事聚會中認識了她，寒暄了一下。

J謝過了我的幫忙，她剛搬來，怕屋子亂，說要請我出外喝咖啡。車子拐了幾個彎才發覺村子沒有咖啡室，我們便轉往清水灣深處尋覓。車子駛過了很多樹影，到了清水灣沙灘停車場，我們得在對面的小吃亭子喝即溶咖啡，那刻，我才發現香港隱蔽的詩情，在如許廣袤的藍海邊上，清水灣的風還撥弄著J的頭髮。夕陽裡，她說話不多，我聽得最明白的一句，「今夜來我家吃晚飯，好嗎？」

前一年，廣告才子拍了個運動鞋廣告，主角是當紅的女星，之後，才子戀上了紅星，J便要搬離才子的家來到大埔仔村的小房子，清水灣夜裡無聲，她夢中的低迴，別是動人。

J的節目早上錄製，午後便空閒，一天，我伴她到清水灣敞大的沙灘上逍遙，讓浪潮沖洗說不出的苦楚。雲水相映，我看著她的身影，翩若驚鴻，便告訴她，在水波粼粼中的她，仿是曹子建賦裡的甄妃，洛水河的女神。她笑得樂時，清水灣的夕陽撫著她的頰子，一臉如玉，卻總帶點淚痕。有天，她送我一匾書法，說是她寫的，「翩若驚鴻，婉若游龍」。她的字墨淡筆輕，仿如她屋前的樹梢。

「大埔仔村」的名字的由來，從來少人講究。我今在大學圖書館找得《嶺南地方志》看才知「大埔」原是廣東省的一個客家小鄉，想必是有遊子百年前到了香港，思鄉起來便建起如今的小村。J在那裡勾留時，村子很靜，里巷卻有點凌亂，無甚風景，不似是可以讓人植根的家園。

隨著科大的茁壯，大埔仔村的租錢也攀高起來。不久，J還是要搬走，而我也調升到了節目部，從廣播道著實遷到了清水灣工作，忙了，便少見到她。幾年後，廣告才子因癌過世。我在一個秋

天早上上班途中在火車上看了吐露港上的動人的海藍，便辭掉工作跑到歐洲流浪去。「悼良會之永絕兮，哀一逝而異鄉。」

生命多番轉折，1990 年，我再回到 TVB 搞網上電視，剛巧那時的螢幕偶像 E 移情別戀，瞞著他的女友 M，約會新寵 G 到清水灣的大埔仔村他家裡「晚飯」。為著要做即場網絡轉播，攝影隊便在村口等待。以前我在廣播道上班時，偶爾會看到年輕的 M 獨自在員工食堂看書，書卷氣得有點世外。後來，在報紙上讀到比 M 年輕的 E 會執她的手終老，我暗裡為她高興。

苦候了一個晚上，G 終於從屋子施然步出，微微晨光中滿臉得意，清水灣的林子裡，俊俏的 E，原來是她的獵物。

科大原本造價 17 億，後來因為港元貶值再加上通脹，結賬時是 30 多億，當時社會批評很多。20 年後，科大已是世界 50 強之一，清水灣的驕傲。

今天，大埔仔村終於多了一兩家像樣的咖啡室，村裡的小徑也多了人影，J 以前的屋子旁的老樹卻不見了。聽說，有次在電視節目裡 J 訪問了一位蘭花培育專家，然後她倆便找到了歸宿，我想她們比誰都幸運。也許 J 底是棵孤高的蒼蘭，泥土不用多水，祇須默默地依託在懂花惜花的人的懷裡。

不多久前，G 嫁了個洋人，幸福快活得經常上報刊。之後不久，E 也告別了大埔仔村。萬般帶不走，風吹不散的清水灣的惘然，如今，灣上卻添了濃濃的書卷氣。

【後記】2009 年我重返清水灣，進了科大研究院唸書，到如今 2022 年科大剛過 30 歲，我也剛畢業，卻還未曾到過大埔仔村喝咖啡。兩年前，村上開了家歐式咖啡店，名字叫 Nomad。

70. 清水灣的菩薩

尋幽探勝，在清水灣，祇要夠耐性，準不會失望。

清水灣路的盡頭，是個郊野公園。下了車，清水灣的浪聲便傳得響亮清楚，回頭處，小山徑引著遊子的視線向山上延伸，能跨過了便像征服了全世界，起碼也可以暫時擺脫俗世的煩囂，風聲浪聲，藍黃淡淡相扣，像 Renoir 的畫。有一次，我在這裡告訴 J，「我不想回頭了。」之後，她比我更早不回頭。

車子駛入公園前有個路叉位，往右便到著名開揚的沙灘。拐左有個頗為隱蔽的路口，若車子跑得快便會錯過。那是一條叫「龍蝦灣」的小車路，往下跑，又是個小村落，然後便到龍蝦灣，迂迴曲折，山外有山。

「湛山寺」就在龍蝦灣路口的近處，一排樹蔭過後，便會瞥見一座瓦頂黃牆的佛寺，隱隱還會聽到含慈帶悲的誦經聲。清水灣路的迂迴，能到佛處，便是有緣。

2004 年我才知道清水灣有如此典雅的佛寺，前一年香港飽驚口慾的報應，一場 SARS 陰霾過後，我便想起要拍套關於素食的紀錄片，從英國倫敦找來 Daniel 和天華來主持和攝影。我們先跑上大嶼山寶蓮寺過了一夜，拍攝僧人早起頌經吃素，然後再到湛山寺渡宿。好記得我們三人夜裡給蚊子叮得難眠。

Daniel，我是 2001 在新加坡電視台工作時認識的。他老遠從英國跑來，探求開節目的機會，推薦自己所創的一套少油、修身而不失味美的烹調，他自己就是從一個 200 磅的胖少年，吃著自己的菜單，成了今天的俊俏。可惜的是，那時的新加坡美食家，愛油也愛甜，Daniel 祇好到別國發展。後來，我也離開了新加坡。

自湛山寺一宿，Daniel 也多來了香港，一年總有兩次，來的時

候，獨愛住在尖沙咀區，享受除了維多利亞港璀璨的夜色，還有那一帶的舊式京菜館，麼地道的「鹿鳴春」是他的至愛。說來也是矛盾，電視上的 Daniel 總教人吃得清淡健康，到了香港，他卻總要吃烤鴨，他說那是一種心理平衡，吃了口慾得了滿足，然後回家吃素抵回。

「Life is too short!」他總愛說。

幾年下來，Daniel 在美國也闖出點名聲，偶爾在網上看見他笑得甜甜的樣子，我心裡真的相信，香港的菩薩都保祐著他。

三年前，他獲邀在香港的文華酒店獻技，我便相約老標、小瑛子和小高子捧場。席間拿他好笑，少油健康的菜單，怎招呼得了我們四張饞嘴？說時，公司的小夏來電，二話不說，便邀他馳車而至。

夜裡中環，難得的清靜，反映著窗內的笑臉，金黃色的酒泡中，淘洗了人生的挫落。六個人的杯子裡，盪漾著不語的溫柔，看 Daniel 一路走來，滿臉歡喜，直是個彌勒。

不久，我便離開了公司，回到清水灣讀書。接著，小夏也辭了工作，攜著妻小移民到加拿大另覓桃源。小夏原是公司的首席新聞攝影師，40 歲還未到，事業火紅處便退了下來。

如今，老標、小瑛子兩人終成了人生伴侶，我高興得不已。以前在吐露港旁一起工作時，老標重情重義，小瑛子豪氣干雲，敢愛敢恨，直是個梁紅玉。

小高子任性坦率，才氣跳脫，有時心高氣傲，都是青春的揮灑和明艷，自有風姿。

小夏的鏡頭，如針的銳利，人間喜樂，世事紛陳，在他的照片中娓娓道來。三年前的饗宴，之後難以再復，緣起緣滅，不著痕跡。

時光飛逝，小夏今春回香港小住。今天我正想到城中走走，便相約他到牛池灣晚飯，清水灣路的另一端。

牛池灣，近城市的囂鬧，原來還有偏僻角落，可以任水酒無礙，

吃喝無悔，笑談裡，往事總堪回味，都在昏黃燈虹裏。

　　道別時，看著一貫瘦削的小夏，仿似僧徒蕭瑟的背影，迄自掛起攝影機，踏上苦行的泥路，尋找一點藝術的慰藉。

71. 好吃清水灣

不知是時代變了，還是清水灣科技大學的傳統。我修過的課，老師多會在學期完結前給班上買單子，謝師宴變了謝生宴。為了方便，老師多會叫 pizza 外賣，最後的課堂上，大夥兒一面啃書，一面啃洋麵團，杯盤狼藉，卻倒值得懷念。

歷史學家兼老饕逯耀東就曾說過，在現今處處講求實利的社會，謝師宴這習尚對老師和同學都是一件苦事。他更倡議把傳統的謝師宴改為師生聯歡會，反正「今天的謝師宴，謝的成份少，娛樂自己的成份多。」

在清水灣，我上研究生的課，不是晚上便是週末，老師的辛勞，當然要謝謝，但我認為，最好的答謝，還是把老師教的好好讀上，然後再開花結果。

上過一門古代史的課，老師從南京來，吃得有點講究。期末時，他先讓我們建議上哪城裡的館子，同學們都不好意思出主意，最後還是上了校園內的「南北小館」。

館子是香港最大的宴飲集團開辦的，菜式南北混雜，有粵式點心、炒粉麵飯，也有川醬牛肉、麻婆豆腐。當晚大家沒主意，便要了一份大套餐，宮保雞丁、時菜牛肉，一統河山。不用說，慣吃淮揚地道的老師，吃得不甚暢快，暗想集團式的菜，怎會有驚喜。

驚喜的倒是其相宜的價錢，和館子外的一灣秀麗的山水。所以在平常日子到小館子吃午飯，必要訂位子，否則便要久等。怎說，夜裡於此晚餐倒是有點寂寥，我想懂吃的夜裡都會跑到山下遊人如鯽的西貢吃「生猛海鮮」了。

西貢碼頭的海鮮街，琳琅滿目，品類繁多，新鮮生猛，看著已是歡喜。

2004 年我帶著 Daniel 和天華到清水灣湛山寺拍攝一套關於素食的片子，夜裡還是抵不住新鮮海產的誘惑，三個人，對著西貢海，毫不猶疑地大吃起來。我近年的人生起落，不知是否就是那趟美食的業報。

西貢有自我的性格與風情，艷麗得像個風華正茂的美人，帶點洋味。西貢的貴價海鮮，無論在地理上，或是性格上，於我斷不能算在清水灣的美食地圖上。

清水灣倒像個洗盡鉛華，卻還留點青春的羞怯的女明星，所以連它的海鮮美食，收藏得像在世外的桃源，在清水灣沙灘的「大坳門路」一直往下走，車子跑 5 分鐘，在「清水灣俱樂部」前拐左便到了布袋澳村，水鄉嫵媚，與世無爭。

坐車由山上來時便可以看到布袋澳村三面環水，海面浮著魚棚，海風飛揚，不知是食客還是漁民的幸福，青天底下，不要說吃，剩是看風景已是樂事。

漁村有間館子，門外掛著的菜單，炒粉麵飯都是一般，海鮮以兩論價，不是便宜之選。

以前我在灣上的 TVB 工作，布袋澳村前的「清水灣俱樂部」我倒因公事去過幾次，吃的都是一般，沒有印象，漁村的鮮養倒沒曾嚐過。如今，我就讀於科技大學，生活在清水灣崖上，若在山外能發現一家小館子，與舊友良朋於此舉杯吃鮮，相邀明月，會是何等樂事？

重回清水灣，兩袖清風，蔽帚自珍，不要說吃海鮮了，能吃得好點便是幸福。

今夜我約了老標和小瑛子到清水灣路的另一端的牛池灣，圍坐在巷子吃普通小菜，潮州鵝片、米酒浸雞，清炒田雞、乾蝦蒜黃、燕京啤酒。圍爐話舊，連老闆李先生也來湊熱鬧，訴說平生，還加送了兩瓶燕京啤酒。菜的水準算是一般，人情味卻濃。

　　回宿舍的路上，我特意從「南北小館」側走，穿過一敞靠海平台，樹蔭底下，擺放了好幾張桌子，頗見心思。

　　年前還未搬進宿舍時，我在大學吃的都是早上家裡自弄的飯菜，晚上趕課前，總愛在這裡找個沒人的桌子，吃著涼了飯菜，隨海風探究往昔的得著與錯過。

72. 清水灣的迷離

清水灣靠海，早來的春霧自是時光的印記。

以前在灣上的電視台工作，因著公司強慮的空調和密閉的工作間，我少有留意過春來的腳印。前兩年我開始在灣上的科技大學唸書，圖書館是躲避春潮的巨塔，午後回家，春霧便成過客，灰濛濛的水氣很快便散。如今我住在大學宿舍，早晚的窗外春惹的愁是生活的步履。

我以前唸中文大學時的老師金耀基教授於 1975 年秋天到英國劍橋大學休假研究，發現英倫秋天最美，「美得太玲瓏，太脆弱，美得不能長久。」冬雪過後，春便來了霧裏的劍橋，老師說，「也許不真，卻是美的神秘！」

劍橋過後，老師便寫成了《劍橋語絲》，第一章開頭便喚起徐志摩的「康橋」。原來，我們所嚮往的劍橋，始終是讀書人的記掛。

志摩在他的康橋渡過了兩個寒暑不到，異鄉的霧，似乎他沒有甚麼感觸，倒是島國的狂雨讓他興奮。林徽音在〈悼志摩〉中記志摩扯著康橋朋友到雨中「看雨後的彩虹」，「志摩睜大了眼睛，孩子似的高興……」朋友叫他換了濕透的衣服才去，「志摩不等他說完，一溜煙地自己跑了。」

劍橋我去過兩次，第一次是 1987 年，當時我工作於倫敦唐人街的一家影視店，老闆是馬來西亞來的華人，還學著很多香港來的老闆們低報政府的銷售稅。有天，一隊稅局調查員來了，封了鋪兩天審查賬冊，我閒著沒事，問自己若果鋪子最終關了，自己被逼回港前最想遊的是甚麼地方，便買了火車票，「到康橋去。」

那時的劍橋，青綠得有點過份。以前自己唸書的香港大學在山腰，可遊的青綠草坪衹有一處，在古雅的陸佑堂左側，化學院主館

323

的前坪，所以別名 Chem Lawn，半個足球場不到，卻載了半世紀的濃情，還有我的驚情與遺憾。

幸運的志摩，躺過七百年的草綠，康橋有他的腳印。

大學校園，不是霧，便是雨，總是浪漫的舞台。韓國電影《假如愛有天意》裡，大學生尚民假意忘了帶傘子，跟心儀的梓希冒著雨跑往圖書館，音樂伴著雨滴聲，兩人跑得像跳舞，校園確是青春的樂園。電影創作者有沒有讀過徐志摩沒人知道，電影英文原名 *The Classic*，大學的雨，當然有古典的詩意。

在香港，大學的古典，當然是在香港半山的薄扶林道上。以前我在香港大學的宿舍住，也遇過春霧的迷離，牆上滲出的水滴，晶瑩得像寶石，水潤過後，世界清新無塵，在百年老熟的學生宿舍樓台望看維多利亞港，生活如鳥毛的輕。

我第二次到劍橋是在 1989 年，剛成家，便乘著新婚的燕爾，到康橋尋訪詩人的浪漫，才第一次留意到志摩說的康河，古城的靈魂，婉婉流水，牽動過很多詩人的心，後來第一個孩子到了人間，便喚他「徐牽」。到孩子歲半時，我再到英倫工作，不知怎的，不曾再訪過康橋，卻去過 Oxford 一趟。同是古城，牛津比劍橋巍峨闊大，卻少了劍橋的溫婉悠然，金老師因此說牛津多產小說家，劍橋多產詩人，想來也有道理。

可惜的是，清水灣年輕的科技大學不錯是俊秀，但缺少了古典的雅麗，正方八疊的校園，活像是春田裡的苗芽，靜候陽光的再臨，水氣鋪在地面，我腳步有點模糊。科大雖然有點青蔥，卻沒有幽婉的小河和拱曲的石橋，不然，在霧裡，必是好看，「看一回凝靜的橋影／數一數螺鈿的波紋／我倚暖了石欄的青苔／青苔涼透了我的心坎……」

1920 年，24 歲的徐志摩在英國愛上了才 16 歲的林徽音，此後兩人的戀情迷離卻真實，連美國耶魯大學漢學家 Jonathan Spence

（史景遷）也寫進了他的《知識份子與中國革命》中，足證徐林之「戀」，在那個煥發的年代，是如何的觸目。

1931 年，未滿 36 歲的徐志摩猝然死於空難，林徽音寫了〈悼志摩〉，開首說：「我們的好朋友，許多人都愛戴的新詩人，徐志摩……」像康橋的霧，詩人的愛，迷離如煙。

今天，我從科大圖書館回宿舍的路上，霧裡的清水灣岸頭，最好看的還是向晚的燈黃，想起了詩人的康橋，「也不想別的／我只要那晚鐘攝動的黃昏／沒遮攔的田野／獨自斜倚在軟草裡／看第一個大星在天邊出現！」

清水灣，今早給擁抱在春霧裡，真的涼透了我的心坎。

73. 天人感應清水灣

　　這場颱風，疾走無常，我一輩子從未遇上過，一覺醒來，芳蹤已渺，祇留得灣上風雲變幻，真的是百年一遇。

　　颱風的名字也蠻有意思，「杜蘇芮」，初聽時還以為是以前心慕的台灣女歌手蘇芮嫁進了香港的杜家，飄洋過海，「休息，工作，再工作。」蘇芮歌聲粗中有細，坦蕩動人，颱風過後的雲起雨散，倒也像應了她的吭歌，「戀愛，分開，再戀愛。」世事紛塵，八號風球匆匆而過，一個晚上便是過眼雲煙。

　　風過後，早陽忽明忽暗，杯中的茶，淡淡的綠，好伴我埋頭批改學生的中期考卷。中國古代史，要用英文寫，我倒為學生們感到擔心。關於孔夫子，有學生答：「Confucius believed in Confucianism」。一下子，手中的杯子差點脫了手，我帶笑看窗外的天突然深藍起來，心喜又是一個美好的週末。

　　我最為學生們擔心的那一條題目還是關於「cosmic resonance」（天人感應）。二千多年前的漢家儒生，窮經皓首，用了百年的時間，將孔夫子不願談的宇宙觀摻雜入於做人之道變成道德、皇權根據，中國版的君權神授論終於有了學術支持，孔夫子的學說最後也得獨尊起來。其中最出色的儒士莫如董仲舒，出色的地方是他竟然可以用自然界無常卻有常的天災異變，不厭其詳的結合儒家的三綱五常，將五行輪替說成是朝代轉換的反照，做皇帝是應天命，壞皇帝自會受天譴。董仲舒的天文學識是從陰陽家那邊學來，倒曾成功預測過一次天變，漢武帝怎會不信他。古時，中國的皇帝，無論怎樣壞，很多還是畏天的。

　　今天，中國的天文學識當然比漢武帝的時代先進了不知多少。幾天前，神州的太空英雄還上了「天宮」火箭。可是災異卻是一樣，

主席死的那年，北京附近的唐山天崩地裂，葬了 80 多萬草民，若果董仲舒活在今天，他會怎麼說？

今天訪港的杜蘇芮的匆匆，不知是否也是一場天人感應，好讓今天專駕來視察香港的新主席過一個有陽光的週末，還是怕了胡椒噴霧，才走得那麼急？看老爺子所到之處，高牆疊疊，警衛森嚴，才知今天的皇帝已經不畏天，畏的是人民。窗外的風後驟晴驟雨，是杜蘇芮的不捨，還是警告？

至於「Confucius believed in Confucianism」這金句，我當然不能說是學生的錯，正如今天我們整天在說：「中國人當然愛中國。」活在這個世代，如此讀中國歷史，也真難為了他們。起碼，杜蘇芮給我的感應是風雨總無情，最是溫柔的還是讀書、賞酒、聽歌，「明日自有新的際遇，雲起，靜眼望，無盡的遠方天際，人生祇不過是如此。」

這場風還挫落了很多綠樹黃花，堆疊在校園路邊，零落得令人看著心酸。宿舍樓外有株挺拔的榕樹全名是「垂榕」，英文叫 Weeping Fig，葉上的水點真有點像淚。

我在大學住宿都半年了，日子如清水灣的風雲雨露，每天都不一樣，早上晚上也可以是兩個世界，正如今天早上雷暴，過後又放晴了，天藍得像 Schubert 的音符，點點敲進了心。

本來約好舊友到來喝酒弄吃，趁我在宿舍的最後一個週末訴說別後種種，一起看海聽風，過一個懶洋洋的夏日。最後因杜蘇芮的急訪成不了事，我便祇好獨賞，四個人的份量一次過弄，兩天不用張羅。反正很久沒有吃 Aglio e Olio，就此伴以阿根廷來的 Chardonnay， 細味如青草般香郁的橄欖油，想像遠鄉的美好。

午後驕陽的提醒，我便在往圖書館的小徑上，細看新草嫩花掙扎在落葉斷枝叢中發放，怕錯過了一個晴藍如寶石的週末。我這才留意到花草別緻的名字，甚麼的「鋪地臭金鳳」、「金山葵」、「天

堂鳥」都有個名牌，讀著我雖不明所以，但暗裡不禁欣賞植物學家的想像力。

最惹得我喜歡的，還是叫「春羽」的一種像葵的大葉草本，樣子粗放，名字卻改得雅致，仿似是天使的翅膀，看她如大掌般的葉瓣，應該是鐵扇公主的鐵扇吧。「春羽」的全名叫「羽裂蔓綠絨」，多了層動感，泥土中的生命力。我說植物學家都浪漫，可惜科技大學祇重高科技，沒有專門的 Botany，不然校園準會多詩人。

小徑上委實不多鮮花顏色，連僅有的「天堂鳥」也給風雨吹打得零落。「天堂鳥」在熱帶地方常見，以前寓居新加坡時我總愛拍攝她們的嬌美紅潤。新加坡沒有四季，天堂鳥便沒有歸息，整年都開花。清水灣的 Bird of Paradise 好像很害羞，我從來沒看過她們花枝招展過，可能是海風吹得猛吧。

看地上的「花葉沿階草」便知道清水灣風猛，細讀名牌便知草不是矜貴，卻甚為可人，是個鄉村姑娘，沒有鉛華，沿著小階生長。我想，人踏著歸途上的草，怎也會感到生命的奇妙。風後的艷陽，招惹了不少遊人，我想他們應該是幸運的，能得著如許美好的風後，暗裡更為舊友的缺席感到可惜，錯過了夏日風後的蔚藍、青草蔓動的招展。

Aglio e olio 是意大利廚子的傑作，蒜片加新鮮青綠橄欖油便成，沒有 Da Vinci 的想像力、Michelangelo 的膽量是弄不出來的——當然還有意大利人對自己出的橄欖油的極度自信。我沒有這份自信，弄它時總愛加上芫荽、蝦肉，請客不怕失禮。

蝦肉是幾年前我於大埔墟百佳超級市場發現的，價錢相宜，減價時我必定「掃貨」，狂得連檔子理貨員也認識我了，她總會給我挑新到的貨。蝦肉原本是越南出的，肉身飽滿，富有彈牲，雖然急凍過了，但味道還帶點海水的甜。近兩年，百佳超市改用了南美出的，價錢不變，蝦身細削，味道也淡薄了。今天在宿舍吃著，就是

欠了點甚麼。

暑假，圖書館近晚七時便關門，天藍仍滿。歸途上，看仍在招展著的「細葉龍船花」，葉子隨風的擺動，像極今天晚餐仍是那盤 Aglio e Olio，滋味雖然不同，輕鬆仍是一樣。

回到宿舍，才知忘了帶門匙，我便到管理處找門房。原本要付手續費 10 大元，門房說第一次便免了，門開時，今午的蒜香油香還在，門房笑問我煮過了甚麼，我說是我在宿舍的最後晚餐。看她笑得直爽，真有點天人感應的愉悅，我知在往後的日子，我會深深懷念清水灣。

還有「春羽」、「龍船花」、「沿階草」和一株叫 Weeping Fig 的榕樹。

74. 清水灣的寂寞

　　科技大學校園雖然秀麗生動、清朗怡人，彆扭的地方也有，宿舍崖上的中式涼亭便是。說它彆扭，就是因為它不似是用來表揚中國古代建築的優、雅、閑，而祇會令人想起小吃檔子。粗糙的石屎亭子，不要說沒有木柱木樑的森穆和質感，連應有的暖感也缺，放在崖下，作個避雨亭也嫌太遠，祇好變作夜裡學生或是老師喝酒抽煙的「秘境」。

　　座落灣嶺上的科大，其建置最大的缺點多不為人留意。有一次，我在清水灣的海心回望嶺上的校園才發覺它在黃昏照裡不好看，尤其在夏天。今早上課前才天朗氣清，課完了卻灑來一場急雨，雨後的清水灣，宕落出塵，雍容自在，到黃昏時卻彷彿突然老去，校園變得沒精打采，似是叢凋花。

　　暑假學期我要助教的一門課是「民國前中國歷史」，是大學本科生的副修入門課，可說是 Chinese History abc，中學生也該難不倒。誰知新來的教授，受的是新一代的史學訓練，不祇講歷史的「事」，而更要講歷史的「理」，要求學生思考歷史的「因」。

　　老師從台灣來，在美國唸博士，姓李，40 歲不到，典型書生模樣，卻沒有思想、政權的包袱，也沒有意識形態的枷鎖，甚麼的歷史的必然性，甚麼的黨的一貫正確性。參考書目滿是原經原典，著學生多讀多想，班上原本報了 120 多人，兩天過後，祇剩下 80 不到。

　　我本來為教授感到有點尷尬，他是客座來的，不知這樣的報讀率會否影響他明年的聘任。

　　剛好今天的導修課要討論春秋戰國時代的諸子學說，作為導師的我忍不住給學生們解讀，無論儒、道、法，一切的治國根本，都

是從利益出發，分別祇在於是君王的，還是人民的利益為重，諸子的學說無論陳義多高，到頭來還是逃不掉利益的計算。歷史，說穿了，是功利主義以不同形式在不同時代的 manifestations。

朝代的興替，我認為，就是不同利益集團、階層的興替。我還提醒他們，雖然今天我們常說中國文化受儒家學說影響，其實歷代的當權者少有是講仁、義、禮、智、信的。現今中國開辦了很多「孔子學院」，民間卻不知死了多少個李旺陽……原來，學生少了也好，留下來的總肯發言討論，50 分鐘的導修課，2 個小時才完。下課時，雨就來了。

李教授的課是 intensive course，四星期便修完，我想他整月都不能回台灣的家，不知在清水灣的日子，他會否看得出香港的淪落、此地前路的蒼茫，會否因而更會懷念寶島的幸福？

魯迅生命中的最後七、八年歲月都在上海渡過，那時他給日本女詩人山本初枝的信常常提及「上海的寂寞」，山本初枝也覆過魯迅「濃眉黑鬚現眼簾／寂寞今夜更懷念。」魯迅說的寂寞，我相信除了兩地相隔隱隱的衷情外，怕多是獨裁政權下的知識份子的鄉關何處吧。

那時的上海，除了日本軍艦的恐嚇，還有蔣介石清黨的腥風。魯迅很不喜歡上海，無奈當時的北京、南京、廣州都容不下他。

1931 年 2 月 7 日深夜，柔石、殷夫、胡也頻、馮鏗、李偉森五位「左聯」作家在上海龍華警備司令部被蔣方處決，魯迅聞訊後悲慟起來，便寫了：「慣於長夜過春時／挈婦將雛鬢有絲／夢裡依稀慈母淚／城頭變幻大王旗／忍看朋輩成新鬼／怒向刀叢覓小詩／吟罷低眉無寫處／月光如水照緇衣」。

有學生今天課上問，既然秦始皇焚了經書，人民自當沒有思想了，秦朝又怎會亡得那麼快？我說就是因為沒有思想的人民，要反就反，要殺便殺，不講仁義，才是最可怕。我差點還說，當今香港

的新政權最可怕的不是要殺人，它要殺的是思想。

　　李教授的台灣已經沒有黨禁報禁了，作為歷史學家，今天住在清水灣，他也許會感受得到一點「香港的寂寞」吧。

75. 也無風雨也無晴

我們活著的世紀，甚麼都等不了。

風雨無定的清水灣，才過了艷陽一天，今天晨起便又雨聲淅瀝，我驀然發覺窗外的校園，年來的趕工，已建起了兩座新教學大樓，鋼鐵加玻璃，在山上招搖，倒配合「科技」這兩個字。說實在的，科大的校園平實、簡樸、方正，從來都欠「科技味」。才20歲的校園便要再趕現代，今天建起了 Transformer 般的商管學大樓，精神霎時抖擻起來。

我剛完成教助一門暑期本科生基礎課，四個星期便游過了中國的歷史長河，兩千年瞬間便過。期末試前幾天，我日裡趕導修課，夜裡還要給學生額外補課，硬啃了多少帝王將相、仁義忠信也都不清楚，到試考完了，卷子堆疊了學生的眼睏和疲憊，自己也差點忘了今天正是自己的生辰。

早已告訴親朋，去日苦多，慶生這回事，可免則免。讀過了兩千年的興替，「也無風雨也無晴」，東坡居士的一句話，倒提醒自己要找點好酒渡過一個瀟灑的週末，不然將良夜何？湊巧地昨日我因事出城，竟碰上了 Alamos，阿根廷來的 Chardonnay，愛它瓶上招紙突顯的遠山、雪花般的飄緲。

如斯清雅的酒，卻賣得便宜，幾年前我到英國 Derby 探望老 Ron，在倫敦舊居附近的一家小店發現了祇賣 7 英鎊的 Alamos，二話不說便買了半箱，和兩瓶 Famous Grouse，整整一個星期跟老 Ron 行山帶狗，聽他訴說平生，吃林裡剛發的新菌，踏雨後的泥濘，喝午陽過後的濃茶，聞火爐旁閒話滲著的酒香，Derby 成了我的第二故鄉。

幾年下來，老 Ron 的視力衰退到了近乎零，給我的電郵也少

了，偶爾來的都是憑他過往對鍵盤的熟識於黑暗中敲出來，雖然偶有錯串的字，意思卻是明白，老朋友的心思別是觸動。

老 Ron 的家花園有棵老樹，樹幹上築了一個小平台，是他特別打造來餵鳥的，他就是最愛早上喝著 Darjeeling，看窗外的鳥兒啄吃，聽 BBC 電台的今古議論，窗外一展眼就是悠悠的山坡，看老 Ron 看窗外的鳥，我總不敢張聲。

如此，瞎了的老 Ron 獨居多年，說還會天天餵鳥，雖然看不到黃花白菌，還好仍聽得到小鳥吱喳。年來，人生跌宕，我老想再到 Derby 尋覓人間真實，然從此不走；可是自己還有很多路要走，花蓮、台東、美麗島、Edinburgh、Tasmania、Catena、Kraków……讀著中國人兩千年的好鬥和嗜血，看著香港的虛假與沉淪，我恨不得明日起程。

大學宿舍沒有珍味，今天惟有拼湊地弄了盤罐頭鹹牛肉白酒番茄通心粉，午間趁遠山的酒色，看雨後再起的艷陽，聽 Brendel 彈奏 Schubert 短短一生最後的奏鳴曲，心裡靜盼老 Ron 不要急著走，等待我再帶一車子的 Alamos、Famous Grouse 來。這算是今天的願望吧，人說生日許的願，多會成真。

吃罷，到李教授處拿卷子批改，看他已經整裝起來，恨不得馬上便要告別清水灣。四個星期下來，聽他的課，吐露著書生千古悠悠的感觸，我心倒生了點情誼，有點捨不得。看他趕忙的樣子，想他今夜腳抵台灣家門時，晚飯應該還是暖的吧。

教授家在台灣金門，聽他說，遠祖是唐朝安史之亂期間走難來到台灣的，家姓的李可能跟唐朝皇族扯得上點關係。李爸爸也曾於共產黨得國初期於金門當過小兵，開過大砲。昨天告別宴上我說台灣是中國人最後的希望，逗得從金門來，一向謙抑的教授笑了起來，驕傲中有點憂容，我想那該是歷史學家的擔負吧。

之前在南京時看過大屠殺的慘絕，南大的徐老師還告訴我，清

同治三年（1864 年），湘軍攻克南京，不祇盡殺太平將兵，還有老百姓，祇是中國人殺中國人，中國史家又怎會記。回來以後我一直找不到第一手資料證明此說，擔心自己寫作沒有憑據，然後竟然在李教授的課上得著，這也許就是緣吧。

【後記】2020 年冬，老 Ron 終於走了。李教授仍在金門。

76. 清水灣的烏賊

清水灣的夜，說得厭了就是萬籟無聲，暑假已放，今夜更顯得寂靜。

應該是學系的眷顧，夏天剛開始便贊助我們研究生一趟海上之旅，春風還未止息的時候，到清水灣放船逐浪，說要夜裡釣烏賊去。

校園靠海，有自己的渡頭，三年來，我還是第一次於此登上小船，回頭看山城，第一次看它，隱隱有種蒼鬱的氣度。科大在香港的東岸，夕陽早歸，黃昏從來都不誘人，就是沒有了向晚時分的蒼茫，這也許是詩人楊牧二十年前於此訪學時的一點遺憾吧。今夜的驚艷，我想詩人若曾經於此遇上過，恐也不會急著離開。

船駛出了海心，滿室的興奮，夏夜海遊有二十多位同學，少說有過半是國內來的，我恍然醒覺，今夜盪漾海波上多的是遊子。昏黃映照得有點蒼茫，清水灣在夜色裡竟然吐露點委婉，像是怕雲頭的催逼。船走遠時，回頭看嶺上學生宿舍的燈光雖然微弱，隱約還可見，像是等待遊子興罷歸來。

借著點酒意，遊子們都愛放歌。船上最受歡迎的是——沒有例外——卡拉 OK，同學們像找到了知音，千里之外，都唱得抑揚，個別還帶點淚光。也許是他們委婉的歌聲，竟然，在這個飄浮的夜裡，我沒有一如既往般走避這類的私人演唱會，卻留下細聽他們的娓娓鄉愁。大抵，青春就是如此。

也許是歌者的真情流露，天還未深黑，海心的烏賊便湧上了來，好像都要聽聽年輕遊子們的傷愁和寄託，連對誘牠們上釣的鉤子也順從得很，釣烏賊的遊子也哈笑得很。

這夜，船上的廚子忙得開交，不輟的小烏賊很快便成了我們的美點，簡單直接，祇用水灼，沒有香料，沒有造作，這樣的好吃，

我還是第一趟嚐到。船上祇供應啤酒，我才發覺，跟 Carmen 分別久了。

Carmen 是智利產的 Chardonnay，沒有法國 Chablis 的木香，卻清新自然，是我以往配海鮮的首選。清水灣的一頓隨手美食，卻缺了好酒和酒伴，我想酒神還在遠方深海中。雖然如此，今夜我拍攝得不少爛漫的臉容，都是課堂圖書館裡怎也看不到的。

興罷，回渡頭時看山嶺上的科大校園，月明星稀，我看著同學們平時少見的心滿意足樣子，心裡生起了一點離愁，很多都已寫就論文，準備畢業，從此又是別一個世界。我們都是人文學部的學生，關心的都是文化的承傳和人生的轉折，害怕的卻是日後謀生路途上的崎嶇和挫敗。看著他們淡黑的身影，我雖是過來人，恐怕說甚麼都沒用，惟有暗自祝福他們，願今夜釣烏賊的運氣會追隨他們，一生一世。

回宿舍途中，明月正亮，後來讀新聞才知那是天文現象，百年一見。第二天在 FB、Flickr 看到了很多當夜相片，都是月兒一臉，好想問，photography 是紀錄生命的永存，還是 photographer 自己存在過的證明？

這夜，在清水灣波心回望，我心裡明白，暑假過後，同學們各散東西後，萬千烏賊應該還在清水灣的海心暢泳，也會長留我們美好記憶中。

有些同學也都好像有點依依，船歸之後，還相約於宿舍樓下的崖上喝酒聽風，吃剩下來的小烏賊，雪白的墨魚肉，相映著天上的明月，別是應景，我驀然想起了杜甫的吭歌：「白日放歌須縱酒／青春作伴好還鄉。」

如此的一個異鄉的夜裡，灣上百年一遇的月色，照亮了遊子明日的錦繡。

77. 清水灣的猴子

上學期修了一門「現代中國文學史」的課，期終的論文寫了浪漫主義詩人徐志摩的「現代主義」。

徐志摩當起了浪漫詩人，真算是個偶然。

1918 年，23 歲的徐志摩到美國大學先修的是銀行和社會學。25 歲時便在紐約哥倫比亞大學政治系唸完碩士，跟著「擺脫哥倫比亞大學博士銜的引誘」，為了到英倫「從羅素」，學哲人的自由主義。1920 年剛抵埗英國時徐方才知道羅素早於 1916 年已經離職劍橋大學跑到中國和日本遊歷講學去了。那時沒有互聯網，難為了志摩。

無奈底下，徐在「倫敦經濟學院」又待了半年，期間卻邂逅了欲放的林徽音，不知是否「在這交會時的光亮」的激動下，志摩始動了寫詩的念頭，反正他之後已沒有心情上課了。抑鬱的志摩，給一位任教於劍橋的詩人朋友 G. L. Dickinson 勸說轉學到劍橋，好讓柔麗的校園撫慰異鄉的痴愁。那時，劍橋的學額已滿，徐志摩祇能做個特准旁聽生，沒有規定的課程，隨意修課足有兩年。徐在康橋的日子，除了茶食館子，多待在圖書館，讀的都是 Wordsworth、Byron、 Shelley……從此奠定他起步的浪漫主義風格。

詩人往返圖書館，或是漫步青草，或是「騎自轉車」（單車），活是個劍橋人。我以前在中文大學的老師金耀基寫過，「在劍橋坐汽車，是個異類。」我曾經到過劍橋兩次，頭一次坐火車，第二次坐大巴士，都是在舊城外圍下車，然後走路進城。印象中，周圍很少汽車。大學古城，時光不趕。

清水灣畔的科技大學，從宿舍到圖書館的青綠，是條短短的柏樹小徑，算是校園最有詩意的綠蔭，平常不用兩分鐘便走完，今天

濛在厚厚的霧裡，像一幅水墨，沒有盡頭。我常想若果志摩在這裡，他會愛上這校園嗎？

2009年，我初到科大圖書館時，覺得它倒像間網吧，電腦螢幕排得密密，不斷催促學子網上溫習去。我才察覺到如今的學生很幸福，甚麼資料網上都有，圖書館近百萬的藏書，接下來的命運真的讓人擔心。

年前我修了門人類學的課，老師很年輕，1997年從內地來修碩士，那時還不懂email，狼狽得很。初來時，清水灣的明媚，老師說像兒時看過的日本電影。很快，他看慣了，每天出入課堂、圖書館，便再沒有驚喜。人類學學者，很多時光都花在田野做研究，記錄第一手資料靠不了科技。今天我偶然在圖書館讀到他的一篇隨筆，說他最懷念的還是自己一直做田野研究的雲南拉祜山，我記得曾在課堂上看過他的田野筆記，字寫得整齊清晰，地圖畫得很細緻，感覺得到他對拉祜山的深情。

2010年，科大圖書館擴建剛完，桌子多了，電腦也多了，而且室內設計得很有現代感，洗脫了過去呆板的氛圍。有個週末我到圖書館找書，以為人少，誰知館子都滿了，心裡著實驚訝，大學生不應該都是猴子般的嗎？不應該好趁週末趁青春滿山奔放？碰到了一位認識的學生，笑著問他為何不在城中放任，原來因為要早準備中期考試。清水灣的猴子，週末還要困在霧鎖的圖書館，幸好還有電腦，心還可以野。

很快，徐志摩便「發見」康橋了，一切的秀麗，都在詩人「單獨」中領會，如村舍林子的晨霧，「透露著漠楞楞的的曙色……尖尖的黑影是近村的教寺。聽，那曉鐘和緩的清音……默沉沉的起伏；山嶺是望不見的，有的是常青的草原與沃腴的田壤……康橋祇是一帶茂林，擁戴著幾處娉婷的尖閣。」

新擴建的科大圖書館，視覺空間比我初來時敞闊得多，除了海

灣的廣袤，還有山腰的草坪，找個靠玻璃高牆的位子，我讀著待過雨絲劍橋的詩人的集子，厚厚的一疊，對照著灣上的春霧，活是座對抗寂寞侵擾的堡壘。「讀書，倦了時，和身在草綿綿處尋夢去——你能想像更適情更適性的消遣嗎？」詩人在康橋，奔放得像猴子。

早春，科大 20 歲剛過，我收到一本叫《思廿》的紀念集子，是校內的「內地學生學者聯誼會」出版的，才發現 J. J. 是聯誼會的當屆主席。他是我上學期一門課的教助拍檔，原名俊傑，J. J. 是我因著他的名字的拼音第一個字母而改的，讓他感受一點香港文化。

J. J. 從浙江來，才廿多歲，開朗熱情，有天我回宿舍時，他老遠喚我到他房間，說帶了點家鄉菜給我，原來是筍片乾。我擺了個把月，一直不知怎弄，今天猛然醒起，怕春潮毀了它們，便弄了來吃。筍片浸透，加切粒洋蔥炒過，可是沒有黃酒，剛巧有瓶江西陳醋，便灑了少許，加紅米、罐裝螺片連湯大火煮 10 分鐘，收水後，細火慢焗，吃前加蔥粒便成。煮法是之前看到不知何時買的鮑汁螺片罐頭招紙印有的食譜便有了靈感。一頓飯，一次偶然。

啖起螺片夾著筍片的海陸互補鮮味，我邊吃邊讀 J. J. 在《思廿》寫的卷首語。他唸人類學，很愛田野的樸拙，科大給他最深刻的印象是，他返回宿舍時偶爾看到，在橋上戲耍的猴子。

78.雲浮清水灣

清明節過後，天也好像哭過了一場，這兩天，雪白的雲開始浮了出來。

可能是雲的關係，清水灣的夏天，比哪兒都早來。早上我給鳥兒的啁啾吵醒，樹影早已擁抱著樓子，我住在大學宿舍才不過三個月，卻好像經歷了四季。

科技大學有一座住人的樓子有個怪怪的名字：「水雲軒」（UniLodge）。我想大概有人怕校園太「科技」、木獨，便往古代詩書裡找靈感，王維的「行到水窮處／坐看雲起時」當然對應得起清水灣的海與天，而且水走到盡頭，便會升天變成雲霧，「水雲」又似乎有點科學根據。

王維不是科學家，活過了大半生的不如意，到晚年便了悟多變的人生。取「水雲軒」這名字的科大設計師，可能還沒有背過王摩詰整首《終南別業》：「中歲頗好道／晚家南山垂／興來每獨往／勝事空自知／行到水窮處／坐看雲起時／偶然值林叟／談笑無還期」。詩人中年信佛，晚時退隱，詩裡不單祇有畫意，也有禪意，勸人不要執於名相，要空恬自然。科大的商學院世界第一，我每趟走過看著「水雲軒」的「摩登」外型，倒覺得它也有點警醒作用。

我每次路過，看得最要命的倒是那個「軒」字。

軒字古時是車子的一種，有「安車」（不是「安居」）的意思。若真要跟居庭扯上關係，也祇能解作有窗的長廊、小屋或殿堂前檐處。科大臨海的高樓，少說也有七、八層，說它是軒，未免謙卑得過了頭。

軒的另一解是古時富貴人家的衣間。《史記‧外戚世家》記過漢武帝年輕時的一次風流：「是日，武帝起更衣，子夫侍尚衣，軒

中得幸。」照字面看，古時的軒明顯不像是現代意義的高樓，卻是古代富貴人家更衣、盥洗的地方。當然，「軒」字也有「氣宇軒昂」的成語用法，然而它祇是用作形容詞，跟居庭沒啥關係。

科大校園是個重環保的設計，污水集中處理過，由一條專用的大渠瀉注於灣外的海深。大學在低岸處還設有「海洋實驗室」，不知跟水散成雲的自然奧妙有沒有關係。怎樣也好，白雲底下，水雲軒住得舒服，宿於此也就應該「談笑無還期」吧。

「海洋實驗室」的上層有兩個相鄰游泳池，一個戶外，一個室內，後者是我的至愛。泳池雖說是室內，寬高的窗子，透露清水灣的風光，泳池波心湖影，世間難尋。游泳是孤獨的運動，泳時精神專一，泳後一身舒泰，雲淡風清，容或祇是彈指間的暢意，於我已是塵世裡隨手的幸福。

科大最多人躑躅的景點就是岸上的觀景台，它沒有正式名稱，我想喚它作「水雲軒」倒還貼切。我敢打睹，遊人絡繹到此，遠眺山海，多會希冀且暫作一片浮雲，了無牽掛。今早喚醒了我的鳥兒啾喁，預告了夏日的繽紛，我真想給校園的行政大人寫個petition，將觀景台改名為「鳥毛軒」。

科技世界，人類都可以上月球了，說「我是天空裡的一片雲」的人多可能是傻子，正如今天還愛讀徐志摩的人。有緣的是，留學英倫的徐志摩，今天在英國還有個同道。

英國近代才子 Alain de Botton 到異地旅行時都愛看飛機窗外的雲頭，任想像飛馳，他說遊行最令他感興奮的一刻，不是到埗時的驚異，而是途上的期侍。

「水雲軒」是專置給海外訪問學人租住的，不知是否就是要讓他們於此想家時可以學王維般坐著細看窗外雲起時候，期侍歸家時與家人談笑無還期。

79. 清水灣的燈影

讀書，我說，最好在晚上。

大學校園，不用說，讀書最好的地方當是圖書館。清水灣的科技大學最玲瓏的建築物，我敢說，就是它巍然的圖書館，尤於入夜後，它內裡的燈光，雖不算豐盈但卻柔美，五層高的圖書館，活是一冊厚書，等候擦亮你的思維。

每次到科大圖書館，我總覺得它是一種恩賜。我以前在港島上的香港大學時懶讀書，少到圖書館，夜裡更陌生。年後我唸中文大學，它書院眾多，因此圖書館也多，穿梭書院間，我累得多待在宿舍，圖書館我少有夜訪。

科大圖書館窗外便是山海，天色向晚時分，灰淡了的雲天反映上圖書館排排的泛光燈，有點迷離，仿似是要讓讀書讀得倦了的學子飛馳往灣海的無盡。近年，每當我重看我在科大校園拍的照片，圖書館的燈影反映在窗上，對照著學子的默默身影，我總是不厭。

我想，這也許就是讀書迷人的地方，神馳世外，越過表象世界，追尋深邃的思想、感覺境界。圖書館用的是泛光燈，當然是以經濟實用考量，視覺上的美感，恐怕是個湊巧，可就是這點不經意，景象別是動人。

科大圖書館燈光的動人處，隨著時光的轉換，早晚各有姿采。每到窗外全然暗黑時，人造的燈光便成了文字世界的明燈，誘著讀書人的興味，簇擁著知識的奔流，堆圍起一個一個自我世界，在書桌上燃起了智慧的螢火、暖暖的無愁與幸福。每次讀罷夜歸時，我總愛回首看圖書館門內的燈光。濃濃的泛光似是地心的洪火，像告訴世人，這裡是生命的源頭，智慧的啟端。燈光的漫爛，讓我好忘卻世事的紛擾。

　　黑夜，在清水灣的校園，任各色的燈光掩映，造就一座多彩的象牙塔，逸舞於凡塵之外。這些景象，若不是住宿在校園，很少機會欣賞得到。我在半山的學生宿舍匆匆住了半年，最難忘的便是這情景。所以每趟夜裡我讀罷回到宿舍，總想喝酒寫詩、聽點 Callas 或蔡琴，如此便可睡得安好。

　　不捨還要捨，學期完搬離宿舍後我便少了在圖書館夜裡埋首，歸家時多趕上向晚夕陽且退未退的時分。這個時分英文叫作 twilight，有人譯作黃昏，我總嫌過份簡單，缺少了那份華燈初上，天還未全黑，且留一抹殘陽托在漸深的藍空下的一份冷艷，甚至淒美。我想 twilight 不祇是說明時分，也是一種提醒，白日將盡……於我，twilight 應該譯作是「不捨時分」。

　　Twilight 另有人譯作「迷離境界」，美國荷里活以此為題材拍過不知凡幾的電影、電視劇，總是撲朔迷離，我想這應該是人類自身對生活的困惑的寄意。黃昏這一刻，人在歸途，總有點彷徨，看天上的深鬱，像看宇宙的無盡、生命的無定。Twilight 在 photography 的詞彙是 golden hour，霎時即逝，片刻的美好，卻最難留，確是有點迷離。

　　清水灣空闊，別是多路燈，歸途上總會碰上三五盞。兩個月前的一場風暴，來得急猛，也走得匆匆，那時我還在宿舍勾留，黃昏時待風息後湊興走過向海的一段小徑，看風過後的光景。小徑沒有名字，也少人漫步，我把隨身手機鏡頭朝起，攝得一盞黃燈迄自頂著風後還未安靜下來的藍天，燈光流露點驕傲，底下的葵樹還來不及重整姿容，搖搖地和燈光翩舞，那是我見過最優悠的黃昏光景。

　　也許是有心人的設計，科大校園的海灣岸堤上路燈不多也不少，疏落有致，既不是燈火通明，也不是暗淡無光，不卑不亢，默默地迎著海風和雲頭，像依依的戀人，讓一天細細地告別。

Essay

絮語

禮佛的不丹強調集體早課，
我因利成便，
能於早陽還未盈盈的清早拍攝得當地小僧們
齊集的念誦。

80. 花事

自南京返，兩週都過去了，香港的天空還沒爽朗過，「蒪鱸之思」隱現心頭，偶爾思念金陵。

說來也是湊巧，煙花三月，我獨自躑躅南京時接舊上司 H 電郵，說她家花圃自種的茴香已然春熟，相約到其家中弄個茴香宴。以前我寓居新加坡時，茴香便宜易買，我多以紅椒粉大火急炒，不失其清冽之風味，往後我也沒想過再可以用甚麼方式烹配這菜，總覺得茴香頗是孤高。

我回港定居已過了三年，茴香少見，就此便疏遠了。南京出名桂花鹹水鴨，我買了兩隻，早春三月，趕赴 H 家繁花盛開的饗宴，以金陵好鴨配自家有機茴香。

H 的家圃，四面藩籬，攀滿綠葉黃花，儼然翡翠般的簾子，繡上了金色的圖紋，一看便知是主人的心血。

早答應過舊上司要給她滿園的花兒拍照，可恨歲月如風，花開花落，我們竟錯過了兩回春放，心裡一直過意不去。這趟我有備而來，老拍檔聚首，吃飯賞花，更可以拍攝花姿招展，暫且忘卻人生營營。

應該是三年前吧，H 病了一場，癒後彷彿換了人間，辭了工作學起陶淵明，在大埔九龍坑山腳下的小村弄泥為樂，掩荊扉，絕塵想。在這種心懷底下種的花草，怎會不絢不香？

除了茴香，她還種有 thyme、basil、mint、dill……直是個廚子夢寐的天堂、她家狗兒無束的樂園。

這天，我便要弄個茴香主題：田園茴香桂花鴨沙律配焦糖番茄陳醋汁、茴香三文魚醬多士、茴香葉鮑汁浸小鮑魚、茴香雜菜三文魚頭湯、帶子意粉配即摘香草松子汁。一場世外的饗宴，又怎少得

H的另一半寶兒和舊友Ivan一家少艾、老標、小瑛子，七咀八舌，由午後吃到黃昏，走時笑語盈盈，腳步也浮浮。

饗宴天堂的一天還是有個遺憾，就是陽光不出。昨夜的一場急雨，把花兒灑得零落，H怕她們亮不起來，說還是再等一年才可拍照。我倒怕人生無定，明年的事誰又說得準？不論晴暗，我便抓起攝影機，在園裡尋覓泥土的欣欣。

可能是天意，今天沒有陽光的燦爛，看不清碧綠紅黃，半醉的我便唯有逼近細看花草各自的容顏，我竟然發現茴香的花開得豔麗，雨後還帶點傲然，我不能不相信，天下花草雖然各有風采，驕、矜、濃、豔，再加種植者悉心栽培，更會親切動人。H有個好聽的名字，「巧如」，花草在她靈巧的手裡，生得如玉般標緻。

原來，花開花謝，都各有其風姿，婀娜雖然不同，迷人卻是一樣。昨天跟一位闊別了十年的朋友午飯，席間說起時光，大家不禁有點唏噓。她是香港人，十年前我倆卻要在新加坡偶遇，然後笑談共飲了一整個晚上，此後卻再無音訊，直至最近在FB相認。朋友早年是頂尖模特兒，征戰歐洲多年，縱橫四海，桃李滿門。如今她雖然已過不惑，卻添了風華，十年，花仍未開透。一頓飯，就此吃了差不多四個小時，淡黃酒泡，破了又浮。

今早，清水灣的雨還不肯放過夢醒的人，灣外有點蒼茫，風刮起一陣陣的靈感，宿舍樓前的花兒都霑上了密密的水點，平時路過，倒沒細心留意她們的姿態，我今天早上閒著，便給她們照相，可惜都是暗無光彩。大學的花，雨洗過後，總不如大埔九龍坑山腳下的豔麗，清水灣似乎少了一對巧手。

半月前我在南京遊訪時剛好是農曆三月，正值海棠怒放，飄舞得如煙花般璀璨，一片花海，白裡浮紅，誰說花落無情？南京大學的徐老師還笑說我擇了好時節，趕上海棠花開，江南獨有的景緻。

其實，去過之後，我便親歷過，這個季節還有油菜花的金黃、

杏花的淡紅，我最難忘的還是白色的海棠。今早在灰濛的科大校園拍照時，我驀然想起山腰間雪白的茶花，趕到時卻不見了花蹤，原來我已錯過了花期。

81. 女神如是說(1)

生命，是矛盾的另一名字。

就說新加坡吧，天氣熱悶，四季沒有變化，卻造就了一種獨有可喜的商場文化。別的不說，他們的書店，不單祇寬廣，而且書多、匯價合理，也不吝嗇凳子，讓你隨意地、舒適地憑窗打書釘。試問，這樣的書店香港何曾有過？

我也是在這種氛圍底下，十年前給吸引過去工作。新加坡不鼓勵（甚至打壓）挑戰權威，但可買得到的書，千門百類，主流、偏門都有，打書釘真可以任思想飛颺，香港的 Page One 也要低頭。（Page One 也是在獅城起家的）。我便是在那裡著名國際級書店 Borders 遇上了 Elizabeth David，英國戰後第一代廚中女神。

英國盛產星級廚子，Jamie Oliver，Gordon Ramsey，Nigella Lawson 現今舉世知名，腰纏萬貫（Lawson 甚至腰纏厚脂！），他們的 cookbook 當然精美誘人，論可讀性，卻無人能及 Elizabeth David。

David 生於二次大戰之前，家有書香，年輕時跟愛人私奔遊歷地中海，見多識廣，文筆典雅秀麗，見解精到。我收藏她的著作就是因為她寫的不祇是 cookery，還有食譜背後的故事，這些往往是平凡的故事，在她筆下，食物美味渾含著生活趣味甚至哲學，說是文學作品也不為過。

她不追求新異、花俏，簡單如奄列（omelette）她卻說得娓娓動人。三隻新蛋，熱暖的法國牛油，灑點 Parmesan、Gruyere，細心地翻，把握好時間，吃時伴以一杯 white Burgundy，還有一本好書……

新加坡 Borders 的特色是書店附有一角 bistro，陽光充盈、

檯布平滑潔白。2001 年我獨居獅城，週末就是吃著它的法式蛋批（quiche），或是焗魚，伴一瓶紐西蘭 Sauvignon Blanc，慢慢地讀女神的書，書香、酒香、蛋香，掩映，看繾綣窗外赤道線下黃昏的流光，細味異鄉的悠然。

蛋香，一直是我的迷戀，Borders Bistro 的蛋批始終少了若隱若現的蛋香和蛋黃的軟綿溫柔。獅城的屋子大，廚房設備齊全，不下廚簡直是一種罪咎。新加坡出名怕髒，連雞蛋也潔白可人，我抵不住誘惑，便試著做 Eggs Benedict。

Eggs Benedict 的精粹就在於那枚 poached egg，溫水煮蛋，看似簡單，其實最要命的是水溫的控制，弄不好，蛋給煮熟了，還說甚麼的蛋香？New English Cuisine 的主將 Gary Rhodes 用的方法我最不同意，一半水一半白酒醋，不錯醋可以讓蛋白迅速凝結，不要說花費，蛋帶著的醋味，玷污了蛋的純潔。

我用的是英國第二代廚中女神 Delia Smith 的方法，就是中火燒水至起眼，小心倒下蛋，繼以小火慢煮，其實，「煮」這個字還是用得不當，說不出 poach 的精髓。我比 Smith 更大膽，下了蛋便熄火（所以就不是煮），讓餘下的水溫，將蛋暖成不剛不懦的 poached egg。

弄時，單看蛋白在水裡的散發、凝結，儼如女神的舞衣，雪白飄逸，慢慢地變化，慢慢地擁抱金黃的蛋心，這已是一種非凡的視覺享受。日本人把雞蛋喚作「玉子」，也許就是像我般，視蛋如女神。吃全熟蛋，對我來說，就是錯過了蛋黃汁流流的美妙，也像錯過了一段美好姻緣。不要告訴我蛋黃如何的高膽固醇，它滋養小雞的出世，說它有害，直情是對造物主不敬。

昨天是 Good Friday，巧如和她的寶兄相約我、還有才子小白，到她九龍坑山下的草盧弄個吃個懶洋洋的春宴，復活節當然少不了蛋。近年，自己居無定所，我少有認真下廚，差點忘了如何弄

Eggs Benedict。在別人的廚房，更弄得手忙腳亂，蛋成了的那刻真有點再生的感覺。吃時，看巧如緊張兮兮地切開暖蛋，像是要審視我的理論。看蛋汁像太陽初昇的柔黃，我那時想，如果宇宙真的存在有神，蛋，當然還有伴吃的那瓶香檳，便是祂給塵世最醉人的禮物，在巧如的油綠園子吃得悠然，那便是伊甸。

是的，生命的美好，就是弄得剛好的 Eggs Benedict。材料簡單得不可再簡單，要訣除了是蛋的品質，還有水的溫度、下鍋時間的掌握（尤其是伴吃的 Hollandaise sauce，不贅），弄壞了，女神霎然換了張巫婆的臉。

聽說香港島上有棧叫 Frying Pan 的店子弄的蛋很棒，幾年前曾相約小高去吃個豐盛的英式早餐，可惜一直未能成事。今早漫天欲雨，弄一杯熱茶，再讀 Elizabeth David，細聽女神的告慰：「... one of the main points about the enjoyment of food and wine seems to me lies in having what you want when you want it...」我想女神還未說的是：and who you want dining with。

正要回家，春雨便來，寶兄駕車送我，看著敲窗的雨，像香檳的泡。

【後記】當我還住在新加坡時，Borders Bistro 的經理偶爾會幫我訂購他們酒單上我偏愛的紐西蘭 Sauvignon Blanc 讓我省錢，當然我祇可在家享用。自 2010 年起餐館開始經營困難，苦撐至 2012 年倒閉，那年我在香港科大唸碩士準備畢業，搬離新加坡已 5 年了。

82. 女神如是說 (2)

早前搬家，大半藏書都要送人。巧如的另一半寶兒大學時唸哲學，想送他余英時、李澤厚……都過不了巧如的關，她有興趣的祇有 Julia Child 的食譜，我滿心歡喜像嫁女般將書送了給她，期望三朝後她能學 Child 煮道正宗法國菜饗我，誰知我再找她時她剛好病了，食物中毒。

Julia Child 可以說是把正宗法國廚藝帶進美國的第一人，也是第一代電視名廚，電影 *Julie and Julia* 描繪了她成就的秘訣，就是專注與用功，一絲不苟。她和同道合著的 *Mastering the Art of French Cooking* 簡直是廚子的聖經，多年前我在新加坡買的已是第 40 版了，一直放在書架的大中至正位置，像神般敬畏，久久不敢翻看，怕自己的垂涎玷污它如玉般的書葉，因此我不懂弄法國菜。

女神 Child 很配我的舊上司巧如。巧如工作時也是一絲不苟，事無大小，在她眼下，同事總不敢怠慢，我們的部門直是個 French Kitchen（若果不是 Gordon Ramsay 的 *Hell's Kitchen*），層層緊扣、分秒必爭。

不知是否神造的關係，Julia Child 火紅到中晚年時，大西洋彼岸也出了個大中至正的廚中女神 Delia Smith，她的 *Delia Smith's Complete Cookery Course* 在英倫也是天書般神聖，據說剩是版稅便夠她買下了一隊 EPL 球隊 Norwich，聽說她往電視台錄影是坐私人直昇機去的，女神當然要從天而降。

Smith 之後，新一代女神 Nigella Lawson，成名得又真的仿是從天而降。Lawson 出身名門（她的父親 Nigel Lawson 曾當過財政大臣），牛津畢業，第一本 cookbook 一賣就是三十萬，書名 *How to Eat*，就此便可以看得出她的跳脫和自信。

Smith 後期最成功的 TV ／ cookbook 系列叫 *How to Cook*，強調的是「煮」，Lawson 的是要教眾生去享受，重點是「吃」。Smith 正經八百，Lawson 春意撩人，一副意大利石雕的身裁，新的視覺化、講 life attitude 的世代自然選擇了新的女神。她第二本 cookbook 就乾脆叫 *How to be a Domestic Goddess*，直爽、自信就是她誘惑眾生的本領。

她經常強調自己不是「a trained cook」，本領就在漫不經意下將不同（有時是意想不到）的材料渾湊起來，悠閒地弄，悠閒地吃。在電視上女神經常說，下廚最快樂就是弄給所愛吃，難怪她的第一任另一半於 1997 年過世前給她說過：「How proud I am of you and what you have become. The great thing about us is that we have made us who we are.」天意弄人，他後來死於喉癌。

Lawson 毫不掩飾她的饞嘴，從不囉唆甚麼的高脂、高糖、高膽固醇，好吃就是。愈看她的電視節目，愈看到她身裁發達，鏡頭因此也愈靠近她的面容，愈是迷人，才知上帝真的不公平。這樣的天賜底下，女神的感情生活，如她的菜式，不說也可以想像，不囿於世俗，多姿多采。

然而，相對於她的祖母輩女神 Elizabeth David，Lawson 還祇能算是廚中的 Anne Hathaway。

David 也是出身名門，精通法語德語，能書善舞，21 歲便跟年長 9 年、已婚的舞團師兄私奔到地中海，幾年不過，師兄失寵了。為了逃避納粹德軍的追緝，David 到了埃及開羅當起圖書館管理員來，出名偉岸的中東俊男一個接一個做了她的情人，讓她享受多年地中海的青春無悔。

Elizabeth 家姓 Gwynne，秀外慧中，一生不肯遷就世俗，弄廚更不屑懶散、隨便，卻於 30 出頭時嫁個自己不愛的普通軍官 Tony David。也許又是神的旨意，軍官 Tony 大戰後退役卻不善理家，妻

子便要寫文章、談飲食賺生活，大抵是她的資質和閱歷，如此便成就了一代女神。英國是個包容、深沉的國度，Elizabeth David 的書，讓她成為大學的榮譽博士、皇庭的 CBE 勳爵。去年，英倫的另一位 Elizabeth 紀念登基 60 年，David 被 BBC 選為女皇治下最具影響力的 60 人之一。

至於對女神最有影響力的，她回憶說過，是英國作家 Norman Douglas。David 是在 1940 年，才 24 歲，在法國南部的一個臨海小鎮認識當時已 72 歲因風化案流亡海外的 Douglas。老作家教曉了 David 飲食之道，告訴她要「have it your way」。讀 David 寫他的文章，仰慕之情溢然紙上，像酒語不能瞞人，說 David 對 Douglas 有點傾倒也不為過（Douglas 祇對年輕男子有興趣），48 年的相隔，無捐生命的綺麗和美好。

David 記了很多 Douglas 說過的處世箴言，我認為最有代表性的是如此的一句：「To be miserly towards your friends is not pretty; to be miserly towards yourself is contemptible.」如此的一句，今天回想，我的舊上司巧如應該會體會得最深，以前跟她工作時，她款待下屬時總是豪情蓋天。

巧如多病，我想應該是公司對她、她對自己（像 David 對煮食）的高度要求有關。近年她將工作放在寶兒、狗兒、園圃、弄吃讌友之下。如此饗於她的宴中，才是樂事。

她要了我的 Julia Child，我期望，很快，又一位女神從天而降。

【後記】荷里活電影 *Julie and Julia* 中的 Julie Powell 真有其人，她原是本世紀初一位平凡得可以的低級商務助理，2002 年快 30 歲時感到生活平淡一事無成便忽發奇想，每天跟著 Julia Child 的 *Mastering the Art of French Cooking* 學煮法菜，一年之內總共弄了 524 道，同時並將過程、發現和感受 blog 起來，最終成為超級網紅。

故事最終於 2009 年拍成了電影，演 Child 的是 Meryl Streep，演她的丈夫是 Stanley Tucci，可以想像荷里活對其的重視。可惜的是，Julie Powell 逝於 2022 年 10 月，才 49 歲，一生沒有得過 Child 的重視。

83. 女神如是說(3)

　　坦白說，我對白米是有點抗拒的，例外的是要用意大利 Arborio 白米燉出來的 risotto，愛它的綿潤、飽滿和濃香。自己以前家裡的女主人不愛吃，所以很少弄，爾來我居無恆所，燉飯愈來愈陌生。

　　是生日的運氣吧，舊上司巧如擺宴於她的草盧，著我設計單子，我立時便說要弄燉飯。

　　巧如的饗宴，年來總有三兩趟，她的廚房幾乎變作了我煮酒弄吃的試驗場，讓我盡情尋找煮食新靈感，在平白的生活中，掀動幾個超高超低的音符，每次宴罷，仿如一節交響曲章的終結，然後期待下一輪的變奏。

　　我久未弄過燉飯，當然要找 cookbook 幫忙，以前啟蒙過我的 Alice Waters 的 *Chez Panisse Cooking* 自然是首選。書是多年前我旅居新加坡時買的，那時 Chez Panisse 剛好給 *Gourmet* 雜誌選為全美最佳餐廳，Alice Waters 成了我廚中另一位女神。

　　Chez Panisse 開業於 1971 年，歷盡滄桑，至今最為人津津樂道的是店子開創時的理念：隨和的環境、新鮮的食材、簡單的烹調，讓客人適意地吃，最重要是享受一種無拘束的「聚吃」，就是 good wine、good food、good company。對 Waters 來說，吃是其次，人情才重要。基於此，她對菜單的設計、烹調要求很高，材料如何花費不要緊，弄不好才是對好友、客人不敬。至今，Chez Panisse 每天的單子都是不同，視乎當天所得的哪些好材料而定。（這不是將美食帶返 family 嗎？）

　　說來，巧如的草盧真有點 Chez Panisse 的味道，任性、歡愉、地道。Waters 的書說 risotto 誘人的地方是紛雜的 flavours 融匯於

米粒中，燉得好的米吃在口中便會迸發出濃厚的滋味，我說那是彩虹的姿展，曜一個舊友重聚的晚上，最好不過。

雖然再讀 Waters，我這夜弄飯還是忐忐忑忑，除了久疏戰陣，還有今夜桌上來了位久別的舊同事，小儀。我與小儀相識不深，在舊公司時欣賞她的爽朗和拼勁，直是東方的 Alice Waters。

那時，我們公司剛開發了一個新媒體平台，她就扛起市場營銷的重擔，給新平台找生機，猶如全無餐飲經驗的 Alice Waters，單憑青春盛旺的理想和衝勁，就開創了 Chez Panisse，一往無前。近年，小儀的事業突飛猛進，風采照人，可以說是印證了 Waters 的信念，好的廚子會弄到好菜，用心的廚子才會弄到難忘的菜。看小儀近年在 FB 貼上的美食經歷，知她準是個老饕，我這夜弄燉飯，怎會不膽戰？

說起女神，這夜的主人倒也使我想起 M. F. K. Fisher，美國 food literature 的一代女神。飽學的 Fisher 文筆老練精純，字字珠璣，寫的不祇是吃，更揉合了個人多采的經歷，以生命哲學的目光看待飲食，她認為食物總會讓我們找到安全感，和愛。

Fisher 成名於第二次世界大戰期間，她追求的當然不會是山珍海錯般的美食，戰時物資匱乏，使她懂得珍愛食物，也使她可以從簡單平凡的食材中編出可人的食譜。啟發 Alice Waters 的是英國女廚神 Elizabeth David，然而 Waters 和 Fisher 卻是惺惺相惜的好友（Fisher 曾撰文推許 Chez Panisse 和 Waters 的食譜），大抵她們都從烹調中找到一種特別的愛，和溫煦。除了弄吃，Fisher 還在彼岸酒鄉自建的臨海小屋過著讀寫無憂的日子。

燉飯省不了功夫，講究的是用湯，Chez Panisse 教的是用 double broth，即是在基本的高湯加進配料再熬。我喜歡變調，除了預備好基本的清雞湯外，另外先將雞件用酒和雞湯，再加巧如園子裡新長的香草慢煮，待成了那湯汁便是我的 double broth。更考

耐性的是，煮的時候，廚子要專注地掌控火候、下湯、下料的時間和程序，稍一不留神，米便會急促的焦起來，甚麼都泡湯了。

廿多分鐘的煮弄，心神專注得像個坐佛，我也不知是否因為花了過多時間在廚房，就此錯過了跟小儀和巧如——還有同是舊同事的 Ivan（和他一家少艾）——在桌端的傾談、賞酒。若果 Waters 和 Fisher 知道，定會罵我不懂飲食之道。

這夜，我是如何祈求日本人會發明可以煮 risotto 的電鍋子。

84. 女神如是說（4）

不得不相信，命運有時是場不甚好吃的饗宴。

美國上世紀 food literature 女神 M. F. K. Fisher 說過她一生中沒有吃過 the best meal，祇有 the most important meal，然而那一頓午飯卻與味蕾無關。那年——1929——她才 20 歲出頭，剛結婚，那頓一生中最重要的午飯是在火車上吃的，在她法國蜜月旅途上。

Fisher 一生有過三段婚姻，第一次維持不到 10 年，第一任丈夫也不是至愛。

Fisher 回憶寫那頓火車午餐時已過了 80 歲，60 年的光景，始終洗刷不去一生最決定性的——她說得那像是命運給她安排——的一趟旅程的記憶，因為自此她便迷上、學會了法國飲食，從而啟迪她往後如此璀璨的人生。

「Everything that had happened in my life seemed, there in the rackety train with the tiny green meadows wheeling past me and the little sleek down cows and the apple trees, part of the preparation for this Right Moment.」單看這段文字，如法國電影般情景交融，就會同意原籍英國的美國詩人 W. H. Auden 說 Fisher 寫散文冠絕她那個時代的美國。

食物最能挑動我們的感官，Fisher 的文字，由食物起始，細而柔地觸及人間紛陳的景況與悲喜。她最著名的 *How to Cook a Wolf* 這本文集其中有一篇題為 "How to Keep Alive"，另一篇 "How to be Cheerful through Starving"，談的顯然不是美食，而是教人於生命最糟糕時也要活得美好，憑的就是靈敏的觸覺，和家人友儕間的互相關懷。

大抵女神都是如斯熱敏的，較 Fisher 年輕 36 歲的忘年好友

Alice Waters 也是出名善感。據 Waters 的回憶，她幼時的感覺已較其它孩子敏銳，季節的轉換、食物的好壞、物件的髒潔，對她生活習慣和與別人相處的態度都有深刻的影響。她就是在廿多歲遊學法國時，味蕾給猛然喚醒過後，回到美國時難忍當時飲食的粗疏，便決心開辦 Chez Panisse，以地道法國美食招徠。

Chez Panisse 的第一本食譜，談的不是 Julia Child 的純正宗技巧傳授，而是教人先用自己與生俱來的 senses 去感受食材、然後才慢慢思考如何去配合食材的天然特性來煮弄。所以，書內每舉一食材都有專文討論其天然特性，文章從親身感受出發，平易好讀。

在此前題下，Chez Panisse 強調的就是新鮮的食材，和廚子對食材的親身感受。在法國勾留期間，Waters 就是見過當地廚子每早親自到市集選購材料後才決定當天的菜單，她認為這樣才可以給賓客最好。Chez Panisse 就是如此經營下來，Waters 每天還要親手設計菜單，她認為那是對賓客和食材的尊重。說白點，那是一種愛。

女神的路不會是全無崎嶇的。Chez Panisse 創辦的初期，她不計成本搜羅新鮮、豐盈、足配弄法餐的食材（譬如她的鴨子就是由三藩市唐人街遠道送來 Berkeley，而不是由當地肉商供應的），除了花費，一絲不苟的 Waters 還要付上精力（和煩惱），店子怎算也賺不了錢。

在經濟壓力與美食原則之間，女神始終堅持後者。於困惑中她偶然領悟到，如此強求從遠地運來食材本身就違背了法國人「terroir」的概念。法國廚子上市集親自買菜然後因材弄菜，本是與自然的一種互動，是人與鄉土的結合，在美國，強求正宗法式飲食本身便是個矛盾。

就此，她回身本土，在同樣肥沃的 California 田間尋覓她的天賜材料。

本來，Waters 的鄉土已經有不少默默經營的小農莊、漁戶、牧

場、酒莊，Chez Panisse 便不愁供應。如此，女神真的練就了一種強調有機、本土、新鮮食材，配合毫不花俏，簡單的烹調，爽朗怡人的 California Cuisine 便應運而生。自此，Waters 更積極推動美國的有機耕作，飲食 community 本土化，成就另一個 legend，那是後話。

經歷過 1960 年代澎湃的 free to speak，free to love 的學生運動熱潮，熱情善感的 Waters 也如 Fisher 般經歷幾段婚姻。情感起跌的人生路上，Waters 一如既往喜歡弄菜譁友，她的廚藝就是早年學生運動時期招呼同道時奠定的。她曾於 1980 年代被選為全美最佳廚師，可以說是美國味蕾的喚醒，也是對 Chez Panisse 提倡的回歸我們天生的 senses 這種生活精神的一次肯定。

也可以說，Waters 用她的煮食發揚了 Fisher 一生用她優雅文字訴說的人間美好。

「Then, with good friends of such attributes, and good food on the board, and good wine in the pitcher, we may well ask, when shall we live if not now?」女神如是說。

85. 我愛即食麵（1）

　　我搬回上水老家都已過了半年，上水火車站是密密的國內來的水貨客集中地，間中路過會碰上本地人聯群向他們咆哮、抗議，誓要趕他們回老家。

　　中港矛盾，我心裡倒有個解決方法，就是多鼓勵水貨客每趟跑完了奶粉、iPhone、益力多、甚麼的好貨正貨回深圳後再來時，盡跑些「康師傅」即食麵（國內叫方便麵）到香港，以飽愛晚歸的香港人的空虛肚子，口胃實至，誰會說不好？

　　我是在國內坐長途火車時發現康師傅的。

　　國內火車線上的擠逼，相信除了印度便是世界第一，可是在印度的火車上，總沒有我們國內同胞在擠壓得連氣也透不過的車廂內左穿右插左閃右避為了就是燙一碗康師傅來吃的動人情景，那一碗燙得趺趺蕩蕩的麵，似乎解了中國人二千多年來的鄉愁。若果我有錢，一定會全投進康師傅的股票裡。

　　我自己就是在一個寒冷的北京夜裡一個人沒主意吃甚麼時乾脆在旅店泡康師傅而驚艷它的麵爽湯濃，一試便從此傾情，此後我每次往返中港，怎也要帶上十包廿包回家，然後回味旅途上的寂寞與淅瀝，吃後我總會問，有甚麼還可以讓我這麼暖飽地與國內同胞同氣連枝呢？

　　可是，我不解的是，康師傅是台灣人輸進國內的，近年它與另一台灣品牌「統一」一起佔了大陸即食麵（內地叫方便麵）七成的市場。如此的誘人，國內的企業還弄不出一個甚麼師傅中的師傅，把國民黨餘孽趕回老家？怪不得台灣詩人焦桐說即食麵（台灣叫泡麵）是台灣人的驕傲。這說當然有道理，據說泡麵是原台灣人後入籍日本的「日清」創辦人安藤百福催發的。

　　台灣的焦桐早年寫詩，近年埋首飲食文化研究，他的飲食札記寫得很有味道，連泡麵也寫得精緻，而且他自己煮得細膩。他的麵，祇用燙水泡1分鐘，直是真知灼見。我一直不明白，香港人總把麵燙得過久，我以前的另一半堅持麵要泡上3分鐘，之後更要過冷河，麵香蛋香都隨著燙水失掉，我想這也許是我們之間的深層次矛盾吧。

　　我比焦桐更激進，我泡的麵祇用上30秒，然後讓它在湯水裡待上2分鐘，待我煎上一個（有時候是兩個）底部香脆、蛋黃油嫩的太陽蛋，配上在熱湯中浸發得剛好的麵條，讓不同的口感駢比、磨合。

　　英雄所見略同，焦桐說吃泡麵不可少了荷包蛋，「荷包蛋之美在於將熟未熟之間的流質狀態，經過熱呼呼的麵條，香味溢滿口腔」，他說這種感覺「像愛人的長吻」。我卻認為，即食麵倒有點像少年的戀愛，看似容易，卻該要用很細很細的心去弄，和品味。然而，少年怎會懂？我總認為，弄不好的即食麵，像錯過了甚麼的青春。

　　青年時候，焦桐在軍訓營中每夜都帶著空肚子，聞著班長教官們吃泡麵的香氣誘惑中倒睡。有一次除夕假期，家裡年夜飯，他卻對滿桌子雞鴨魚蝦沒興趣，「連吃了兩包泡麵」。湊巧，在剛過去的除夕夜，我自己因為工作關係，午夜前半小時才下班回家，還趕得及弄個超爽濃湯即食麵、半熟煎蛋，配以我新發現的阿根廷來的Pinot Noir，酒紅香氣中、靜默中渡過了又一年。

　　自己夜間在家門底下的一家中式大酒樓工作，除夕夜自然有盛宴招待員工，甚麼的雞鴨魚蝦甚麼的滋味現今都忘掉了，縈繞心頭的始終是那碗像少年情人的泡麵，弄的、吃的時間雖短，前後不到20分鐘，吃著卻讓Pinot Noir的綿綿絲絮扣著冬夜的寒光，細味記憶中的美好，期待新一年再臨的寵愛。

86. 我愛即食麵(2)

台灣詩人兼美食家焦桐說他積了 40 年吃泡麵的經驗，特別偏愛「出前一丁」。口味人人各異，出前一丁我沒有鍾情，嫌它麵身太薄。我愛的即食好麵除了「康師傅」，還有「石鍋拉麵」，愛它麵厚蛋香（雖然石鍋拉麵標榜「韓國正宗」，我在香港買得到的卻是上海出品，此是後話）。

多年前我寓居新加坡時，石鍋拉麵少見，多是自己往返香港時帶回，再伴以香港買得的鮮雲吞（新加坡的就不好說了），泡上鍋紫菜湯，週末的午餐，孩子的飽足，輕悠愉悅，也就此便原諒了新加坡的熱悶。之後，石鍋拉麵大量地輸入獅城，我差點跑去開麵檔。

出前一丁的創辦人安藤百福（原台灣人吳百福）活到 97 歲，生前常說他的長壽靠的就是每週打兩次高爾夫球，和每天必吃的即食麵。對於頻吃即食麵，焦桐頗有意見，說「長期嗜泡麵有礙健康，是人盡皆知的常識」。他怕的不是麵，而是湯包，「將那包綜合鹽、味精、胡椒的調味粉傾入泡麵中乾吃，無異仇恨自己的腎臟」。

詩人有理，卻捉錯用神。於我，方便麵就是方便煮那鍋湯，出前一丁誘惑眾生的就是各式各樣的湯包。雞蓉味、海鮮味、紅燒牛肉味、豬骨濃湯味……

不認還須認，焦桐始終抵不住誘惑，拋棄不了那甚為方便的湯包，為了減少對自己的腎臟的仇恨，他會用多點水，祇下半個湯包，先讓它滾上 3 分鐘才下麵，好溶解其中的抗氧化劑，然後祇吃麵和配料，完全不喝湯。

這樣的講究也真難為了詩人。

我偶爾也會弄個自家湯，免卻了詩人的憂慮。在多次反覆試驗配搭方便的程度，最滿意的還是以京蔥（leek）煮番茄。細切京蔥

的綠端，另加少許的白莖（過多便會「搶味」，通常我會用剩下的白莖或炒羊肉或作三文治，另文再說）。

我的方法是先下油大火炒香京蔥，再下去皮去籽番茄加日本清酒煮至酒乾，再添熱水泡 5 分鐘即成，除了少許糖、海鹽、胡椒外沒有抗氧化劑、甚麼的添加劑。湯像血般濃艷，點上京蔥的鮮綠，單是看已飽足得很，好好泡個麵，算是對日本味蕾的致敬。

可惜的是，如此弄法，費用便高，等吃時間也長，失卻了吃即食麵的神髓和美學，所以我也少弄。

於我，活了 97 歲的安藤百福是否每天吃出前一丁真假也沒有重大意思，有意思的是他生前說過泡杯麵要 3 分鐘。3 分鐘是要讓自己吃麵的慾望漲到頂點，才會領略一口吃下麵條的快感。我說弄泡麵吃泡麵就是對「快」感的追求，吃甚麼的山珍海錯也嚐不到。

小心翼翼的焦桐怕就是忘記了吃泡麵其實是一種 indulgence，原始的「放縱」（我用引號是因為 indulgence 好像沒有中文的對稱，可以說中國飲食文化裡祇有放縱，沒有 indulgence，不詳）。正如他說泡麵的不健康人盡皆知，但我問為何眾生卻趨之若鶩，尤其是風暴驟來、午夜夢迴、失戀無依……的時分，你我都在一鍋暖呼的泡麵裡找到慰藉？方便麵開了我們的胃，雖然短暫，吃了麵，總覺少了點憂懼和傷痛吧。

既然是 indulgence，我弄即食麵時會盡量少水，所以湯濃。為了減輕點罪業感，便會下手把的青豆，若然能夠找到一棵青蔥，更會喜出望外。當然，缺不了的始終還是半熟荷包蛋。

我知我知，營養學家會警告我，日後病魔會找上門。我會告訴他們，吃泡麵就像少年戀愛、數學猜想、太空漫遊，結局不是重點，也不是樂趣所在。

87. 手紙

多年前我在新加坡專業電視創作，新加坡人自命愛吃，美食節目自然最受歡迎，有一次的創作會議中，有人提議訪問名人，問他們有天臨終前，最想吃的會是甚麼？然而，主管節目編排的總監認為死亡是華人的禁忌，不好談，不會有收視，跟著就不了了之。後來我回港在英文台看到這個主意給外國人拍了出來，蠻有趣的。

我納悶的是，中西電影電視都出現過一種情景，死囚臨刑前總會給吃一頓美好，新加坡還有死刑，有甚麼不好談？

我更不明白，既然死囚臨刑前可以吃一頓美好，為何不規定他們親手寫一封信，作個最後的 confession，看一生最愛是誰。

日本人喚書信作「手紙」，最能捕捉手寫信的親切感。「紙」，始終不是電子螢幕。

親手寫信，不要以為都給現代人忘記了。幾年前一位叫 Hannah Brencher 才 20 歲出頭的美國人認為「the world needs more love letters」，便搞起了個 moreloveletters.com， 鼓勵世人多寫情書給生活於周邊友人以至陌生的過客，好以分享個人的起落，暢談生命的美好，讓世界鼓動起來。她在 TED.com 說過：「坐下來，拿起紙筆，全神想著收信的某人，本身已是一種藝術」。

Brencher 生長於一個不信任電子通訊的家庭，長大後離家上大學便祇好天天守著信箱等待家人手寫的來信。曾幾何時，當郵差叔叔不祇是帶來賬單、廣告、律師信的年月裡，他們曾是感情的寄託、希望的信使。英國的 Beatles 成名作 *Please, Mr. Postman* 唱的就是這種等待的焦慮、收不到情書的虛空。

也許英國人真的懂 letter 的意義，不然他們不會把郵箱漆上那麼熱的紅，更把有學問、文采的人喚作 man of letters（letters 是從

法文 lettres 演變而來，原意泛指非詩歌、小說、戲劇的寫作，但也包括了書信，不贅）。

我在英國的老朋友 Ron 大半生雖然是個電工，但寫起信來，文采盎然，真有 man of letters 之風。

老 Ron 年少輕狂的日子裡，在倫敦的反叛青年集中地 Camden Town 伙過同道搞過反建制運動、辦自己的學社，出自己的書刊，所以讀他的信，在可人春風般的文字間 sharpened 了我閱讀世情的眼光，那好比看 Manet 的畫，是一種對 convention 的質疑，是智性的享受。我曾在失落的日子裡，每天總要看看郵箱，看彼岸的明燈照過來沒有。

老 Ron 的信，每一封我都儲起來，直至有一年我再返倫敦，兩人互相展示各自的收藏時，才發覺我寫給他的信，相比他寫給我的也就輕得很多了。

英國人真懂寫信的藝術，看他們的結尾辭，yours faithfully、yours sincerely 的那些客套話不算，單看 yours always、until then、take care 以至單單的 yours，任誰都感受得到那種千思萬絮、欲語還休的離愁與渴望。不知如何，老 Ron 總是愛寫 Be lucky，我想，他要告訴我，寫信就此成為了我們各自在人生路上跌宕中的互相扶持與祝福。

每次讀完老 Ron 的信，我總想哭，快樂夾雜著憂思。他教曉了我，情書的動人處，不在於纏綿悱惻，卻因為寫信就是對智性和純潔的追求、對人生哭笑的思考，然後讓情感好好的抒發，因為寫信根本就是一種 confession。我一直以為老 Ron 是柏拉圖的再生，雖然他是蘇格蘭人。

那次再會之後，我在英國再待了半年，然後匆匆回港，走前給老 Ron 弄了頓晚餐。英國的青蔥壯白健實，就此我弄了頓薑蔥焗英國 free—range chicken，汁香肉嫩，他吃了說，那會是他有天死

前最想吃的，當然還有一瓶 Famous Grouse。

之後，他來的信的結尾辭都總是 Yours flavourfully。

【後記】自 2019 年起香港很多走上街頭抗爭惡法的市民，尤其是年輕人，都給當權者抓去坐牢，城中不少有心人呼籲牢外的市民，相識也好，不相識也好，多給在獄中的寫信，我想這些信可應就是 Hannah Brencher 說的 love letters 的一種了。

88. 吐露・港

　　少年時，我上的中學就靠在新界大埔吐露港的一灣小漁村，那時喚作「元洲仔」，那時港灣還未給填土起高樓。每當我上課發悶時，總愛看窗外的歸船，想像海洋的無盡。有次班上，國文老師笑著問我：「在那遙遠的地方，誰在等著你？」

　　父親在我 5 歲時便當上了海員，回家得少，海便成了我兒時的寄盼。

　　唸高中時，午飯是我成長的印記，同學三五結伴上館子，任意點便宜好吃，飯後便到漁港旁的石灘比賽拋石片，看誰激起的水波耐看。偶然，也會碰見心儀的女同學，我心跳得比水波更蕩漾。海港叫「吐露」，我卻不敢對她說心底的話。

　　那時，吐露港的海水還有濃濃的海藻味，我是在中四那年的端午節嚐得最快意的。學校參加了大埔區的龍舟賽，我的血氣剛好給划出去，最後還是贏不了。幾個星期的練習，卻惹得滿身海藻味，感覺像活脫的魚。

　　參加過了龍舟賽，我好像變成了道地的大埔人，比誰都愛吐露港，還跟漁民學會了潮退時在泥灘上挖蛤蜊，大桶地拿回家讓媽媽煮來吃，聽媽媽的讚賞，很甜。

　　我上了大學後，元洲仔的秀麗也跟著消失了。漁村給漿土填平，蓋了很多很高的樓房。對岸的工業村也跟著擴建起來，有一天新聞說，吐露港給工業村排出的滾滾廢水污染得很，潔淨也要 20年。那時，我開始煥發，吐露港卻像個臨老的病人，夕陽掩映在水波上，暗淡得有點慘然。

　　我在大學第二年時選修心理學，有一門課教學生分析戲劇角色的心理性格，我選了當時 RTHK 的《獅子山下》其中一集名為〈元

洲仔之歌〉作分析研究。那時，香港政府雄心壯志，移山填海，廣
建公共房屋。不知是運氣還是詛咒，元洲仔被選定以興建成大埔區
最大型的公共屋邨，百多年的元洲仔漁村便要給填平，漁艇上的居
民便要先遷走，待屋邨三、五年後建成才被編配單位「上岸」。

其實，那些年頭裡，大埔的捕漁業已漸息微，急急地轉向工業
主導，那裡漁民們的苦況給〈元洲仔之歌〉的方育平導演娓娓吐露
出來……

大學第三年，我因足患停學了一年，趁著無課我便學拍實驗電
影，後來參賽拿了獎，三位評判之一是方育平。兩個月後，方導演
約我喝咖啡，說請我幫他在大學物色一位老實無華的書生給他新戲
《父子情》當主角，我的眼光不夠好，推薦的一位同學落選了。

之後不久再碰頭，方給我暗示，可有興趣進他的團隊，那時，
我還想完成學位。此後我和他也各自各忙……

最使我深感「緣」之奇妙的是很多年後我在英國工作，美國的
CNBC 來港設亞洲總部，我以前在 TVB 合作過的新聞部總監過檔
到了 CNBC，便聘我回港擔任她的助手，有次一起午飯時我告訴她
我曾晤過她的前夫方育平。她聽了便大笑起來，我暗自感慨，緣之
為物！

我唸大學時，「吐露港公路」也開始伸展了，不知是誰的好主
意，海灣的沿線也鋪設了單車徑，大學畢業後有一年的早春，我從
倫敦回來，還帶了自少移民英國的小麗回港過年，大年初一午後我
們從大埔散步到沙田吃聞名的雞粥，十多公里的長路，滿是海風的
悠揚，吐露港上空經常聽得到海鷗在叫，小麗還說這裡的海風比大
西洋的 gentle 得多。

後來，工業村零落了，可喜的反是海濱沿堤修起的「海濱公
園」，吐露港回復了昔往的秀麗，病癒後更是動人。2001 年我要
往新加坡工作，歸期未定，走前還著意到公園的海堤看黃昏，像告

別少年時候的戀人。後來每次回港渡假，有事沒事我總要跑趟公園，看水波迴迴。

2006 年我暫別獅城回港工作，剛巧就在吐露港堤畔的工業村上班。公司是報業機構，甚麼都講程序和批核，出入都要有記錄、計工時，辦公的地方活是個工廠，條理井然，缺少的是破格和輕鬆。偶爾，不忍辦公室裡呆呆的影視新世代年輕人，我便領他們到咫尺之外的海濱公園「開會」，一起聊天、想像、感受海洋的無盡，問他們想飛嗎，像公園滿空的風箏。

海濱公園是單車國，滿是單車客，或是追風，或是看海。於我，吐露港像是個母親，靜候遊子歸來。我想，對她的尊敬，莫過於讓單車輪子任意地闖蕩，圍繞著她，然後細味當年。

吐露港的單車徑，一路延伸，在沙田城門河口拐個回頭彎走到大埔對岸便是馬鞍山，吐露港更顯浩瀚。單車到處，踩著兩個輪子，我每到馬鞍山回看，落日映照裏，山是遙遠的紅林。

大埔是單車之城，也是赤足之城，因為祇要你有閒散步，在向晚時分細細欣賞落霞和飛鳥，或是夜裡與良伴共醉，吐露遊子的衷曲，海灣都會靜靜地聆聽。

因此，朋友，某天我告別後，就請把我的骨灰灑落在吐露港的水波上，讓海濤擁抱我。

89. 光的依戀

可能是兒時看得太多明信片、風景月曆的關係，2004 年我到喜馬拉雅山小王國 Bhutan 不丹前，真的對 landscape photography 沒有太大的興趣，總覺得世上至漂亮的風光都給前人拍攝過了，再沒有甚麼看頭。

到不丹是為了拍攝一套佛教紀錄片，我想順道拍攝點當地風光，找些景點以備日後推薦給 bridal 攝影客戶。我剛買了人生的第一部 DSLR，想起不丹好像從未在兒時那些天堂般的月曆、明信片出現過，便提起勁來。

在不丹的頭兩天，老實說，我忙著聯絡當地導遊和鄉民，沒功夫去找甚麼人間風景，倒是同行的電視攝影師少奇老兄才興緻盎然地東奔西跑地取景，害得我老是等他，老是摸黑趕路。夜裡趁著酒意便問他為何老是落後日程，他說此地位處高山，空氣不但稀薄，更出奇的清新，陽光特別灑落，說是 photography 的極地，他也是頭一次遇上。他還告訴我 photography 的最高境界是要學「read the light」。霎時，我還以為到了華山，跟他論劍起來。

就憑他這說，翌日我比誰都早起，獨自跑到附近的山頭，不問景物，專心地 read the light。惹我專注的再不是「景」，而是「光」，無論山川或人貌，我首要捕捉的是「光」如何勾勒出他們各自的風采和韻味、光影流動間的一刻。影像出來的效果有說不出的奇妙，我彷彿真的打通了經脈，練就了 photography 的「神」功⋯⋯下了山，給少奇看我剛成的「佳作」，他祇笑而不語。在以後的旅程上，我都比他早起，更落後於大隊。

禮佛的不丹強調集體早課，我因利成便，能於早陽還未盈盈的清早拍攝得當地小僧們齊集的念誦，晨光底下，近百小僧們專注得

像佛祖再世。鮮紅的僧袍掩映晨光的清明，早飯的蒸氣滋潤著小僧們的稚容，我開始相信不丹就是傳說裡的香格里拉。

別了不丹，我帶回家的除了當地義工導遊 Lamdom 送的土炮威士忌，還有少奇的 photography 絕世秘笈。我對家裡窗外新加坡著名──或是惡名──的午後驚雷自始便多加留心，吃晚飯總不專心，怕風雲驟變我拍不到好照片。朋友在網上看到我攝過的風雲曠渺情景，還以為我去了非洲。

在新加坡這個 garden city，我攝得最多的當然是花花草草，可能又是兒時月曆和明信片的陰影，我總沒法弄好這個題目，直至不丹別後花攝得多了，我再領會到，沒有了光，繁花姿色都是 flat 的、蒼白的。

自此之後，我總是將攝影機先設定在「光圈先決」（當然還要視乎實際情況），為的就是先考慮光的先決性，神聖般如《聖經》創世記說，神創造世界，最先有光。此後，祇要有光，我的相機就活起來。

光圈先決變成了習慣之後，我「click」快門的觸覺又似敏銳了起來，不再問為何兒時害怕那些總是風光明媚的月曆和明信片，而祇尋求建立自己觀察物象的方法和表現風格。老實說，直到今天，我還在摸索中。

在中國人的生命哲學思想中，「光」不是物象，而是「瞬間的不定」（Transiency），是時間的轉化。「光陰」不是空間的構成，祇是光與陰的交替、時間的流逝，祇是詩人的文字託意，不是影像的確立。所以，在中國的美學世界裡，「光」不是世間一切的起點，忘掉它才是藝術的歸宿。

在我的美學觀念裡，「光」不祇「照亮」我要捕捉的物象，更要使其富於「神秘性」，由此而增強其「真實性」。說來好像是自相矛盾，但藝術之吸引力，於我，不外乎在其如齊白石所說的「似

與不似之間」。如果我們認為藝術品應具有某程度的戲劇性，那麼，我們便應允許「神秘性」與「真實性」同時存在，讓其產生「張力」，提高作品的趣味性和 readability。這點，17 世紀荷蘭畫家老是表現光的張力的 Rembrandt 和光的溫煦的 Vermeer 的成就可以說明。

Rembrandt 和 Vermeer 之後差不多一世紀，歐洲進入了「啟蒙運動」時期，科學精神抬頭。畫家對光的依戀，亦轉為對光的研究和表現。其中走得最前、我認為最出色的當是英國的 Joseph Wright。他用光之大膽，猶如科學家追尋生命起源的執著和哲學家追尋生命的歸宿的勇氣。

可以說，17 世紀荷蘭畫家將「光」浪漫化，而 18 世紀的 Joseph Wright 卻將其「理性化」，因為「光」不祇映照生命的真實，最重要的是要讓我們了解生命的奧秘，塵世的一切都是「enhanced and flourished by light」。黑暗中，甚麼都是無意義的。

到了 19 世紀，法國的 Impressionists 就更專注於光影和色彩的變化中觀者視覺以至感覺的微妙變化，如此的追求更肯定了人與自然的互動關係，就此，藝術行為由「觀賞」重回「參與」。初屆中年的 Monet 一時畫下多幅不同日照下的 Rouen Cathedral，是否就是捕捉物象的轉化、捕捉造物的奧妙？

在離別喜馬拉雅山小王國不丹的笑臉可人的 Lamdom 的當天早上，晨光正好，我想給她拍個照，赫然發現相機沒電而充電器還留在新加坡，心想也不打緊，要是有緣，此生我定會再來一趟，再喝她送的以前蘇格蘭人教她的先輩釀的威士忌。

浮華中，最是醉人的還是她家鄉高山淡淡如露的晨光。

國家圖書館出版品預行編目資料

他山遠／徐世傑 著-- 初版. -- 新北市：集夢坊，
采舍國際有限公司發行，2023.8
　　面；　公分
　ISBN　978-626-95375-8-7（平裝）
1.旅遊文學　2.飲食風俗　3.世界地理

719　　　　　　　　　　　　　　112010563

～理想的推手～

理想需要推廣，才能讓更多人共享。采舍國際有限
公司，為您的書籍鋪設最佳網絡，橫跨兩岸同步發
行華文書刊，志在普及知識，散布您的理念，讓
「好書」都成為「暢銷書」與「長銷書」。
歡迎有理想的出版社加入我們的行列！

采舍國際有限公司行銷總代理
angel@mail.book4u.com.tw

全國最專業圖書總經銷
台灣射向全球華文市場之箭

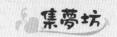

他山遠

出版者●集夢坊

作者●徐世傑

印行者●全球華文聯合出版平台

總顧問●王寶玲

出版總監●歐綾纖

副總編輯●陳雅貞

責任編輯●陳維珍

美術設計●陳君鳳

內文排版●王芊崴

台灣出版中心●新北市中和區中山路2段366巷10號10樓

電話●(02)2248-7896　　　　　　傳真●(02)2248-7758

ISBN●978-626-95375-8-7　　　　出版日期●2023年8月初版

郵撥帳號●50017206采舍國際有限公司（郵撥購買，請另付一成郵資）

全球華文國際市場總代理●采舍國際 www.silkbook.com

地址●新北市中和區中山路2段366巷10號3樓

電話●(02)8245-8786　　　　　　傳真●(02)8245-8718

全系列書系永久陳列展示中心

新絲路書店●新北市中和區中山路2段366巷10號10樓　　　　電話●(02)8245-9896

新絲路網路書店●www.silkbook.com　　　　華文網網路書店●www.book4u.com.tw

跨視界・雲閱讀 新絲路電子書城 全文免費下載 silkbook〇com
新・絲・路・網・路・書・店

版權所有　翻印必究

本書係透過全球華文聯合出版平台（www.book4u.com.tw）印行，並委由采舍國際有限公司（www.silkbook.com）總經銷。採減碳印製流程，碳足跡追蹤，並使用優質中性紙（Acid & Alkali Free）通過綠色環保認證，最符環保要求。

華文自資出版平台
www.book4u.com.tw
mybook@mail.book4u.com.tw

全球最大的華文自費出書集團
專業客製化自助出版・發行通路全國最強！